Ethische Ökonomie. Beiträge zur Wirtschaftsethik und Wirtschaftskultur

Titel der bisher erschienenen Bände

Kurt Röttgers · Peter Koslowski
(Herausgeber)

Transkulturelle Wertekonflikte

Theorie und wirtschaftsethische Praxis

Mit Beiträgen von:
H. Busche, Ch. Hubig, M. Kettner, P. Koslowski
Mi-Yong Lee, R. Manstetten, J. Meran, B. Priddat
K. Röttgers, J. Wieland

Physica-Verlag
Ein Unternehmen
des Springer-Verlags

Professor Dr. Kurt Röttgers
FernUniversität Hagen
Christian-Jakob-Kraus-Institut
für Wirtschafts-
und Sozialphilosophie
58084 Hagen
Deutschland
kurt.roettgers@fernuni-hagen.de

Professor Dr. Dr. h.c. Peter Koslowski
Forschungsinstitut
für Philosophie Hannover
Gerberstraße 26
30169 Hannover
Deutschland
pkoslowski1@aol.com

Mit 4 Abbildungen

ISBN 3-7908-1507-1 Physica-Verlag Heidelberg

Die Deutsche Bibliothek – CIP-Einheitsaufnahme
Transkulturelle Wertekonflikte: Theorie und wirtschaftsethische Praxis / hrsg. von Kurt Röttgers und Peter Koslowski. – Heidelberg: Physica-Verl., 2002
(Ethische Ökonomie; Bd. 7)
ISBN 3-7908-1507-1

Physica-Verlag Heidelberg
Ein Unternehmen der BertelsmannSpringer Science+Business Media GmbH

Umschlaggestaltung: Erich Kirchner, Heidelberg

SPIN 10882292 88/2202-5 4 3 2 1 0 – Gedruckt auf säurefreiem Papier

Vorwort

Nachdem sich der Ausschuß Wirtschaftsethik der Allgemeinen Gesellschaft für Philosophie in Deutschland auf seiner ersten Arbeitstagung 1998 in Hildesheim mit Grundsatzfragen der Wirtschaftsphilosophie befaßt hatte, fand die dritte Arbeitstagung 2000 zum Thema „Transkulturelle Wertekonflikte" in Hagen statt.

Im Zuge einer fortschreitenden Globalisierung der Wirtschaft sind die wirtschaftlichen Akteure immer häufiger mit der Tatsache konfrontiert, daß die Kooperationspartner in anderen Teilen der Welt anderen kulturellen Rahmenbedingungen verpflichtet sind. Manchmal ergibt sich daraus nicht mehr als eine Verwunderung oder eine willkommene Erfahrungsbereicherung. Es kommt jedoch auch vor, daß bei solchen Gelegenheiten Handlungs- oder Normenkonflikte auftreten – die klassische Situation für ethischen Reflexionsbedarf. Daß eine solche Reflexion zu unterschiedlichen Perspektivierungen des Entscheidungsraums führen kann, belegen die gesammelten Beiträge, die teils von praktischen Problemen zu deren ethischer Reflexion voranschreiten, teils Gesichtspunkte einer allgemeinen oder einer lokalen Ethik auf die spezifischen Konfliktorte transkultureller Wertekonflikte applizieren, teils den darin implizierten Kulturbegriff thematisieren.

Veranstaltet wurde die Tagung vom Ausschuß Wirtschaftsethik der AGPhD in Zusammenarbeit mit dem Christian-Jakob-Kraus-Institut für Wirtschafts- und Sozialphilosophie der FernUniversität in Hagen. Für eine großzügige finanzielle Unterstützung danken die Veranstalter der FernUniversität und der Gesellschaft der Freunde der FernUniversität e.V.

Hagen, Hannover, im Januar 2002

Peter Koslowski
Kurt Röttgers

Inhalt

Kapitel 1

Der Verlust des Fremden

KURT RÖTTGERS

I. Wertekonflikte als Folge der Globalisierung und der Verlust von Fremdheit

Denkt man an Transkulturelle Wertekonflikte, dann stellt sich schnell das Bild zu überwindender Schwierigkeiten ein. Darin enthalten ist die Vorstellung, daß unter Bedingungen einer sich globalisierenden Wirtschaft[1] die westlich kulturell geprägte Rationalität auch des Wirtschaftens in anderen Teilen der Welt anderen kulturellen Vorbedingungen begegnet und dement-

1 Es herrscht immer noch große Verwirrung in der Verwendung dieses Begriffs, und entsprechend verlegt man die Ursprünge der Globalisierung in den Hellenismus, ins Mittelalter, ins Zeitalter des Kolonialismus, ins Zeitalter der Industrialisierung oder zuletzt in die Zeit nach Aufkündigung des Abkommens von Bretton Woods. Indem ich eine Unterscheidung von KAUFMANN (1998, S. 15-30) aufgreife, der „Internationalisierung", „Transnationalisierung" und „Multinationalisierung" voneinander differenziert, folge ich einem zeitlich sehr eng angesetzten Globalisierungsbegriff, der die schnelle und freie Bewegung von Kapital und Information im Weltmaßstab voraussetzt. In ähnlichem Sinne K. Acham, der darauf verweist, daß Globalisierung nicht ein anderer Name für das sei, was man bisher als Internationalisierung verstanden hatte, sondern „etwas kategorial Neues". (ACHAM (2000), S. 174-187, hier S. 175).

sprechend Schwierigkeiten und Konflikte entstehen. Da sich aber auf Dauer niemand dieser ökonomischen Entwicklung entziehen könne, müsse es darum gehen zu überlegen, wie man die Konflikte abmildern oder sogar lösen kann. Denn wer sich dieser Bewegung der Wirtschaft entziehe, werde zu den Verlierern der Globalisierung gehören, so lautet die eindeutige Botschaft. Daher liege die Expansion unserer ökonomischen Rationalität nicht nur in unserem Interesse, sondern auch im wohl verstandenen Eigeninteresse dieser anderen Kulturen und der ihnen verpflichteten Menschen. Wir – die Vertreter der westlichen Kultur – müssen ihnen dabei helfen, die ökonomiehemmenden Elemente ihrer eigenen Kulturen zu überwinden. Die Reflexion transkultureller Wertekonflikte stellt sich also dar als Reflexion der Bedingungen der Erleichterung der Transformation anderer Kulturen nach dem Maßstab der amerikanischen.

Nun weiß man natürlich auch, daß man dabei behutsam vorgehen muß. Die Gebote der Behutsamkeit schreiben erstens vor, daß die Angehörigen der anderen Kulturen dazu gebracht werden müssen, diese Transformation selbst zu wollen, ja am Ende nichts sehnlicher zu wollen, als den Anschluß an die ökonomisch geformte, erfolgreiche Weltkultur. Ein zweites Gebot der Behutsamkeit leitet sich aus der Einsicht ab, die von der Funktion von Kultur für Gesellschaften überhaupt ausgeht, nämlich Ebenen und Perspektiven der Selbstverständlichkeit der Handlungs- und Orientierungsmuster innerhalb einer bestimmten Gesellschaft zu erzeugen, bzw. zu bewahren, bis hin zu solchen Trivialitäten wie, daß die Bewohner eines Dorfes, einer Region oder Nation nicht täglich neu aushandeln, ja überhaupt nie aushandeln (können), welche Sprache sie im Umgang miteinander verwenden wollen oder sollen und welche Bedeutungen sie den bekannten Wörtern geben werden.[2] Werden nun diese Ebenen und Perspektiven der kulturellen Selbstverständlichkeiten zu massiv infrage gestellt, dann schwindet Vertrauen und dann korrodieren soziale Routinen und Verläßlichkeiten des Umgangs. Das aber hat selbst unter Gesichtspunkten allein der ökonomischen Rationalität kontraproduktive bis katastrophale Folgen. Da jede Transaktion beispielsweise dann einer

---

2 Man kann eine Weltdeutungs- und eine Handlungsorientierungs-Komponente in Kultur unterscheiden, und es kann in spezifischen Kulturen auch das eine oder andere dominieren; aber man kann das eine nicht ohne das andere haben, und zwar deswegen nicht, weil die Prägung und die Enttäuschung von Erwartungen immer stets lernend oder normativ erfolgen kann und muß. Eine nur lernende Einstellung kann keine stabilen und verläßlichen Handlungsorientierungen ausbilden, und eine nur normative Einstellung verschließt sich neuen Erfahrungen.

mehrfachen Absicherung und Protokollierung bedarf, steigen die Transaktionskosten unter Bedingungen des Kulturverfalls, oder vorsichtiger gesagt der zu schnellen Kulturtransformation in Gesellschaften enorm an.

So ist ersichtlich, daß derjenige Historische Materialismus, der dem Neoliberalismus immanent ist, nämlich die Vorstellung, daß die ökonomische Bewegung diejenige gesellschaftliche Bewegung sei, die letztlich alles bestimmt, so daß auch Kultur nur eine Kostenfrage sei, entschieden zu kurz greift, übrigens kürzer als der Historische Materialismus eines Karl Marx, der zwar von der in vieler Hinsicht determinierenden Kraft der ökonomischen Bewegung überzeugt war, der aber z. B. die technologische Entwicklung ebenso davon ausnahm wie die Bewegung der Kritik, also etwa die der „Kritik der politischen Ökonomie", d. h. seines eigenen Unternehmens, nicht was ihre pure Faktizität, wohl aber was ihre Richtung und spezifische Inhaltlichkeit betrifft.

Über diese Gebote der Behutsamkeit geht eine wirtschaftsethische Reflexion kultureller Differenz hinaus und errichtet bestimmte Grenzwertgebote, also z. B. Forderungen nach Geschwindigkeitsbegrenzungen, Rotphasen und prozeßberuhigten Zonen einer ungebremsten Entwicklung. Gegenüber so weitgehenden ethischen Grenzwertbestimmungen wäre auf die in der Regel schädlichen Folgen von Reservatbildungen für die in den Reservaten Eingesperrten hinzuweisen. Nützlich sind solche Kultur-Zoos bedrohter Kulturen höchstens für die Besucher, niemals aber für die Kultur-Zoo-Bewohner.

Bleibt also für eine wirtschaftsphilosophische Reflexion allein die unterhalb der Ethik operierende Perspektive der Behutsamkeit? – Ich glaube nicht und möchte eine andere Perspektive vorschlagen, aus der das Problem, um das es geht, auch gesehen werden könnte, nämlich die Perspektive des drohenden Verlusts von Fremdheit. Dabei unterscheide ich terminologisch „andere Kultur" von „fremder Kultur". Mit dieser Rede-Entscheidung stellt sich unser Problem dar als ein dem Intersubjektivitätsproblem analoges Problem der Interkulturalität. Transkulturalität kann aber, scheidet man einmal die missionarisch-transitive Bedeutungsmöglichkeit des Wortes als irreführend aus, genau darauf abstellen, daß es zwischen Kulturen Grenzen gibt, ja daß eine fremde Kultur in ihrer Fremdheit bestimmt ist als das Jenseits einer Grenze.[3] Verfährt man begrifflich auf diese Weise, dann besteht zwischen Andersheit und Fremdheit ein grundsätzlicher Unterschied und nicht nur ein quantitativer von der Art, als wäre der Fremde ein Anderer, der noch ein biß-

3 Vgl. dazu die sehr luzide und materialreiche Studie von OSTERHAMMEL (1995), S. 101-138.

chen mehr anders ist als andere Andere.[4] Fremdheit, auch Fremdheit einer Kultur ist jenseits einer Grenze gelegen, einer Grenze freilich, die nicht ontologisch oder substantiell fixiert wäre, sondern die durch die jeweilige Kultur in ihrer Selbstbestimmtheit mitdefiniert ist. So enthält jede Kultur Bilder des Fremden als Bestandteile der eigenen Kultur; die Griechen nennen sie Barbaren, und die Slawen nenne die Deutschen die Sprachlosen, d. h. diejenigen, die nicht zur eigenen Sprache und Kultur gehören. Da die Grenze nicht ontologisch fixiert ist, kann sie verschoben werden, und jeder Fremde und jede fremde Kultur kann auch als Anderer und als andere Kultur betrachtet werden. Unter dem Aspekt der Andersheit betrachtet, wird eine fremde Kultur verstehbar. Auf diese Weise ließe sich im Prinzip das Problem der Transkulturalität ganz in das der Interkulturalität übersetzen, ohne daß es sich damit freilich als Problem erledigte. Wenn dieses im Prinzip Mögliche tatsächlich umfassend geschähe, dann träte das ein, was ich den Verlust des Fremden nenne. Aber inwiefern muß man das als einen Verlust bezeichnen? Ist nicht, so ließe sich fragen, solche Interkulturalität Bedingung gegenseitiger Anerkennung, der Toleranz, der Gleich-Gültigkeit und der gemeinsamen Erarbeitung universal gültiger Wertvorstellungen? Sowohl unter dem Begriff der Gleich-Gültigkeit, den ich nur ein bißchen anders zu betonen brauche, um die Konsequenz des Kultur-Relativismus freizugeben, der – wenn er allgemein akzeptiert wäre – gerade diejenige Verläßlichkeit des Umgangs nicht mehr gewährleisten könnte, ohne die auch das Wirtschaften in Schwierigkeiten gerät, als auch bei den Vorstellungen universal gültiger Wertvorstellungen (Stichwort: „Menschenrechte“) machen wir quasi missionarisch Unterstellungen unserer Kultur zum Maßstab angemessener Kulturbegegnung und Kulturtransformation. Das scheint ein am Modell von Fremdheit orientierter Begriff von Transkulturalität zu vermeiden. – Nach diesen einleitenden Bemerkungen komme ich jetzt zum *Verlust* des Fremden.

II. Die Expansion der Rationalität

Vor dem Jahre 1492 unserer Zeitrechnung – das Datum ist bekannt! – wäre es beinahe zu einer wichtigen Entdeckung gekommen. Beinahe nämlich

4 Vgl. auch RÖTTGERS (1997), S. 175-186.

wäre Europa entdeckt worden, und zwar von den Chinesen.[5] Sie waren, in der ersten Hälfte des 15. Jahrhunderts, schon unterwegs, dann aber machten sie aus unerfindlichen Gründen kehrt und verzichteten darauf, uns zu entdekken. Eigentlich hätten wir uns fühlen sollen wie jenes Kind, das beim Versteckspielen ein besonders gutes Versteck gefunden hatte und nun wartete und immer noch wartet, obwohl die anderen das Spiel längst beendet haben. Statt dessen aber entdeckte, auf der Suche nach dem Seeweg nach Indien und auf der Suche nach dem großen Khan, dem Kaiser von China, Kolumbus für uns irrtümlicherweise Amerika. Vielleicht, meinen manche, wäre auch diese Entdeckung besser unterblieben. Aber einen Dummkopf wie Kolumbus kann man nicht zurückhalten und zur Umkehr bewegen wie die chinesischen Seefahrer. Er war der festen Überzeugung, daß in Amerika, das er für Indien hielt, Gold zu finden sei, weil es in Mittelamerika heiß war, heiße Länder reiche Länder sind und Reichtum Gold bedeutet.[6] Das Gold aber brauchte er, dieser Halbbruder von Don Quichotte, weil er einen Kreuzzug zur Befreiung des Heiligen Landes von den Heiden plante und finanzieren wollte. So blieb die Kultur Europas eine entdeckende Kultur und bekam nicht die Chance, eine entdeckte Kultur zu werden.

Der Entdeckungscharakter unserer Kultur hatte mehrere Momente, unter denen die räumliche Expansion des Handlungsraums, der Bereichungsaspekt (das Beute- und Erfahrungenmachen) und der Missions- und Belehrungsaspekt vielleicht die wichtigsten sind.[7] Zu letzterem sagt W. Lepenies kritisch: Im Grunde „sind die europäischen Kulturen Belehrungskulturen geblieben. Ihre Zukunft wird nicht zuletzt von der Fähigkeit abhängen, zu Lernkulturen zu werden."[8] Der Entdeckerdrang entwickelt sich so sehr zum typischen Rahmen unserer Kultur, daß das expansive Moment aus ihr nicht mehr fortzudenken ist. Die Expansion – für Humankörper nur sehr begrenzt sinnvoll – entfaltet sich auf nahezu allen anderen Gebieten. Die neuzeitlichen Territorialstaaten, durch feste Grenzen gegeneinander abgesondert, versuchen – jeder einzelne – permanent, diese Grenzen so zu verändern, daß das Territorium expandiert, natürlich nur mit begrenztem und immer nur temporären Erfolg. Als Kolonialmächte expandieren sie dann in der Zweiten und Dritten

---

5 EBERHARD (^{3}1980), S. 317; MOTE und Twitchett (1988), S. 232-236; GERNET (^{3}1983), S. 336-340; OSTERHAMMEL (1989), S. 6; MODELSKI und THOMPSON (1988), S. 337.

6 TODOROV (1985), S. 11ff.

7 RÖTTGERS (1997), S. 185.

8 LEPENIES (1996), S. 114-117.

Welt, zunächst scheinbar grenzenlos; aber wie man wissen konnte, ist auch die Oberfläche der Erdkugel begrenzt. Also expandierte man nicht nur im Raum, sondern auch in die Zeit; der unbegrenzte Fortschritt wurde erfunden. Jedoch auch die scheinbar freie Verfügbarkeit der Zukunft in solchen Fortschrittsentwürfen geriet wie zuvor die Expansion im Raum an den Widerstand anderer Expandierender. Ist die Verheißung der Zukunft der Fortschritt im Bewußtsein der Freiheit, oder ist die Verheißung diejenige einer klassenlosen Gesellschaft oder diejenige einer ungehinderten Entfaltung hoch individualisierter Lebenspläne? Solches scheint rational ebenso wenig entscheidbar zu sein wie, ob der Urwald des Kongo Eigentum Frankreichs, Belgiens oder gar Deutschlands sein solle.

Es ist zur Genüge bekannt, wie sehr auch die Wirtschaft der letzten zwei Jahrhunderte unter diesem Rahmen der Expansion gestanden hat. Beispiele erübrigen sich. Daß vor einigen Jahren der Club of Rome an „Grenzen des Wachstums“[9] gemahnt hat, daß Ideen eines „sustainable development“[10] Inseln der Ausnahmen von diesem allgemeinen Muster vorsehen, hat das Modell als solches nicht erschüttert. Und die Entwicklung, in der wir uns befinden, Stichwort „Globalisierung“, ist nichts anderes als ein Typ von Vollendung der Expansionsbewegung.[11]

Unter den Gesichtspunkten der Expansion der Wirtschaft in der Gestalt der Globalisierung erscheint nun Kultur, zumal sie ja stets im Plural und nicht in der der Rationalität eigentümlichen Einzahl hervortritt, zuallererst als Störfaktor. Die Wirtschaft kennt nur eine einzige, ihre eigene Rationalität. Sofern es Varianten und Ausdifferenzierungen gibt, ist es doch unzweifelhaft, daß es nur eine einzige Rationalität als Bezugssystem dieser Vielheiten geben kann. Insoweit es also historisch verschiedene Formen des Wirtschaftens gegeben hat, handelt es sich nur um Vorformen (wie den Feudalismus) oder um Irrwege (wie den Staatssozialismus), oder allenfalls um vorläufig noch ungeklärte Fragen, was die wahre Rationalität wäre, die es nämlich gestattete, mit möglichst geringem Aufwand an Ressourcen und Energie, sowie möglichst geringem Zeitaufwand die Bedürfnisse und Wünsche möglichst vieler Menschen zu erfüllen. Wie das gehen mag, das zu klären, kann u.U. eine offene Frage sein, nicht aber die Akzeptabilität dieses Typs von Rationalität. Ratio-

9 MEADOWS (1974).

10 S. z. B. RAO: (2000); WOLLNY (1999).

11 BECK (1997); MARTIN und SCHUMANN (1996); DETTLING (1998); LAFONTAINE und MÜLLER (1998); HÖFFE (1999); WEIZSÄCKER (1999); SCHMIDT (1998); MÜLLER und WALLACHER (2000).

nalität also drängt auf Einheit, Kultur dagegen auf Vielheit. Steinmann und Scherer sprechen sogar von „‚Entkulturalisierungstendenzen', wie sie der *ökonomischen Rationalität* inhärent sind [...]."[12]

Kritisch zu fragen bleibt, ob tatsächlich die optimale Einpassung der Lebensführung der Individuen in die Sachnotwendigkeiten des Marktes zur Erfüllung der menschlichen Existenz führt, mit anderen Worten, ob die Zurüstung des Menschen zu homo oeconomicus als bloßem ökonomischen Akteur nicht nur den Menschen auf eine beschränkte Form der Rationalität reduziert, sondern im Prinzip auch überflüssig macht, weil die ökonomischen Akteure selbstverständlich keine individuellen Menschen zu sein brauchen, sondern sich die Akteure als Funktionen des Marktes ergeben.[13] Also wäre zu fragen, ob es nicht ein dem Ökonomieprinzip entgegenstehendes Kulturprinzip der Organisation von Lebens- und Sinnstrukturen gibt, dessen Rationalität nicht danach strebte, beliebige und daher im Prinzip austauschbare Ziele (Präferenzen) mit möglichst geringem Aufwand in möglichst kurzer Zeit zu erreichen, sondern das eher ein Prinzip des Aufschubs der Zielerreichung durch Umwege, durch Reflexion, durch Verweilen etc. beinhaltete.[14] Wenn nun Kultur, wie gesagt, eine der Rahmenbedingungen des Wirtschaftens ist und wenn es nur einen einzigen Typ ökonomischer Rationalität gibt, dann muß es letztlich auch die eine überlegene Kultur geben, die den kulturellen Rahmen dieser ökonomischen Rationalität bildet. Eine Vielfalt der Kulturen kann es also unter diesem Aspekt der vereinheitlichenden ökonomischen Bewegung immer nur vorläufig geben, d. h. solange sich die eine überlegene Kultur noch nicht überall durchgesetzt hat.[15] Und solange das noch so ist, tritt die inferio-

12 STEINMANN und SCHERER (1996), S. 1.

13 Diese Frage verfolgt mit Hartnäckigkeit ULRICH (1997); und daran anschließend THIELEMANN (1996).

14 Vgl. RÖTTGERS (2001b).

15 Artikuliert beispielsweise in Fukuyamas These vom „Ende der Geschichte" in der Verwestlichung der Welt. Schon rein geographisch ist das Unsinn, die ganze Welt als „Westen". Diese Denkschablone wird aber auch, vor allem von indischer Seite, immer wieder infrage gestellt. S. z. B. NARAHARI (1995), S. 267-283; insbesondere die Interpretation der Entwicklung der Moderne, die Max Weber geprägt hat, wird in diesen Kontexten immer wieder, empirisch gestützt, angezweifelt. Im Zusammenhang der Forderung nach dem Recht auf eine eigene kulturelle Identität wird z. B. von indischer Seite geltend gemacht, daß das Rationalitätsverständnis, das der Ökonomie der westlichen Gesellschaften zugrunde liege, durchaus etwas sehr Partikulares und nur für den Westen Gültiges bezeichne. Aus diesem Blickwinkel erscheint dann das Urteil, Lebensstile und Religionen

re Kultur als Störfaktor auf. Da aber im Grunde ihres Herzen die Menschen aller Kulturen so unterschiedlich sie auch sein mögen, den Wohlstand wollen, handeln diejenigen, die etwa Kulturen mangelnder Arbeitsmoral, mangelnder Hemmungslosigkeit in der optimalen Ausnutzung der Ressourcen, suboptimaler Gesundheitsfürsorge etc. überwinden wollen, stellvertretend auch im Interesse derjenigen, die momentan noch Anhänger dieser inferioren Kulturen[16] sind. Innerhalb der von der Globalisierung erfaßten Welt – denn das ist ja keineswegs die ganze Welt[17] – gilt die westliche Kultur in dieser Form als Leitbild der Entwicklung.[18] Sie ist geprägt vom Gedankengut der Moderne,

---

Indiens seien hinderlich – nämlich für die Entwicklung einer rationalen und methodisch kontrollierten Lebensführung, d. h. des Modells des homo oeconomicus – dieses Urteil scheint vermessen. Die Kulturen Asiens stagnierten, sie bedürften eines Anstoßes von außen, das sei das einhellige Urteil so unterschiedlicher Geister wie Hegel, Marx, Max Weber und Gunnar Myrdal. Dem zugrunde liege die in der Theorie wirklich von niemanden mehr verteidigte, aber in der Praxis der Orientierungen immer wirksame fortschrittsgeschichtsphilosophische Geist des 19. Jahrhunderts. Nach ihm hat Geschichte nur eine einzige Dimension, d. h. sie verläuft linear, und ihre Richtung, d. h. ihr Sinn, steht fest: immer mehr Vernunft, immer mehr Rationalität, immer mehr Freiheit etc. Wenn man so in den Strukturen des 19. Jahrhunderts denkt, dann ist klar, daß es auf dem einen einzigen Weg in die Zukunft verschieden weit vorangekommene Gesellschaften gibt. Einige sind dann noch nicht so weit wie andere. Das wäre so als würde man nur Fußball als Sport rechnen und deswegen eine Nation, die schon in den Vorrundenspielen der Europameisterschaft sieglos ausscheidet, für eine sportlich zurückgebliebene Nation halten. Tatsächlich gibt es viele verschiedene Sportarten und viele Wege historisch erfolgreich zu sein. Der Inder Felix Willfred sagt: „Wenn Entwicklung sich in der Dritten Welt nicht nach dem Modell einstellt, das der Westen für sie entworfen hatte, dann wird den einheimischen Gesellschaften die Schuld gegeben.“ (WILFRED (1995), S. 197-222, hier S. 199, Anm. 3)

16 „Inferiore Kulturen“ sind sie in der Wahrnehmung durch die okzidentale ökonomische Rationalitätsvorstellung, nicht in einem Anspruch absoluter Gültigkeit. Ich verwende diese diskriminierende Vokabel, um auf die Asymmetrie der Kulturbegegnung schon im Begriff aufmerksam zu machen, im übrigen zu Alternativen s. die erwähnte Studie von OSTERHAMMEL, l. c.

17 AFHELDT: „Weltweiter Wohlstand für alle? Für niemand? Oder für wenige?“, in: ULRICH und MAAK (2000), S. 35-85.

18 Mit dem so manchem Amerikaner typischen imperialistischen Gestus hat das in aller selbstdemaskierenden Offenheit HUNTINGTON (1996) ausgeführt und zuvor HUNTINGTON (1993), S. 22-49. Allerdings geht Huntington gerade nicht von dem Historischen Materialismus des Neoliberalismus aus, daß die Ökonomie und

das ein materiell unersättliches Individuum annimmt, dem es um freie Selbstverwirklichung seiner Bedürfnisse geht und um aktive und expansive Gestaltung der vorgefundenen Welt. Ursprüngliche Gemeinschaften und religiöse Bindungen gelten unter diesem Aspekt als Privatsache und binden die Gesellschaften als solche nicht mehr. Für die Bindungen der Gesellschaft gilt vielmehr die Tauschabstraktion auf dem Markt und d. h. im wesentlichen eine vertragsförmige Verpflichtung und vertragsförmige Rechte als grundlegendes Modell. Innerhalb dieses Modells können kulturelle, religiöse und naturale Bindungen zwar zugelassen, aber nicht abgebildet werden. Dieses Modell gilt heute in allen von der Globalisierung erfaßten Bereichen als alleiniges Zielmodell – nach Fortfall des konkurrierenden Zielmodells der Entwicklung er sozialistischen Persönlichkeit.

III. Fremdheitsbeziehungen unter Globalisierungsbedingungen

Unter solchen Umständen bleiben vor allem zwei Formen der Begegnung mit fremden Kulturen: die McDonaldisierung der Welt[19] und Transkulturelles Wertemanagement.[20] Die erste Form geht davon aus, daß in einer globalisierten Welt keine fremden Kulturen überleben werden, mag man das nun persönlich bedauern oder begrüßen. Diejenige Kultur wird als einzige überle-

---

Modernisierung automatisch zur Verwestlichung führe; gerade deswegen ist für ihn eine Zivilisations- (Kultur?)-Offensive des Westens geboten und eine Verhinderung jeglichen Multikulturalismus.

19 RITZER (1997).

20 Eine dritte Form spricht LUHMANN (1997), S. 7-31 an: Luhmann diagnostiziert die Emergenz einer Weltgesellschaft; während aber die Moderne die enge Verbindung von Gesellschaft und Staat kannte und in der Idee des Sozialstaats oder der Wirtschaftsform der sozialen Marktwirtschaft zum Programm erhoben hat, ist für die Weltgesellschaft und was in ihr geschieht, niemand mehr verantwortlich, mit der Konsequenz daß wir uns – vermutlich für immer – auf eine Gesellschaft ohne menschliches Glück, ohne ästhetischen Geschmack, ohne moralische Solidarität und ohne Lebensdienlichkeit einstellen müssen. Moralisches Klagen darüber ist berechtigt, wie es immer schon berechtigt war, aber es ist nutzlos, und zwar mehr denn je: denn wie sollte denn wohl eine Gesellschaft reagieren, die kein politisches Zentrum und keine hierarchische Struktur mehr hat.

ben, die sich als unbegrenzt verallgemeinerungsfähig, weil unbegrenzt assimilations- und integrationsfähig und als Parteigänger der ökonomischen Globalisierung erwiesen hat. Diese Kultur ist eine Kultur, die sich verkaufen läßt. Eine solche Kultur liegt bereits vor, es ist die Popkultur der amerikanisch geprägten Welt, selbst erwachsen in einem melting pot; sie ist, kulturtheoretisch gesprochen, eine solche Minimalform von Kultur, sozusagen eine Pidgin-Form von Kultur, daß sie einerseits aus allen angeschlossenen Kulturen das Griffigste selektiert, so vereinfacht und reduziert, daß es auch noch der letzte aus der entlegendsten Immigration ins global village begreifen kann. So schreibt etwa der Journalist Claudius Seidl: „Wenn jemand, vielleicht in Casablanca, sich endlich vom lange gesparten Geld eine teure Stereo-Anlage kauft, dann will er sie womöglich vor allem dazu nutzen, auch im Radio die Suren des Korans zu hören, und sein Kassettenrekorder spult die Musik seiner Väter und Großväter ab. Aber schon sein Sohn oder seine Tochter werden so lange am Regler herumspielen, bis jener Sender gefunden ist, der die Popmusik aus dem Westen spielt."[21] Wenn ich Seidl richtig verstehe, bedauert er das selbst ein wenig, aber nur ein wenig, vor allem aber meint er, das sei die Realität, so wie sie ist und wird, und alles andere wäre der „Blick des Denkmalpflegers". „Die Kultur von morgen wird ganz anders sein als die von übermorgen. Ob sie besser wird, ist nicht so wichtig." Eine Premiere von Strindberg in den Münchener Kammerspielen hält er für die Ambition, „der Rezeptionsgeschichte der Stückvorlage noch eine weitere Fußnote hinzuzufügen." Dagegen ist der amerikanische Spielfilm im Kino für ihn die wahre Kultur der Gegenwart. In Anlehnung an den Kunsthistoriker Beat Wyss[22] hält Seidl das nicht für amerikanischen Kulturimperialismus, sondern für eine notwendige Konsequenz des ökonomischen Marktprinzips: „Allein der Markt regelt Angebot und Nachfrage in der globalisierten Kultur." Mit diesem starken Wort und mit einem kleinen Fragezeichen des Philosophen[23] möchte ich die Vorstellung dieser Position, zugegebenermaßen sehr radikal vorgetragen von Seidl, abschließen. Das Fragezeichen des Philosophen besteht darin, darauf hinzuweisen, daß bisher jedenfalls Kultur nirgendwo eine Frage von An-

---

21 SEIDL (1999), S. 47-51, hier S. 49.

22 WYSS (1997).

23 Vgl. die ähnlich kritischen Bemerkungen von ACHAM, l. c., S. 187 zu einer Auffassung von Multikulturalismus, die „Kultur lediglich als Ansammlung von Teilkulturen nach Art von Wühltischen im globalen Supermarkt auffaßt, aus denen man sich – je nach Bedarf – sein Häppchen fischt." Auch er verweist auf die Notwendigkeit von kultureller Fremdheit.

gebot und Nachfrage auf einem Markt war. Kultur war eine Frage der Bildung, und Bildung verlangt einem etwas ab. Wenn wir beispielsweise das Erlernen elementarer Kulturtechniken wie Schreiben, Lesen, Rechnen und Musizieren der Nachfrage der Sechsjährigen überlassen und, falls die Nachfrage zu gering ist, das Angebot einstellen, dann mag das am Ende für die Teilnahme an der von Seidl charakterisierten Popkultur ausreichen, im übrigen für das Überleben von Gesellschaften jedoch nicht. Kultur ist eine Anstrengung, eine Anstrengung die sich lohnt, und zwar anders als im kurzfristig gedachten ökonomischen Verwertungskalkül ausdrückbar.

Auch das Konzept des Transkulturellen Managements geht von der Annahme aus, daß die westliche, durch ökonomische Rationalität diktierte Kultur die einzige sein wird, die am Ende überleben wird. Bis es jedoch dahin gekommen ist, erweisen sich die regionalen und inferioren Kulturen als Hemmschuh der Entwicklung, die man nicht einfach ignorieren oder machtvoll und rücksichtslos übergehen dürfe. Solches werde sich in Heller und Pfennig rächen. Man hat aber auch erkannt, daß Kulturen nicht direkt, sondern eher indirekt zu verändern sind. Wenn man die Segnungen westlichen Wirtschaftens vorführt, dann wird man dadurch Kulturen eher ändern als durch den Versuch von Bekehrungen und Belehrungen. So ist der vorrangige Gesichtspunkt, unter dem Transkulturalität oder Interkulturalität für die Wirtschaft auftritt, derjenige eines transkulturellen oder interkulturellen Management.[24] Kernfrage ist dann, wie man westliche ökonomische Rationalität in einer Gesellschaft akzeptabel macht und letztlich durchsetzt, deren kultureller Rahmen vielleicht eine ganz andere Form des Wirtschaftens nahelegen würde, die aber die gleiche Versorgung der Menschen – vor allem in der Konkurrenz auf dem Weltmarkt – nicht wird gewährleisten können. Ich brauche, glaube ich, auf die Details und auf die Maßnahmen in einem solchen Konzept nicht näher einzugehen. Es ist immer eine Mischung aus langfristig ungebremstem Expansions- und Durchsetzungswillen und einer kurzfristig taktvollen Berücksichtigung der spezifischen kulturellen Bedingungen auf lokaler Ebene. Die interkulturelle Kommunikationsfähigkeit muß gesteigert werden, so sagt man uns in diesem Zusammenhang. Es reicht für den global tätigen wirtschaftlichen Akteur und seine Vollstrecker nicht aus, von Wirtschaft etwas zu verstehen; denn die „Gefahr fehlerhaften Verhaltens anderer kultu-

24 Terminologisch geht das oft durcheinander, und im Englischen kommt der Begriff des cross-cultural management hinzu: KUMAR (1988), S. 389-394; STEINMANN und SCHERER (1996); STEINMANN und SCHERER (1999); BOLTEN (^{2}1999).

reller Prägung gegenüber" hat manchmal millionenschwere Schadensfälle zur Folge, so Hans Jörg Bauer. Und: „interkulturelle Kompetenz wird zum Schlüsselfaktor in Gesellschaft und Wirtschaft. Und interkulturelle Kommunikationsfähigkeit ist lernbar."[25]

Transkulturelles Management geht nicht davon aus, daß junge Leute in Casablanca und anderswo nichts anderes lieber hören wollen als amerikanische Popmusik und daß in den Inszenierungen der Münchener Kammerspiele und anderswo lauter „Denkmalspfleger" sitzen. Aus konkreten Erfahrungen multinationaler Unternehmen (global players) geht die Idee des Transkulturellen Managements davon aus, daß es (vorläufig) eine unreduzierte Vielfalt von Kulturen auf der Welt gibt und daß die Annahme, es gebe nur eine, zu erheblichen auch ökonomischen Problemen führen kann. Kulturen schaffen Verbindlichkeiten der Weltwahrnehmung und Weltgestaltung, die für die Angehörigen einer Kultur eine Sphäre der Selbstverständlichkeit etablieren, in der das soziale Miteinander von einem gewissen Maß an Vertrauen und Sicherheit getragen ist. Eine universalisierte Popkultur könnte diese Sicherheit und Selbstverständlichkeit gerade nicht mehr gewährleisten, weil sie die hohe Integrationsfähigkeit einem geringen Verpflichtungsgrad verdankt. Es ist sehr die Frage, was an die Stelle treten kann. „Zwar verführt die Globalisierung der Ökonomie zu der Annahme, daß die kulturinvarianten Regeln des Marktes dazu beitragen, so etwas wie eine weltweit einheitliche Kultur herzustellen", sagen Zimmerli und Palazzo.[26] Jedoch sei das ein Kurzschluß. Die Bewältigung von Schwierigkeiten im Umgang mit anderen Kulturen fällt daher als Management-Aufgabe auf das einzelne global tätige Unternehmen zurück. Transkulturelle Kompetenz ist nötig, und sie ist, wie gehört, erlernbar. Man muß nur die Manager in „transkulturellen Kompetenztrainings für Fragen des Wertemanagements [...] sensibilisieren."[27] „Wertekonflikte, verursacht durch kulturelle Differenz, sind zu managen. Transkulturelles Wertemanagement dient der Suche nach [...] Konsensinseln."[28]

Es ist aber mehr als fraglich, ob diese einheitliche Weltkultur tatsächlich entstehen wird, ob die ökonomische Globalisierung tatsächlich – mit derjenigen Verspätung, mit der nach Marx noch stets der ideologische Überbau auf die Transformationen der ökonomischen Basis reagiert hat – zu einer Welt-

---

25 http://www.mangementclub.co.at/f21/kultur.html.

26 ZIMMERLI und PALAZZO (1999), S. 140.

27 l. c., S. 143.

28 l. c., S. 141. Linda Human spricht sogar von einem „diversity management", HUMAN (1996).

kultur führen wird, die in sich homogen und offen für alles ist. H. Lübbe[29] beispielsweise verkennt nicht die „Züge einer Einheitszivilisation", die er benennt als „Omnipräsenz trivialer Zivilisationsgüter". Daneben aber treten kompensatorisch neu erstarkende Regionalisierungen, die sich, wie Lübbe sagt, ausdrücken in „Bewegungen reflexiver Verstärkung kultureller Herkunftsprägungen". Diese beiden Momente zusammengenommen erst machen die Bewegung einer Dialektik[30] von Globalisierung und Regionalisierung aus, in der nicht das eine die Bedrohung des anderen sei, sondern gerade dessen Entwicklungschance. Weil es die Regionalismen gibt, ist die Globalisierung eine ganz neue Chance der Erfahrung des Fremden – und zwar ohne Assimilation oder Integration. Und weil es die Globalisierung gibt, bedeutet die Regionalisierung eine stärkere Ausprägung des Bewußtseins von Fremdheit und damit zugleich von Eigenheit. Damit entwächst diese Dialektik von Globalisierung und Regionalisierung den Totalitarismen, die ein Großteil der Geschichte des 20. Jahrhunderts geprägt haben in ihrer kulturellen Grundlage der Massengesellschaft. Globalisierung als die Chance des 21. Jahrhundert ist in ihrer Vitalität angewiesen auf starke lokale Eigenheiten und den starken Erhalt des Bewußtseins von Fremdheit. So Lübbe. [31]

Andere sprechen ebenfalls von einer solchen Dialektik von Globalisierung und Regionalisierung, sehen die Auswirkungen aber nicht so optimistisch wie Lübbe. Sie unterstellen, daß das starke Bewußtseins der Differenz sich nicht erhalten wird und daß damit ein Verlust von Fremdheits- und Eigenheitserfahrung einhergehen wird. Stichwort für diese Sicht ist der Pluralismus. Nach ihm müssen sich alle Kulturen im Prozeß der Globalisierung pluralistisch-tolerant zueinander verhalten, um die Reibungsverluste in ökonomischer Hinsicht zu minimalisieren, und das gelingt genau dadurch, daß sie sich auch intern pluralisieren. Die Pluralität von Wertvorstellungen führt aber zwangsläufig zu einer Reduktion ihres Verpflichtungscharakters und damit zu einem Verlust an Verläßlichkeit. Genau das aber hat wiederum seinerseits ökonomische Konsequenzen. Die nicht-optimistische Sicht des Verhältnisses von ökonomischer Globalisierung und kultureller Regionalisierung führt also in ein klassisches Dilemma. Aus diesem Dilemma führen die zwei Wege der Universalisierung westlich-ökonomisch-rationaler Weltkultur ei-

29 LÜBBE (1996), S. 133-150.

30 Von einer solchen Dialektik spricht KLOOS (2000); von Glocalization sprach zuvor R. ROBERTSON (1994), S. 23-52; ROBERTSON (1995), S. 25-44; vgl. auch GEERTZ (1996).

31 LÜBBE, l. c.

nerseits (mit dem drastischen Bild einer drohenden Welt-Pop-Kultur) und der Weg des Transkulturellen Management andererseits. Aus einer kritischen Perspektive erscheinen beide Wege, die Universalisierung der Popkultur und das transkulturelle Management als Übergriffe unserer Kultur auf andere Kulturen.

Eine solche kritische Perspektive trägt vor, daß es eines der für die Neuzeit charakteristischen Modelle, Erfahrungen der Fremdheit zu machen, ist, hinauszufahren und mit Beute oder getauschten Waren, jedenfalls bereichert, zurückzukehren. Befahrungen der Weite des Raumes geben Erfahrungen, durch die man aus der Fremde bereichert heimkehrt. Maßstab der Erfahrungs-Bereicherung ist das in der Sphäre der Eigenheit gültige System von Wissensstrukturen und Werten. Die Fremde wird so an-geeignet; ja, selbst solange wir in der Fremde sind, müssen wir – diesem Modell zufolge – Erfahrungen und Bewertungen mit den von uns mitgebrachten Kriterien der Aneignung machen. Gold beispielsweise wollten die Spanier aus Mexiko mitbringen, auch wenn es dort vor Ort keinen besonderen Wert hatte. Es war eine der Enttäuschungen des philosophisch Reisenden Georg Forster, in der Fremde immer doch nur Spuren des Eigenen zu entdecken.[32] Diese Aneignungs-Geste dem Fremden gegenüber ist mit dem Vorwurf des Ratiozentrismus oder auch des Eurozentrismus belegt worden. Die Devise dieser Kritik ist, daß man das Eigene des Fremden ihm zu eigen lassen müsse und es nicht durch eurozentristische Aneignungen enteignen dürfe. Positiv steigert sich diese Kritik zu einem Kultur-Ethnorelativismus, der davon ausgeht, daß alle Kulturen ihre ihnen eingeschriebene eigene „Rationalität" hätten und daß es keinen Sinn mache, alle Kulturen am Maßstab unserer eigenen zu messen. Fremde Kulturen hätten ihr Eigenrecht und müßten nicht ihre relative Legitimität durch Bezug auf die okzidentale Vernunft erst herstellen. So human, gemäß okzidentalen Maßstäben, dieses auf den ersten Blick klingt, ist doch diese Position mit erheblichen Problemen behaftet. Innerhalb der abendländischen Rationalität läßt sich eine solche Haltung des Relativismus nicht als rational ausweisen, und in anderen Kulturen kommt eine solche extreme relativistische Gleichgültigkeit in der Regel nicht vor. Wird aber gerade dieses nun zum universellen Programm der Begegnung von Kulturen gemacht, d. h. daß alle Kulturen gegeneinander sich kulturrelativistisch zu verhalten hätten, so wird eben doch eine Idee der abendländischen Rationalität auf andere Kulturen normativ übertragen. Wird es nicht zum Programm gemacht, so ist es eben nichts als eine bloße Privatmeinung eines kulturellen Aussteigers

32 Vgl. RÖTTGERS (1997), S. 178ff.

oder, da ein solches Aussteigertum in Europa begleitend zu herrschenden Rationalität hinzugehört, eben wiederum nur ein Merkmal genau unserer Kultur. Mit anderen Worten, die kulturkritische Sehnsucht nach dem Fremden und die Vermutung der Gleichrangigkeit oder gar Überlegenheit des Fremden ist selbst ein konstitutives Merkmal nur der abendländischen Kultur. Es gibt keinen Standpunkt (außerhalb der Kulturen? Oder innerhalb einer bestimmten?), von dem aus die Gleichrangigkeit und Gleichwertigkeit der Kulturen gezeigt werden könnte; so moralisch-honorig eine solche Haltung also zu sein scheint, ist sie doch epistemisch völlig unbefriedigend, und das kann schließlich auch die Moral nicht unberührt lassen.

Die (universalistische) Kritik nun des Ethnorelativismus setzt dabei an, daß sich die ratiozentristische Lebensform nur zufällig in Europa zuerst durchgesetzt habe, daß aber alle Kulturformen, sobald sie mit ihr in Kontakt kommen, deren Überlegenheit, die sich in überlegener Allgemeinheit ausdrückt, spüren und akzeptieren.[33] Diese Segnungen der Vernunft dürften den inferioren Kulturformen in der Fremde nicht vorenthalten werden. Insbesondere im Modell der Menschenrechte, aber auch im Modell des freien Marktes gewinnt diese Argumentation die Plausibilität einer guten Begründung, vor der der Respekt gegenüber fremden Lebens- und Kulturformen nur so etwas wie die Reservate oder Zoos eines noch nicht vernünftigen Lebens für sich hat. Wer sich selbst wirklich eigen wird, der wird gerade dadurch vernünftig, d. h. uns ähnlich. Das Fremde, so ist die Quintessenz dieses Kulturimperialismus der Vernunft, ist im Grunde ein Bekanntes, nur der Erscheinung nach können noch Erkenntnisse in diese Schatzkammer unseres Wissens eingebracht werden. Die Vernunft ermöglicht zwar Erfahrungen, wie uns die Transzendentalphilosophie lehrt, aber sie macht keine und sie braucht auch keine zu machen.

Wie schon gesagt, einige denken um: immer aber geht es um die Frage der Hinderlichkeit oder Förderlichkeit kultureller Besonderheit für die Entwicklung der Wirtschaft der Welt. Die umdenken, entdecken, daß fremde Kulturen Rahmenbedingungen enthalten können, die erstaunlich günstig für das Wirtschaftswachstum sind. Auslöser für ein solches Denken in Alternativen zur Linearität der Fortschrittsphilosophie war natürlich die Entwicklung Japans, das sich ohne protestantischen Geist der Reformation, ohne den Rationalismus der europäischen Aufklärung, allein aus asiatischem Geist, der ja angeblich stagniert und ein Hindernis darstellt, geschafft hat, zu einer der führenden Industrienationen aufzurücken. Wie auch immer man dieses Phä-

33 Vgl. etwa DUX (1982).

nomen zu erklären versucht hat, man hat nach wie vor den Geist des Fortschritts aus dem 19. Jahrhundert als Geist der ökonomischen Entwicklung unterstellt, lediglich aber zugestanden, daß der Ausgangspunkt offenbar nicht unbedingt der calvinistische Protestantismus sein mußte, sondern irgendwie auch etwas Japanisches. Noch etwas komplizierter wurde es freilich, als weitere, kulturell durchaus erheblich andere Gesellschaften Asiens eben solchen wirtschaftlichen Erfolg aufzuweisen hatten. Kritisch wiederum dazu Wilfred: „In diesem im letzten westlichen Paradigma der menschlichen Entwicklung, das seinen Schwerpunkt in der Wirtschaft hat, ist jede positive Anerkennung einer Kultur doch bloß ein Mittel für die Erreichung wirtschaftlicher Ziele oder eine Art Folie, in der das Entwicklungs-Paket verpackt werden kann."[34]

IV. Der Verlust des Fremden

Die Globalisierung ist nun, so sagte ich, derjenige historische Zusammenhang, durch den der Verlust des Fremden droht. Was ist das für ein Verlust? Zunächst einmal ist auf die sozialphilosophisch fundamentale Unterscheidung von Fremdheit und Alterität zu verweisen.[35] Während es zwischen einem Selbst und seinem Anderen entweder ein ungebrochenes Kontinuums sozialer Nähe einer sozialen Gemeinschaft gibt oder eine aufgrund eines fundamentalen Bruchs wiedergewonnene Kontinuität einer sozialen Gesellschaft, gibt es jenseits einer Grenze aller Kontinua und Kontinuitäten die Konstruktion von Fremdheit. Diese Konstruktion erzeugt ein sozial Fremdes, indem es eine Grenze festlegt, jenseits derer die Kontinuitäten ein Ende haben. Keine soziale Reflexion holt den Fremden in die Gesellschaftlichkeit mit dem Selbst ein. In der Abgrenzung zum Fremden freilich transformiert sich, was dem Anderen gegenüber als ein Selbst erschien, zu einem Eigenen (propre). Ich bin mir selbst eigen und habe Eigentum nur, indem ich Fremde genau von dieser Sphäre dieser Eigenheit und des Eigentums (propreté und propriété) ausschließe. Selbst im sogenannten Gemeineigentum der Allmende etwa ist das klar, daß zwar die Gemeinde dieses Eigentum für alle der Gemeinde bereithält, nicht aber für Fremde. Dieser Ausschluß des Fremden vom

---

34 l. c., S. 203.

35 S. dazu im einzelnen RÖTTGERS (2001a).

Eigenen ist zwar strukturell der Dichotomie von Freund und Feind als Definienzien des Politischen bei Carl Schmitt[36] analog; aber da es sich hier nicht um die Definition des Politischen handelt, ist ebenso klar, daß nicht jeder Fremde ein Feind ist: er kann ebenso sehr als Gast erscheinen (oder umgekehrt als Gastgeber). Der Fremde ist der von jenseits der Grenze, die ich konstruiert habe, um die Sphäre der Eigenheit zu markieren. Diese Sphäre der Eigenheit ist von innen her mit Zeichen markiert und von außen her durch Fremdheit begrenzt.

Mit dem Fremden gibt es daher keine Gemeinschaftlichkeiten, aber ebenso wenig eine Gesellschaftlichkeit, und zwar selbstverständlich nicht wegen irgendwelcher empirisch zu erhebender oder ontologisch fixierter substantialistischer Merkmale. Weder Hautfarbe, noch Sprache, noch Geschlecht machen irgendeine Person eo ipso zum Fremden unter Andersfarbigen, Andersprechenden oder Andersgeschlechtlichen. Nicht in Sachverhalten, sondern allein in den Operationen der Konstruktion von Grenze liegt die Unterscheidung von Fremdheit/Eigenheit begründet.

Mit dem Fremden ist daher auch Wirtschaft nicht möglich; denn diese setzt immer Gesellschaft voraus, damit Tausch und andere ökonomische Operationen möglich sind.

Eine naheliegende Frage ist die, ob nicht alle Fremdheit der skizzierten Art aufgelöst werden kann, ja wegen der stets lauernden Gefahr, daß der Fremde als Feind, d. h. politisch behandelt wird, aufgelöst werden sollte in Andersheit. Der Grund für meine Ablehnung dieser Möglichkeit ist folgender: die Unterscheidung zwischen Fremdem und Anderem ist eingeführt als eine methodisch begründete Unterscheidung. Die Folge davon ist, daß es kein Kontinuum der Andersheit gibt mit einer irgendwo liegenden Grenze, jenseits derer dann Andersheit in Fremdheit umschlüge. Wenn das nun das ganze Problem wäre, dann könnten wir ja die fragliche Grenze immer weiter hinausschieben bis zu dem Punkt, wo zwar vielleicht fiktive Wesen von anderen Planeten, aber kein menschliches Wesen mehr als ein Fremder, und d. h. entweder als Gast oder Feind begegnen könnte. Alle Menschen wären uns mehr oder weniger Bekannte und Verwandte einer universalen Menschheitsgemeinschaft und -gesellschaft. So wissen wir zwar, daß es diese Tendenzen einer Durchhumanisierung und ipso facto eben doch Durcheuropäisierung der Menschheit gibt. Das ist der nicht-ökonomische Aspekt der Globalisierung. Aber diesen Tendenzen muß man aus deskriptiven und normativen Gründen skeptisch gegenüberstehen, und zwar weil dieser Versuch weder erfolgreich

36 SCHMITT (1963).

sein kann, noch es wünschenswert wäre, daß er erfolgreich wäre. Und zwar vor allem, weil eben die Unterscheidung zwischen Anderem und Fremdem keine einer Setzung einer Grenze auf einem bestehenden Kontinuum ist. Wenn das so wäre, dann ließe sich in der Tat darüber rechten, ob Hautfarbe, Geschlecht oder Trinkfestigkeit ein Diskriminierungsgrund sein können. Aber da der Unterschied zwischen Anderem und Fremden an keinem bestimmten Merkmal festgemacht werden kann und auch mit Nähe und Distanz nicht direkt etwas zu tun hat, so daß mir selbst die Andere in einer intimen Lebensgemeinschaft fremd sein kann, ja sogar ich mir selbst entfremdet werden kann. Die Einführung der Kategorie des Fremden, in der frühen Kindheit als Fremdeln gelernt, steht damit quer zu der Unterscheidung von Selbst und Anderem und ermöglicht als Pol die Begründung der Polarität von Eigenheit und Fremdheit. Das hat zur Konsequenz, daß, wenn wir uns verböten – aus Gründen einer so verstandenen Humanität oder ökonomischen Rationalität, d. h. aus Gründen einer Universalisierung und Globalisierung – die Kategorie der Fremdheit noch zu kennen oder zu benutzen, wir eben auch keinen Begriff von Eigenheit mehr ausbilden könnten. Individualität, insoweit sie nicht in Subjektivität aufgeht, wird damit unbegreiflich und erscheint nur noch als Kontingenz einer partikularen Abweichung von einer universalen Norm des Menschseins.

Nun könnte man freilich der Ansicht sein, daß asymmetrische Konflikte symmetrisiert werden sollten, daß also m. a. W. es keine Fremden mehr geben sollte, sondern nur noch Andere, keine fremden Kulturen mehr, sondern nur noch Varianten der einen, alles und alle verbindenden Kultur. Das wäre einerseits bedauerlich, aber was die Humanisierung basaler Konfliktlösungspotentiale betrifft zugleich erfreulich. Im Prinzip erscheint das durchaus möglich, und zwar nicht durch ein Hinausschieben einer substantiell definierten Grenze zwischen Andersheit und Fremdheit; denn eine solche gibt es nicht, ja Fremdheit kann uns plötzlich in unserer unmittelbaren Nähe begegnen. Sondern indem wir darauf verzichteten, Eigenheiten und damit Fremdheiten und die Grenze zwischen ihnen überhaupt auszubilden. Individualitäts- oder Eigenheitsverzichte führten zugleich zur Auflösung des Fremden und damit stellten sie positiv diejenige Symmetrie her, unter der alle Menschen wenn schon nicht Brüder, so doch grenzenlos Tauschpartner würden. Solch ein Eigenheitsverzicht kann aber m.A.n. auf nichts anderes hinauslaufen als auf einen Kulturverzicht. So erreichen wir das wenig beruhigende Ergebnis, daß transkulturelle Wertekonflikte in der Tat lösbar sind, nämlich durch Verzicht auf Kultur. Das Bild, das sich zum Zweck einer harmonischen Auflösung dieser Konflikte ergäbe, wäre das Bild einer Welteinheitskultur als Minimalkultur. Eine solche aber kann den spezifischen Funktionen von Kultur für eine Gesellschaft, nämlich Selbstverständlichkeiten zu definieren und so Verläßlichkeiten zu erzeugen, nur unzureichend genügen. Ohne einen solchen kulturellen Hintergrund von Selbstverständlichkeiten und Verläßlichkeiten werden aber auch die Reibungsverluste einer sich globalisierenden Wirtschaft allzu groß.

Gehört dieser Begriff von Fremdheit angesichts der Globalisierung nicht einer vergangenen Epoche an, und kann man nicht sogar sagen: zum Glück? Ist nicht Toleranz das Vehikel, durch das uns ein solches Fremd-Verstehen möglich wird („interkulturelle oder transkulturelle Kompetenz"), daß es gar keine Fremden mehr zu geben braucht, sondern alle Menschen, wenn schon nicht Brüder, dann doch wenigstens Tauschpartner werden? Und besteht darin nicht auch die Chance, siehe die Menschenrechte, daß wir einander auf einer Ebene der Kontinuität als Gleiche begegnen: gleiche Rechte für alle, aber wer sind „alle" und was heißt „Rechte", das bestimmen noch immer wir. Die Konstruktion von Fremdheit birgt immer – wer wollte das leugnen – die Gefahr der feindseligen Begegnung zu den so konstruierten Fremden. Aber das ist erstens keine Zwangsläufigkeit, die aus der Struktur von Fremdheitskonstruktionen folgte; zweitens können wir eben auf eine solche Konstruktion von Fremdheit nicht verzichten, wenn uns nicht das Bewußtsein verloren gehen soll, was unsere Eigenheit ausmacht, unsere Eigentümlichkeit, ja aber auch unser Eigentum.

Welche Garantie gibt es dafür, daß wir die Fremden nicht als Feinde behandeln, sondern als aufregende, faszinierende, verführerische Fremde? Es wäre eine Verharmlosung des theoretischen Anspruchs, wenn bestritten würde, daß die Gefahr immer besteht, den Fremden als Feind zu behandeln. Wenn die Begegnung mit dem Fremden ein Abenteuer sein kann und bleiben muß, dann ist es unvermeidlich, daß dieses Abenteuer sowohl die Gestalt einer überraschenden Bereicherung unserer Existenz haben kann, wie auch die einer Bedrohung und Gefährdung. Und wenn der Fremde als Gefahr wahrgenommen wird, bzw. konstruiert wird, dann ist er als Fremder sogleich ein Feind derjenigen Ordnung, unter der wir uns befinden, leben und der wir unsere Orientierungen verdanken. Allein damit ist verbunden auch die Chance, daß er uns aus den Verkrustungen unserer althergebrachten Ordnungen herausführen kann. Der Fremde erfüllt damit alle Merkmale des Begriffs eines Risikos: Er ist Chance und Gefahr zugleich, und er ist ein unvermeidliches Konstrukt.

Indem die Formulierung verwendet wurde, daß der Fremde als Feind konstruiert werden kann, d. h. auch in Begriffen des Politischen wahrgenommen werden kann, ist klar, daß es bei uns, den Konstruierenden liegt, den Fremden so oder so zu konstruieren und daß wir also über die Gründe nachdenken sollten, die dazu führen, daß Fremdheit als Feindschaft erscheint oder noch genauer, daß die Alternativen zur Feindschaft ausgeblendet werden können.

Meine These in dem Zusammenhang ist es, daß es die Kultur ist, die Kultur einer Lebensgemeinschaft oder einer Gesellschaft, die die Zwangsläufigkeit der Konstruktion des Fremden als Feind untergräbt, d. h. die Kultur erscheint hier als Alternative zum Politischen. Denn was ist Kultur anderes als die Kultur von Umwegen und die Vermeidung vermeintlicher Unmittelbarkeit. Damit widerstreitet ein Kulturprinzip auch einem Ökonomieprinzip, das immer in der Erreichung eines Ziels auf dem kürzesten Wege besteht; denn nach dem Ökonomieprinzip ist das Leben kurz und die Mittel, es zu fristen, knapp. Zögern und Umwege sind Zeitvergeudung, so sagt uns die amerikanische „philosophy", die uns zu beherrschen im Sprunge steht. Tatsächlich ist ein solcher Ökonomismus bereits dem Prinzip jeglichen Lebens entgegengesetzt: denn Leben selbst bereits ist der Widerstreit gegen den kurzen Weg in die Entropie. Jede Kultur ist als Kultur von Umwegen ist diesem Prinzip alles Lebens im Universum verpflichtet, nämlich in einem umgrenzten Ort, für eine bestimmte Frist durch Prozesse des Austauschs mit der Umwelt der zunehmenden Entropie Einhalt zu gebieten. Kultur ist nichts anderes als die Vermeidung einer schnellen Zielerreichung (für einen bestimmten Diskurs, in einem bestimmten Text). So ist etwa Bildung und das Bildungssystem nichts anderes als die Bildung eines Umwegs zum ökonomischen Verwertungssystem. Von daher ist es gut, daß wir inzwischen über den Begriff des absoluten Gegensatzes zur Bildung verfügen, nämlich denjenigen der Berufsqualifikation. Wozu sollte es wohl qualifizieren, Goethes Ganymed-Hymne zu lesen, vielleicht sogar auswendig zu lernen oder zu interpretieren? Gerade weil sie von keinerlei Praxisrelevanz ist, ist Bildung z. B. sie ein Moment der Kultur. Und die Kultur der Nutzlosigkeit, der Verweigerung von Praxisbehilflichkeit zwecks ökonomisch-kurzer Zielerreichung kulminiert und hat ihren festen Rückhalt traditionell in der Philosophie, die – sagt man – die kritische Reflexion unserer Welt- und Handlungsorientierungsmuster sich zur Aufgabe macht. Genau diese Figur der Reflexion ist aber die Grundfigur eines Umwegs und eines Innehaltens im praxisrelevanten Zielerreichungsgetriebe. Das ist gewiß dem Zeitgeist einer sich von der Ökonomie total bestimmen lassen wollenden Gesellschaft entgegengesetzt, der verlangt, daß etwas passiert, statt das nur geredet wird, daß etwas passiert und wären es auch Unfälle – action statt reflection als Qualitätsmerkmal. Der Abbau aller Vermittlungen und der Abbau aller Zeichenregime und Umwege zugunsten einer ökonomisch optimalen, möglichst unmittelbaren Zielerreichung des factum brutum ist das Merkmal einer neuen Barbarisierung. Der Unmittelbarkeit des Handelns, dort wo ein fremder Wille betroffen ist, entspricht die

Gewalt. Dagegen wäre es Macht, d. h. die Modalisierung des Handelns[37] in seiner Realität zur bloßen Möglichkeit des Handelns, eine Bildung von Mittelbarkeiten, die dem vorbeugen helfen, daß derjenige, der kulturell als Fremder konstruiert wurde, zum Objekt eines Gewalt-Übergriffs über die Grenze wird, die uns trennt.

Die Definition von Wertekonflikten, die entweder in einer Welteinheitskultur zusammenschmelzen werden oder die zu einer Strategie behutsamen Wertemanagements führen müssen, diese Definition ist asymmetrisch. Solche Asymmetrie ist grundsätzlich unvermeidbar; aber man muß wenigstens zwei Typen der Asymmetrisierung unterscheiden; ich möchte das an zwei Beispielen des Umgangs mit Fremdem veranschaulichen, die ich Todorovs Buch über die Eroberung Amerikas entnehme und mit den Namen Bartolomeo de Las Casas und Diego Durán verbinde. Las Casas ist in die Geschichte eingegangen als Advokat der Rechte der Indianer vor dem spanischen Hof. Denn – so Todorov – Las Casas liebte die Indianer, aber er versteht sie nicht, ja er interessiert sich nicht einmal besonders für sie; denn er weiß als Christ a priori von der Gleichheit aller Menschen und daß potentiell alle Menschen Christen sind. In der Kultur der Indianer wiedererkennt er daher immer schon die humanen Züge des Christentums. Ohne es zu wissen und ohne es zu wollen, sind die Indianer Teilnehmer unserer, d. h. der spanischen, christlichen Kultur. Anders Durán. Die Indianer sind für ihn bis in die tiefsten Falten ihrer Seelen Heiden. Wenn man sie bekehren will und muß, reicht es nicht, sie zu taufen und zur Einhaltung der Riten und Gebete anzuhalten. In den Tiefen ihrer Seelen muß man ihr Heidentum mit Stumpf und Stiel ausrotten. Um das zu können, muß man freilich ihre Religion und Kultur bis in alle Einzelheiten und Feinheiten erforschen, damit sie nicht am Ende unter dem äußerlichen Schein der Marienverehrung insgeheim doch an eine heidnische Göttin denken. Wenn man aber ihre Kultur derart intensiv erforschen will, dann muß man alles tun, um diese Kultur möglichst rein und unverfälscht zu erhalten. Es ergibt sich also das Paradox: um gründlich vernichten zu können, muß man alles erhalten. Solch ein Paradoxon des Hinausschiebens unmittelbarer Zielerreichung ist die Grundstruktur von Kultur, nämlich die Kultur von Umwegen, Vermittlungen, Zwischenstufen und innehaltender Reflexion. Am Ende versteht daher Durán die Indianer, deren Kultur er eigentlich vernichten wollte, sehr viel besser als Las Casas, der sie von Anfang an in abstrakter Menschheitsliebe umfing.

---

37 Zum hier verwendeten Machtbegriff s. das 3. Kapitel in RÖTTGERS (1997), S. 109-150.

Ich hatte gesagt, daß transkulturelle Wertekonflikte grundsätzlich von asymmetrischer Struktur sind. Wie bekannt, gibt es einen Ethnorelativismus, der das bestreitet; ich glaube allerdings nicht, daß dieser Relativismus widerspruchsfrei durchhaltbar ist, aber darauf braucht an dieser Stelle nicht näher eingegangen zu werden. Ernster zu nehmen ist eine Position, die fordert, transkulturelle Wertekonflikte nach dem Muster intrakultureller Wertekonflikte (also nach dem Diskurs-Modell) oder gar nach dem Muster der Konsistenz von Werte-Ordnungen (also nach einem logischen Modell) entschieden werden können. Dieses ist eine ethische Position; sie versucht, bei Wertekonflikten, seien sie nun subjektiv, seien sie intersubjektiv-intrakulturell oder seien sie transkulturell Kriterien „objektiver" Natur zur Entscheidung heranzuziehen. Sozialphilosophisch gesehen, ist das nichts anderes als die Forderung, bei konfliktueller Intersubjektivität den Dritten einzubeziehen. Grundsätzlich ist das ein probater Weg, den Aporien der Zweisamkeit auch in Konfliktfällen zu entgehen. Ob aber die Beteiligung eines Dritten aussichtsreich ist, hängt davon ab, ob dieser Dritte für beide Konfliktparteien wirklich ein Dritter ist – anders gesagt: ob die Unparteilichkeit des Richters anerkannt ist. Wenn eine Partei den Eindruck hat oder wenn es wirklich so ist, daß sich die andere Partei den Richter sozusagen mitgebracht hat, dann hat sein Schiedsspruch keinen Wert, bzw. auch die erste Partei wird sich dann ihren Richter mitbringen, d. h. der Konflikt wird auf der Ebene der Richter fortgesetzt, „Richter" jetzt natürlich in Anführungszeichen gekleidet. Diese Struktur gilt grundsätzlich für alle Inanspruchnahmen ethischer Argumente in gleicher Weise. Wenn aber transkulturelle Wertekonflikte tatsächlich asymmetrische Konflikte sind, dann unterscheiden sie sich dadurch von intrakulturellen Wertekonflikten, die wenigstens die in der speziellen Kultur gemeinsam geteilten Werte zur gemeinsamen und zum Richterspruch des Dritten tauglichen Basis haben.

Des Bayern Gerhard Polt rhetorische Frage „Was soll ich bei den Mongolen?", beantwortet sich für die Ökonomie mit großer Eindeutigkeit: Geschäfte und Gewinne machen. Als kulturelle Frage jedoch, so wie sie gemeint war, beantwortet sie sich zögerlicher und vielleicht so: Zwischen bayerischer und mongolischer Kultur soll eine Fremdheit auch weiter bestehen bleiben, weil die Kehrseite des Fremdheitsbewußtsein ein Eigenheitsbewußtsein ist und das eine nicht ohne das andere zu haben ist. In einer Welteinheitskultur oder eine allgemeinen Konvertibilität aller kulturellen Inhalte wird beides zugleich verloren gehen. Solche irreduzible Fremdheit ist ein Abenteuer und eine Lernchance von der Art eines Lernens, für das nicht vorab feststeht, was gelernt werden soll, sondern das nichts anderes ist als das Lernen des Ergreifens von überraschenden Lernchancen, das die Fremden für uns immer noch darstellen können.

V. Zusammenfassung

1. Wir müssen zu einer Lernkultur und zu einer sich entdecken lassenden Kultur werden; dann werden wir begreifen können, daß
2. die ökonomische Rationalität ein Außen hat, nämlich die fremde Kultur, von der ein faszinierender und verführerischer Impuls auf die Transformation der eigenen Kultur ausgehen kann, daß
3. weder Universalisierung der Popkultur noch Transkulturelles Management geeignete Wege der Begegnung mit fremder Kultur sind, noch weniger jedoch ein Ethnorelativismus, sondern
4. allein die Dialektik von Globalisierung und Regionalisierung die Chance bietet, uns in die fremde Kultur zu verlieben und uns von ihr verführen zu lassen, einer die Globalisierung zur Seite gestellten kulturellen Regionalisierung hilft also gerade nicht ein transkulturelles Wertemanagement, sondern eine entschiedene Kulturalisierung des Globalen,
5. daß dieses aber nur funktionieren kann durch gleichzeitige Herausbildung des Bewußtseins des Eigenwerts unserer eigenen Kultur, daß alle Kultur Hort eines Kulturprinzips ist, das auch im Herzen der Ökonomie selbst zu Hause ist, indem nämlich nicht Ökonomieprinzip und Kulturprinzip wie die Gegenstandssphären von Ökonomie und Kultur einander entgegenzusetzen wären, sondern es darauf ankäme, auf Seiten der Ökonomie ein Gespür für das Wirken des Kulturprinzips auch im Inneren der Ökonomie zu entdecken, das aber heißt nichts anderes, als eine Chance für eine Kritik desjenigen Ökonomismus einzuräumen, jener Ideologie, die nur noch dominant den Diskurs der Ökonomie und ihre Praxis als Definientien unserer Kultur anerkennen zu können glaubt.

Literaturverzeichnis

ACHAM, K. (2000): „Impulsreferat zur Enquête ‚Globalisierung und Nationalstaat'", in: P. SCHACHNER-BLAZIZEK: *Globale Herausforderungen*, Graz (Leykam), S. 174-187.

AFHELDT, H. (2000): „Weltweiter Wohlstand für alle? Für niemand? Oder für wenige?", in: P. ULRICH und TH. MAAK (Hrsg.): *Die Wirtschaft in der Gesellschaft*, Bern, Stuttgart, Wien (Haupt), S. 35-85.

BECK, U. (1997): *Was ist Globalisierung*? Frankfurt a. M. (Suhrkamp).

BOLTEN, J. (Hrsg.) (1999): *Cross Culture – Interkulturelles Handeln in der Wirtschaft*, Sternenfels (Wissenschaft & Praxis).

DETTLING, W. (1998): *Wirtschaftskummerland*? München (Kindler).

DUX, G. (1982): *Die Logik der Weltbilder*, Frankfurt a. M. (Suhrkamp).

EBERHARD, W. (1980): *Geschichte Chinas*, Stuttgart (Kröner).

GEERTZ, C. (1996): *Welt in Stücken*, Wien (Passagen).

GERNET, J. (1983): *Die chinesische Welt*, Frankfurt a. M. (Insel).

HÖFFE, O. (1999): *Demokratie im Zeitalter der Globalisierung*, München (Beck).

HUMAN, L. (1996): *Understanding and managing diversity in the modern world*, Dakar (Gore Institute).

HUNTINGTON, S. P. (1996): *Der Kampf der Kulturen*, München, Wien (Europa).

HUNTINGTON, S. P. (1993): „The Clash of Civilizations", *Foreign Affairs*, 72, S. 22-49.

KAUFMANN, F.-X. (1998): „Globalisierung und Christentum", in: P. HÜNERMANN: *Das II. Vatikanum*, Paderborn u. a. (Schöningh), S. 15-30.

KLOOS, P. (2001): „The Dialectics of Globalization and Localization", in: D. KALB, M. VAN DER LAND, R. STARING und N. WILTERDINK (Hrsg.): *The Ends of Globalization*, Lanham (Rowman & Littlefield).

KUMAR, B. N. (1988): „Interkulturelle Managementforschung", *Wirtschaftswissenschaftliches Studium. Zeitschrift für Ausbildung und Hochschulkontakt*, 17, S. 389-394.

LAFONTAINE, O. und MÜLLER, CH. (1998): *Keine Angst vor der Globalisierung*, Bonn.

LEPENIES, W. (1996): „Das Ende der Überheblichkeit", *Zeitschrift für Kulturaustausch*, 46, S. 114-117.

LÜBBE, H. (1996): „Netzverdichtung", *Zeitschrift für philosophische Forschung*, 50, S. 133-150.

LUHMANN, N. (1997): „Globalisation ou société du monde", in: D. KALOGEROPOULOS (Hrsg.): *Regards sur la complexité sociale et l'ordre légal à la fin du XXe siècle*, Brüssel (Bruylant), S. 7-31.

MARTIN, H.-P. und SCHUMANN, H. (1996): *Die Globalisierungsfalle*, Reinbek bei Hamburg (Rowohlt).

MEADOWS, D. (1974): *Die Grenzen des Wachstums*, Reinbek bei Hamburg (Rowohlt).

MODELSKI, G. und THOMPSON, W. R. (1988): *Seapower in Global Politics 1494-1993*, Seattle (University of Washington Press).

MOTE, F. W. und TWITCHETT, D. (Hrsg.) (1988): *The Cambridge History of China*, vol. 7, Cambridge, New York, New Rochelle, Melbourne, Sydney (Cambridge University Press), S. 232-236.

MÜLLER, J. und WALLACHER, J. (2000): „Nicht-ökonomische Aspekte der Globalisierung", in: http://www.hfph.mwn.de/globalisierung.htm (Stand: 11.12.2000).

NARAHARI, B. R. (1995): „Warum sollen andere Traditionen ‚respektiert' werden?", in: J. HOFFMANN (Hrsg.): *Die Vernunft in den Kulturen – Das Menschenrecht auf kultureigene Entwicklung*, Frankfurt a. M. (Verlag für interkulturelle Kommunikation), S. 267-283.

OSTERHAMMEL, J. (1989): *China und die Weltgesellschaft vom 18. Jahrhundert bis in unsere Zeit*, München (Beck).

OSTERHAMMEL, J. (1995): „Kulturelle Grenzen in der Expansion Europas", *Saeculum*, 46, S. 101-138.

RAO, P. K. (2000): *Sustainable development: economics and policy*, Malden (Blackwell).

RITZER, G. (1997): *Die McDonaldisierung der Gesellschaft*, Frankfurt a. M. (Fischer).

ROBERTSON, R. (1994): „Globalisation or Glocalization?", *The Journal of International Communication*, 1, S. 23-52.

ROBERTSON, R. (1995): „Glocalization", in: M. FEATHERSTONE, S. LASH und R. ROBERTSON (Hrsg.): *Global Modernities*, London (Sage), S. 25-44.

RÖTTGERS, K. (1997): *Sozialphilosophie. Macht – Seele – Fremdheit*, Essen (Die Blaue Eule).

RÖTTGERS, K. (2001a): *Kategorien der Sozialphilosophie*, Magdeburg (Scriptum) 2001.

RÖTTGERS, K. (2001b): „Langsamkeit und Kultur", in: ftp.fernuni-hagen.de/pub/fachb/esgw/prph/prepints/la-ku.doc (Stand 03.09.2001).

SCHMIDT, H. (1998): *Globalisierung: politische, ökonomische und kulturelle Herausforderung*, Stuttgart Deutsche Verlags Anstalt).

SCHMITT, C. (1963): *Der Begriff des Politischen*, Berlin (Duncker & Humblot).

SEIDL, C. (1999): „Auf dem Weg in die Kultur der Zukunft", *Informationen zur politischen Bildung*, 263, S. 47-51.

STEINMANN, H. und SCHERER, A. G. (1996): *Interkulturelles Management zwischen Universalismus und Relativismus*, Nürnberg (Lehrstuhl für Allgemeine Betriebswirtschaftslehre und Unternehmensführung).

STEINMANN, H. und SCHERER, A. G. (1999): *Interkulturalität*, Mainz.

THIELEMANN, U. (1996): *Das Prinzip Markt*, Bern, Stuttgart, Wien (Haupt).

TODOROV, T. (1985): *Die Eroberung Amerikas*, Frankfurt a. M. (Suhrkamp).

ULRICH, P. (1997): *Integrative Wirtschaftsethik*, Bern, Stuttgart, Wien (Haupt).

V. WEIZSÄCKER, C. CH. (1999): *Logik der Globalisierung*, Göttingen (Vandenhoeck & Ruprecht).

WILFRED, F. (1995): „Kulturelle Identität und Entwicklung", in: J. HOFFMANN (Hrsg.): *Die Vernunft in den Kulturen – Das Menschenrecht auf kultureigene Entwicklung*, Frankfurt a. M. (Verlag für interkulturelle Kommunikation), S. 197-222.

WOLLNY, V. (1999): *Nachhaltige Entwicklung*, Darmstadt (Öko-Institut).

WYSS, B. (1997): *Die Welt als T-Shirt*, Köln (DuMont).

ZIMMERLI, CH. W. und PALAZZO, B. (1999): „Transkulturelles Management", in: A. GROSZ: *Die Kultur AG*, München (Hanser).

Kapitel 2

Transkulturelle Wertkonflikte im Spannungsfeld zwischen abstrakter Harmonisierung und Anwendungsdissensen

CHRISTOPH HUBIG

Im Zeitalter der Globalisierung, von dem viele seltsamer Weise glauben, es habe erst begonnen, werden wir in zunehmendem Maße mit transkulturellen Wertkonflikten konfrontiert. In der Tat hat die Globalisierung eine neue Qualität erreicht, und deshalb wird sie wohl jetzt in neuer Weise wahrgenommen. Brachten die Globalisierungstendenzen, die ja bereits in der frühen Neuzeit anhoben, durchaus – wie bereits in früheren Zeiten – Erfahrungen von Alterität/Andersheit und Alienität/Fremdheit mit sich, und kamen dabei durchaus auch bereits in der Konfrontation von Kulturen unterschiedliche Werthaltungen zu tage, so wurden die damit verbundenen Wertkonflikte jedoch weniger als Problem empfunden: sei es, daß unter normativen Wahrheitsansprüchen die klar dominante Kultur sich im Recht sah, diese Ansprüche zu realisieren, oder sei es, daß bestimmte Interessen machtgestützt durchgesetzt wurden bzw. als durchsetzbar erschienen, wobei ggf. normative Ansprüche und die damit verbundenen Rechtfertigungen funktionalisiert wurden für letzteres. Diese asymmetrische Globalisierung mit ihrem zweifelhaften Konfliktmanagement ist heue von einer neuen Problemkonstellation abgelöst worden. Zum einen zeigt sich im Zuge weltweiter Dezentralisierung und Vernetzung, daß (1) unter der Unterschiedlichkeit von Werthaltungen in bestimmten Kulturen, was Naturverhältnisse, Vorstellungen von Individualität und Subjekt, Arbeit, Gerlingen, Ertrag und Ehre etc. betrifft, unterschiedliche Leistungen und Standortvorteile resultieren, unter denen nunmehr symmetrische Herausforderungen und Konkurrenzen entstehen. Damit ist die Provokation zur Auseinandersetzung gegeben, ohne daß vorab eine Konfliktlösungsstrategie ersichtlich wäre. Ferner haben sich (2) bestimmte Elemente ehemals dominanter imperialistischer Kulturen in abstrakterer Form „universalisiert", zu einer, um mit Arnold Gehlen zu reden, „Superstruktur Wirtschaft-Technik-Wissenschaft" (Gehlen 1975, S. 11), welche zu einer Homogenisierung bestimmter Ebenen unserer Lebenswelt geführt hat, gegen die sich die unterschiedlichen betroffenen Kulturen zur Wehr setzen, und welche die unterschiedlichen Kulturen in unterschiedlicher Weise als „fremd" empfinden, obgleich sie sich selbst in dieser solchermaßen homogenisierten Welt bewegen. Der Impetus der Globalisierungsgegner richtet sich gegen eine derartige Kulturdimension, deren Eingriffstiefe zunimmt und die sich in Disharmonie zu unterschiedlichen kulturellen Standards befindet, an denen die Kritiker weiterhin festhalten wollen, ganz abgesehen davon, daß ihre Bedürfnis- und Interessenlagen in jener homogenisierten Welt nicht mehr zu ihrem Recht kommen. Und schließlich ist (3) die neue Problemkonstellation auch dadurch mitgeprägt, daß im Zuge globaler Vernetzung, Kommunikation und Austausch, Mobilität und Migration, die Kulturen intern multipel/multikulturell geworden sind, so daß transkulturelle Wertkonflikte die Kohäsion von Gesellschaften, bedrohen und, wie manche meinen, selbst in demokratisch verfaßten Gesellschaften die auf gemeinsam geteilten Grundwerten basieren, jenes Minimum an kultureller Gemeinsamkeit in Frage stellen.

I. Transkulturalität

Warum „transkulturell" und nicht „interkulturell"? Die Rede von „interkulturell" (wie auch von „interdisziplinär" und „intersubjektiv" etc.) unterstellt, daß unter Bezug auf ein Gemeinsames Alterität/Unterschiedlichkeit erkennbar wird und spezifische Differenzen als solche erscheinen, wobei Austrag und Lösung etwaiger Konflikte sich an genau denjenigen Präsuppositionen orientieren können, unter denen die Unterschiedlichkeit als solche erscheint: So wie sich eine herzustellende „Interdisziplinarität" an einem gemeinsamen Verständnis von Wissenschaft und eine herzustellende „Intersubjektivität" an einem gemeinsamen Verständnis von Subjektivität orientieren können, so hätte sich „Interkulturalität" an einem gemeinsamen Verständnis von Kultur und Kulturleistung zu orientieren. Genau ein solches Verständnis steht jedoch aus. In der oben skizzierten dreifachen Weise werden im transkulturellen Raum, also dem Raum jenseits der eigenen Kultur, der aus jener ex-negativo-Perspektive die Erfahrung des Fremden erwirkt, Werthaltungen ersichtlich, die nicht nur die Andersartigkeit von Werten, sondern fremde Vorstellungen davon, was überhaupt ein Wert sei, was eine Orientierungsinstanz sei, was überhaupt Orientierung sei, erfahren lassen, so daß im Extremfall diese Erfahrung nicht einmal auf den Begriff zu bringen ist. Um es mit Hegel zu formulieren: Die erfahrene „Verschiedenheit" kann dann nicht pünktlich als „Unterschied" bestimmt werden, was die Voraussetzung dafür wäre, daß dieser als „Widerspruch" reflektierbar und aufhebbar wäre (Hegel 1832/1971, Bd. 2, Kap. Widerspruch). Das „trans" signalisiert die Erfahrung einer Barriere, ohne daß diese Grenze als überschreitbar betrachtet würde. Diese Fremdheitserfahrung macht sich gerade dann auch bemerkbar, wenn behauptet wird, eine solche etwaige Grenze sei längst überschritten oder stelle gar keine Grenze dar – so im Blick auf die technisch-ökonomisch homogenisierte Weltkultur, die dennoch als fremd empfunden wird. Sie macht sich auch bemerkbar, wenn zumindest begrifflich die Fremdheitserfahrung als Erfahrung von Andersheit artikuliert wird, etwa wenn darauf verwiesen wird, daß in unterschiedlichen Kulturen unterschiedliche Vorstellungen von Natur, Subjekt, Rationalität und Gefühl vorhanden seien; die Behauptung von Andersheit hat ihren Platz im Felde der Spezifik von Unterschieden, welche Gemeinsames voraussetzt. Geht es hingegen um die Grundkonzepte unserer Welt- und Selbstverhältnisse, kann zwischen ihnen nicht mehr Andersheit, sondern allenfalls Fremdheit konstatiert werden, denn in ihrer Andersheit müssen sie auf einen gemeinsamen Grund rückführbar sein, wären also nicht mehr Grundkonzepte. Von Interkulturalität könnten wir also dann sprechen – dies ist in vielen Bereichen möglich –, wo die Grenze nicht bloß ex negativo erfahren, sondern selber positiv begrifflich modelliert werden kann. Ist dies möglich, so ist sie bereits, um mit Hegel zu sprechen, überschritten: Sie erscheint als etwas, welches zwei Bereiche trennt, was voraussetzt, daß diese beiden Bereichen minimal gemeinsam gekennzeichnet sind. Die Grenze führt dann ihr Zeichen mit sich, sie „reflektiert sich" im Zeichen z. B. als „Schranke" (Hegel 1832/1971, Bd. 1, Kap. Endlichkeit). Und Schranken kann man bekanntlich aufheben. Die Herstellung von Interkulturalität ließe sich dann analog gestalten zur Herstellung intersubjektiver Einigung etwa in demokratisch verfaßten Gesellschaften: Auf der Basis eines Minimalkonsenses über Grundwerte werden Wert- und Interessenkonflikte unter verschiedenen Strategien gelöst, wobei die Grundwertebasis insbesondere reguliert, in welchen Spielräumen Toleranzen gewährt werden kann und die konfligierenden Optionen nebeneinander bestehen bleiben können, resp. wo zugunsten der Aufrechterhaltung jenes Typs der Konfliktregulierung die Wahrnehmung und Realisierung bestimmter Optionen untersagt werden muß und entsprechende Interventionen geboten sind. Aber genau dieser Rahmen einer demokratisch-liberalen Konfliktregelung steht für den internationalen Bereich aus, und wo auf einem Minimalkonsens bezüglich einer Wertebasis verwiesen wird (Beispiel Menschenrechte) ist, wo nicht bereits Elemente dieser Basis umstritten sind, zumindest ihre Ausdeutung, Applikation und Umsetzung in nachgeordnete Regelwerke durch transkulturelle Konflikte geprägt.

Diese Problemkonstellation dreifacher Alienität im Zeitalter der Globalisierung schreibt sich fort und läßt sich herunterbuchstabieren bis in die transkulturellen Wertkonflikte des Wirtschaftslebens. Versteht man unter *Kultur* den Inbegriff der materiellen, epistemischen und normativen Schemata, die unser Handeln ermöglichen und orientieren, und die durch unser Handeln beständig modifiziert und fortentwickelt werden, so lassen sich transkulturelle Wertkonflikte im Bereich des Wirtschaftslebens bzw. einer Wirtschaftskultur als Teil der jeweiligen Gesamtkultur in erster Annäherung dahingehend fassen, daß bestimmte Schemata in ihrer Ermöglichungs- und Orientierungsleistung als fremd empfunden werden, was zur Folge hat, daß unter und in diesen Schemata wirtschaftliches Handeln entweder als nicht möglich bzw. desorientiert erscheint, oder, wenn aus welchen Gründen auch immer Vollzüge unter solchen Schemata stattfinden sollen, entweder die eigenen Vorstellungen von Orientierung verworfen werden müssen oder ein Marktaustritt erzwungen wird, was zur Folge hat, daß solche Vollzüge im emphatischen Sinne nicht mehr als eigenes Handeln erachtet werden können, also die Selbstidentifikation mit den Vollzügen verunmöglicht und dann die metaphorische Sprechweise von „Sachzwängen" (vgl. Hubig 1999) in problematischer Weise eingesetzt wird.

Nachfolgend soll nun die Binnenstruktur transkultureller Wertkonflikte etwas genauer betrachtet werden, um dann Möglichkeiten eines Umgangs mit solchen Wertkonflikten zu untersuchen.

II. Wertkonflikte

So umstritten eine theoretische Konzeption von „Wert" und „Werthaltung" sein mag, so einfach erscheint für die Sozialwissenschaften die Operationalisierung dieser Konzepte: Was ein Wert oder eine Werthaltung ist, wird ersichtlich in der Antwort auf die Frage „Was ist dir wichtig?“ bzw. „Was würdest du vorziehen?. Die Problematik verbirgt sich hinter dem „Was?“. Denn die Frage kann zum ersten beantwortet werden im Blick auf Güter. X *ist* dann ein Wert, entweder absolut oder in Relation zu anderen Werten als Gütern. Zweitens kann die Frage aber auch beantwortet werden im Blick auf Orientierungsstandards, Kriterien und Maßstäbe: Weil mir Kriterien wichtig sind und ich einen Maßstab einem anderen vorziehe, *haben* bestimmte Gegenstände für mich den und den Wert. Wert ist dann eine Eigenschaft, die zugesprochen wird. Über Kriterien, Standards und Maßstäbe kann gestritten werden. Dies bringt bereits jene Hinsicht der Annahme eines Wertes oder des Vorliegens einer Werthaltung in Konflikt mit der erstgenannten: Denn wir werden die Konstellation antreffen, daß jemand, der der Auffassung ist, daß ein X ein Wert *ist*, empört die Frage zumeist, welchen Wert denn dieses X *habe* (Hubig 1995, S. 133-135). Diese Spannung drückt sich in der von Kant vorgeschlagenen alternativen Sprechweise von der „Würde“ eines Etwas (des Menschen) im Unterschied zum „Wert“ eines Etwas, welcher Verrechenbarkeit einschließt, aus. Wem aber einzig oder zusammen mit anderem Wert im Sinne von Würde zukommt, als Mensch, Natur, Freiheit, Ehre etc. – darin scheiden sich bereits die Geister, insbesondere, wenn es darum geht, oberste solcher Werte zu behaupten, was streng genommen immer notwendig ist, weil ja Verrechenbarkeit und Hierarchisierung (Freiheit gegen Leben, Natur gegen Wohlfahrt, individuelle Selbstverwirklichung gegen gesellschaftlichen Status ... ausgeschlossen sind). Schließlich und drittens kann die Frage auch im Blick auf eine weitere Dimension beantwortet werden, nämlich als Frage nach einer anerkannten Verbindlichkeit von Werten für die Gestaltung meines Handelns: Werte erscheinen dann als „latente Imperative“ (Viktor Kraft) dahingehend, daß sie ihrerseits die Standards, Kriterien und Maßstäbe prägen, an denen ich mögliche Güter messe bzw. ihnen einen Wert im zweiten Sinne zuspreche. Es geht dann um Werte als (latente) Normen mit Anspruch auf Befolgung, und wir geraten in die elaborierte Diskussion um Universalismus oder *Relativismus* in der Ethik. Die Fragestellung dieser Diskussion muß unterschieden werden von der Fragestellung um Universalismus oder *Pluralismus* in der Ethik. Denn es läßt sich leicht zeigen, daß letzteres durchaus miteinander vereinbar ist, und zwar dahingehend, daß eine Ethik modelliert wird, deren universeller Kern darin liegt, daß Andersheit zugelassen wird, sofern dieser Kern selbst – als Ermöglichungsbasis von Andersheit – nicht tangiert wird. In den beiden Gegensatzpaaren finden wir also die Ausgangsfragestellung Alienität – Relativismus? Oder Alterität – Pluralismus? wieder.

Betrachten wir zunächst allgemein Entscheidungs- und Rechtfertigungsprozesse, bei denen Wertkonflikte erscheinen und ausgetragen werden, so zeigt sich schnell, daß die meisten der verbreiteten Modellierungen dieser Prozesse unterkomplex sind. Sie sind im wesentlichen der Vorstellung verhaftet, daß im Ausgang von einer Instanz (Werten, höchsten Zielen, Bedürfnissen, Präferenzen etc.) unter Berücksichtigung der in einer bestimmten Situation gegebenen Optionen bestimmte Handlungstypes ausgezeichnet und in entsprechende Tokens umgesetzt werden. Eine solche monistische Sichtweise greift zu kurz. Vielmehr verhält es sich so, daß zwar einzelne Bereiche von Handlungskonstituenten durchaus (hierarchisch) geordnet sein mögen, diese Ordnungen aber gegenseitig abgeglichen und dabei intern modifiziert und restrukturiert werden. Es ist *nicht* so, daß etwa unter obersten Werten oberste Handlungsziele formuliert werden, auf die die Zwecke ausgerichtet und die entsprechenden Mittel zur Zweckrealisierung selektiert werden. Zwar lassen sich potentielle Handlungsmittel untereinander in eine Hierarchie bringen nach Maßgabe verketteter *hinreichender* Bedingungen zur Zweckrealisierung; und es lassen sich Hierarchien von Zwecken (Unter- zu Oberzwecken) bilden nach Maßgabe der *notwendigen* Bedingtheit der einen durch die anderen. Auch lassen sich Präferenzen in Hierarchien ordnen (wobei diese Ordnung in weiten Bereichen disponibel erscheint), und es lassen sich Bedürfnisse nach Maßgabe des Problemdrucks und ihrer Priorisierung, welche für sich gesehen nicht disponibel erscheint (sondern allenfalls ein Sich-Verhalten dazu) ebenfalls ordnen. Solche Hierarchien müssen aber in einen internen Abgleich gebracht werden: Damit aus Präferenzen Zwecke werden, muß die Herbeiführbarkeit durch Mittel und das Gewolltsein der jeweiligen Nebenfolgen und Folgelasten gegeben sein; damit Bedürfnisse handlungsrelevant werden, müssen sie mit Präferenzen, Zweck- und Mittelbedingungen abgeglichen werden.; damit Mittel überhaupt als solche erscheinen, muß ihr Zweck, Präferenz- und Bedürfnisbezug anerkannt werden usf. Man könnte nun der Auffassung sein, daß das oberste Regulativ dieses Abgleichs eben die Werte seien, die ihrerseits in anerkennungsdisponiblen Hierarchien vorstellbar wären. Aber selbst solchermaßen gefaßte Werte werden ständig abgeglichen mit – antizipativ erfaßten oder realen – Folgen des Mitteleinsatzes, herausgebildeten Präferenzen und Handlungszwecken und unserem Umgang mit Bedürfnissen. Sogenannte „kontraintuitive" Befunde im Zusammenhang mit dem Entwurf von Handlungsstrategien und einer vorgestellten (antizipierten, simulierten) Realisierung von Handlungen unter bestimmten Werten, angesichts derer ein „das habe ich nicht gewollt"-Effekt auftritt, führen regelmäßig dazu, daß nicht bloß die Strategien und Realisierungen modifiziert werden, sondern auch die Werte, unter denen jene ausgezeichnet wurden. Die

Konstellation von Werten wird intern umgewichtet und so reformiert, daß andere Handlungsstrategien und Realisierungen rechtfertigbar werden. Es findet also ein weiterer Abgleich zwischen der Wertebene und den erwähnten Dimensionen beständig statt. Im Zuge dieses Abgleichs wird dasjenige realisiert, was in einer „eigentlichen" – also nicht durch rationale Modellierung substituierbaren, sondern allenfalls exemplifizierbaren – Metapher als „Überlegungsgleichgewicht" bezeichnet wird. Es drückt den Zustand aus, in dem unsere moralischen Intuitionen und die ethische Rechtfertigung sich nicht mehr wechselseitig modifizieren.

Freilich ist die Problemsicht abendländischer Ethiken bei allen Unterschieden hierbei durchaus von der Gemeinsamkeit geprägt, daß universell gültige Instanzen jenen Prozeß insofern regieren, als sie die Ermöglichungsbedingungen dieses Prozesses verkörpern: seien sie nun als implizite oberste Präferenzen, oberste (Meta-)Werte, kategorische Normen, basale (formale) Ziele bezeichnet. Sie garantieren Pluralität/Andersheit als Unterschiedlichkeit und schränken diese ein, sofern die Möglichkeit des (Weiter-)Wählen- und Handeln-Könnens in unzulässiger Weise zerstört wird dadurch, daß a) das Selbstverhältnis des Handelnden, also die Möglichkeit, sich selbst als Subjekt zu identifizieren und diese Identifizierung fortzuschreiben in Gestalt der persönlichen Identität abhanden kommt (Entfremdung i.w.S.) oder b) der Optionenspielraum so verengt wird, daß das Subjekt nicht mehr zu hinreichend unterschiedlichen Optionen in ein Verhältnis treten kann und sich unter „Sachzwängen" zum bloßen Reagieren genötigt sieht. Die Annahme von Vermächtniswerten als Garanten unserer Identitätsbildung und die Annahme von Optionswerten als Garanten des sich in Beziehung setzen Könnens zu Handlungsalternativen (Hubig 1995, S. 139ff.) finden sich in unterschiedlicher Form in den abendländischen Ethiken als ausbuchstabierte Aspekte des Autonomieerhaltes und seiner Bedingungen (in der kantischen Tradition), oder des Erhaltes des Strebenkönnens jenseits der handlungsverunmöglichenden Extreme von Mangel und Übermaß (bei den Aristotelikern) etc. Ausgehend von dieser Rechtfertigungslage wird nun in prominenten Ansätzen der Versuch unternommen, genau diese Art des Umgangs mit und unter Werten dadurch für transkulturelle Wertkonflikte relevant zu machen, indem immer abstraktere Ebenen aufgesucht werden und auf diese Weise Alientität möglicherweise doch in Alterität/Pluralität zurückzuführen: unter bewährten Strategien des Zulassens in einem bestimmten Rahmen (Toleranz) bzw. eines auf jenen allgemeinsten basalen Wertekonsens Rückbezugs in prohibitiver Absicht.

III. Weltwirtschaftsethos?

Jenen Schlichtungsstrategien liegt also die optimistische Vorstellung zugrunde, daß eine möglichst formale Fassung des obersten Bezugspunktes die Rechtfertigungslast für die Schlichtung von Konflikten tragen könne: Sei es, daß das Gute formal bestimmt wird als dasjenige, wonach alles strebt – wobei ein möglichst breites Spektrum von Andersheit/Pluralität aufnehmbar erscheint – oder sei es, daß das Gute als das sittlich unbedingt Gebotene/Verpflichtende gefaßt wird, welches unabhängig von den Bedingtheiten empirischer/kultureller Pluralität seine Gültigkeit für sich behauptet. Im ersten Fall ist die formale Fassung des Guten offen für die Validierung eines möglichst breiten Spektrums von Handlungszielen und -konsequenzen; im zweiten Fall ist sie offen für alle diejenigen Willensbekundungen, die intrinsisch widerspruchsfrei erscheinen bzw. den Selbstbestätigungstest praktischer Vernunft überstehen. Unter beiden Strategien wird versucht, so etwas wie ein Weltethos (und dann davon ableitbar: ein Weltwirtschaftsethos) zu begründen. Die Hoffnung auf die Leistung solcherlei abstrakter Harmonisierung erweist sich jedoch sehr schnell als trügerisch. Denn von den einschlägigen Kritiken in Platos „Parmenides“ über die Aufnahme dieser Argumente in Aristoteles „Metaphysik“ und „Nikomachische Ethik“ bis hin zu Hegels Kantkritik (vgl. Hubig 1995, Kap. 4.2) zeigt sich, daß beim „Aufstieg zum Konkreten“ eine Orientierung an jenen formalen obersten „Paradigmata“ in Dilemmata gerät: Die Herstellung des Bezugs problematischer Mittel, Zwekke, Präferenzen, Bedürfnissen als anzuerkennenden, und schließlich Werten zu diesen Orientierungsinstanzen erweist sich erst im eigentlichen Sinne als konfliktträchtig. Sie steht und fällt nämlich mit bereits anerkannten, oftmals impliziten Annahmen a) über die wesentlichen Charakteristika desjenigen, von dem aus ein Bezug zu jenen Orientierungsinstanzen hergestellt und validiert werden soll, b) zu der Frage, wie der Bezug selbst und in welcher „Dichte“ er hergestellt werden muß, und schließlich c) Annahmen über den eigenen Zustand und die eigene Verfaßtheit (des Individuellen und Sozialen), die ihrerseits a) und b) garantieren können soll. Konkreter: Bei der Charakterisierung desjenigen, welches als problematisch erscheint und nun in einen Bezug gesetzt werden soll zu einer universellen abstrakten Validierungsinstanz, entstehen Konflikte dahingehend, was an dem gegebenen Problematisierten als eigentümlich oder als akzidentiell erachtet werden soll. Aus konsequentialistischer Perspektive wären hier etwa Konflikte um dasjenige, was als „Leid“ erscheint, als prima facie Abstoßendes, Aversion Erregendes, zu Minderndes oder zu Vermeidendes anzuführen. Es hilft hier nicht weiter, dieses Problem als Pluralitätsproblem abzubuchen und dem Individuum anheim zu stellen, was es als Leid erachtet, in der Hoffnung, dann auf dieser Basis zu abstrahieren und eine Konfliktregulierungsstrategie anzupeilen unter dem Gesichtspunkt, das wie immer gefaßte höchste (Gesamt- oder Durchschnitts) Leid zu verringern oder ein wie immer gefaßten größtes Wohl zu befördern. Denn die immer anzunehmende unterschiedliche Hinsichtlichkeit der Leid- bzw. Glücksidentifizierung verhindert, daß hier ein Gattungsbegriff gebildet werden kann – vielmehr schreiben sich die unterschiedlichen Hinsichtnahmen fort in die Modellierung der obersten unversöhnten Gattungsbegriffe, so wenn etwa Gutes oder Leid als Gnade oder Widerfahrnis erachtet werden im Unterschied zu einer aktivischen Prägung als Handeln, hergestelltes Gelingen oder Mißlingen (Luther: „Sündigt tapfer“). Hinter diesen unterschiedlichen Hinsichtnahmen verbergen sich unversöhnbare Vorstellungen von Subjekt, Handlung, Geschick. Fachtechnisch gesprochen: Wir finden weder eine einigende Bezugsinstanz unter dem Topos Prädikabilie/Kategorem „Gattung mit Arten“, noch finden wir sie unter dem Topos des Prädikamentes/der Kategorie „Tun oder Leiden“. Weder sind also trennscharfe Klassifikationen möglich noch die Herstellung kategorialer Homogenität (Aristoteles 1096a 24ff.).

In einer weiteren Hinsicht erweist sich die Hoffnung als trügerisch: Denn selbst wenn wir annehmen, in bestimmten Fällen sei eine eindeutige Identifizierung möglich (etwa im Blick auf „moralische Universalien“ wie das Tötungsverbot), stellt sich immer noch in ungelöster Dringlichkeit das Problem, wie „dicht“ der Bezug zum Vorbild, wie hoch die „Ähnlichkeit“ des als gut oder verwerflich erachteten zum abstrakten Vorbild sein muß, und zwar sogleich dann, wenn der Bezugsbereich genauer erfaßt werden soll: Töten von Personen, von potentiell menschlichen Wesen, von menschenähnlichen Wesen, unter welchen direkten oder höherstufigen Zielen, Zwängen etc. Die Diskussion richtet sich dann sehr schnell auf die Frage, ob die Kandidaten, die in die Beschreibung der zu rechtfertigenden Handlungsoptionen eingehen, so oder so zu fassen sind, daß ein Bezug im Sinne strikter Subsumption, hinreichender Triftigkeit qua Ähnlichkeit oder Ausschluß möglich ist. Die Diskussion verlagert sich dann auf Kriterien der Herstellung des Bezug, die ihrerseits rechtfertigungsbedürftig sind, sei es etwa die Frage, wie „ähnlich“ ein Wesen dem im Menschentötungsverdikt gemeinten „Menschsein“ sein muß (von der Bioethik- bis zur Notwehr-Debatte) oder etwa Fragen, wie „ähnlich“ eine Schutzbehauptung, die ein Überleben ermöglicht, einer Lüge ist, oder Fragen, wie weit eine de facto unabdingbar subsistenzerhaltende Kinderarbeit der „Arbeit“ generell ähnlich ist, oder Fragen, inwieweit ein partikuläres loyalitätsstützendes Schmiergeld entsprechend regionalen Regeln einer rechtswidrigen Vorteilsnahme „ähnlich“ ist etc.

Schließlich erscheint als Konfliktpotential die Problematik, daß selbst bei gesicherter intentionaler Charakterisierung einer konkreten Norm oder einer konkreten Handlungsoption und bei gesicherten Standards der Bezugnahme dieser Kandidaten auf die abstrakt-allgemeine Instanz entsprechende Subsumptionen untereinander konfligieren können und in entsprechende Dilemmata führen. Was im Sinne der einen Subsumption als gerechtfertigt erscheint, kann im Sinne einer konkurrierenden Fassung derselben Subsumption dem Guten abträglich sein, weil unterschiedliche Kennzeichnungen und unterschiedliche Bezüge nicht ausschließen, daß sie ihrerseits miteinander substantiell konfligieren aufgrund der Sachlagen, in die wir verstrickt sind. Von konkreten Problemlagen, daß unter prima facie gemeinsamen geteilten Werten eine konkrete Norm oder Handlungsoption mit der Werthaltung vereinbar scheint (z. B. Staudammbau mit derjenigen der Ressourcenschonung) und zugleich diesen Wert verletzt (Ressourcen zerstört werden, z. B. Biodiversifität im Zuge des Staudammbaus) bis hin zur abstraktesten allgemeinen Problematik, daß jede Realisierung von Freiheit Freiheit als Optionswert einschränkt (Kierkegaards „Krankheit zum Tode") finden wir zahlreiche dilemmatische Strukturen unterschiedlichen Charakters, die durch Verweis auf jene Instanzen nicht reguliert werden können.

Selbstredend zeigt sich das Konfliktpotential, wie es in dreierlei Hinsicht im Blick auf die Applikation skizziert wurde, auch beim Versuch, ein Weltwirtschaftsethos analog zu einem „Weltethos" unter Rekurs auf die goldene Regel oder andere Generalisierungsformeln zu modellieren. Denn ein derart verallgemeinerter Egoismus, wie er gerade für fundamentalistische Moralen ganz unproblematisch ist (vgl. Dostojewskis „Großinquisitor"), trennt eher die Kulturen in ihrem unterschiedlichen Ethos, als daß er sie zusammenführen würde. Insofern ist es nicht verwunderlich, daß gerade die goldene Regel oder verwandte Formeln in fast allen Ethiken der großen Kulturen vorfindlich sind.

IV. Basalere Konfliktebenen

Die Problematik mag sich nun so darstellen, daß wir zwar in der erwähnten dreifachen Hinsicht ganz erhebliche Konfliktpotentiale zu bewältigen hätten, aber doch möglicherweise basale Werte, wie sie als Options- und Vermächtniswerte erscheinen, und wie sie sich beispielsweise in den Versuchen einer Kanonisierung von Menschenrechten niederschlagen, eine Basis zur Konfliktregulierung abgeben würden. Wenn wir jedoch konzedieren, daß hinter einer homogenisierten Weltoberflächenkultur Fremdheitserfahrungen bestehen bezüglich dessen, was überhaupt als Handlung, Subjekt, Verantwortung, Geschick, Natur, Welt, Kosmos u. a. erscheint, ist eher Skepsis angebracht, welche allerdings nicht vorschnell zu einer relativistischen Argumentation ausgebaut werden sollte. Zwar erscheinen beim Versuch, Alienität in Alterität zu übersetzen bzw. zu überführen, durchaus Gemeinsamkeiten, die sich zu entwickeln scheinen oder die erinnert werden können. So wird beispielsweise, was die konfliktträchtige Kennzeichnungsproblematik von Handlungskonstituenten betrifft, bisweilen die Vorstellung vertreten, daß ein wesentlicher Unterschied in der Konzeption von menschlicher Intentionalität und menschlichem Handeln etwa zwischen der westlichen Auffassung von Handlungskonzept und derjenigen des Zen-Buddhismus darin liege, daß im Westen eine „dominant-end-theory" des Glücks überwiege, also eine solche, die mit dem Glück die Zielrealisierung des Handelns verbinde, während die östliche Weisheit darauf beharre, daß eine „inclusive-end-theory" des Glükkes dieses eher erfasse, und zwar dergestalt, daß Glück nur im Handlungsvollzug selber und der Art, wie er empfunden werde, liegt. Gegen diesen Versuch einer Modellierung von Kulturdifferenz ließe sich sogleich einwenden, daß bereits Aristoteles in seiner Favorisierung selbstzweckhafter Praxis als glückskonstitutiv gerade die letztere Version verfolgt habe bis hin zur Extrapolation von Glück als Eupraxia, gelingenden Lebensvollzug im Ganzen geführt und von der Realisierung glückbringender Güter unabhängig gemacht habe, ja gerade letztere nach Maßgabe ihrer Leistung für das glückhafte Empfinden der Vollzüge selbst validierte. Und man könnte ferner darauf verweisen, daß im Zuge zunehmender Selbstverantwortlichkeit des Arbeitens in den Strukturen der modernen Wissensgesellschaften die alte Trennung zwischen Arbeit und Freizeit hinfällig würde und somit auch die Trennung in die Sphäre, in der Güter produziert und die Sphäre, in der Güter genossen werden, weil die Opportunitätskosten der Freizeit (Becker 1982) angesichts dieser Entwicklung so dramatisch zunähmen, daß ein Sinneswandel dahingehend stattfände, daß nun der Vollzug des Arbeitens selbst unter der Perspektive des Erfülltseins und Gelingens in ein neues Licht gesetzt werde. Wertforscher aus den Bereichen der Soziologie und empirischen Ökonomie bestätigen durchaus diese Vermutung, indem sie darauf verweisen, daß immer weniger eine Fixierung auf zu erreichende Güter zu beobachten sei als zunehmend eine Wertschätzung, die sich am Primat der Vollzüge orientiere. Solche Gemeinsamkeiten bei allen Unterschieden, oftmals geradezu missionarisch hervorgehoben (Hermann Hesse), welche also die Grenzen als Schranken reflektieren und diese aufheben möchten, sehen sich aber weiterhin den Einwänden derjenigen ausgesetzt (stellvertretend Mircea Eliade), die aus tiefer religionswissenschaftlicher Kompetenz heraus die Fremdheit zwischen Weltanschauungen, so sie sie nicht selbst bezeichnen können, markieren, wobei nicht ohne Grund die theoretische Darstellungsweise ersetzt wird durch diejenige der literarischen Erzählung. Denn jene Gemeinsamkeiten erweisen sich als solche einer bloß oberflächlichen Gemeinsamkeit, wenn man berücksichtigt, daß „Gelingen" und Erfüllt-sein" seinerseits wohl verschieden erfahren wird in Abhängigkeit von der Lebensform, in der der entsprechende Welt- und Ichbezug fundiert ist, etwa dahingehend, daß Ich-Bestätigung oder Ich-Auflösung als Erfüllung erachtet werden. Die wechselseitige Fremdheit artikuliert sich dann u. a. darin, was jeweils beim Fremden als Askese wahrgenommen wird.

Auch im Blick auf das Problem der Bezugnahme zur jeweiligen Orientierungsinstanz scheinen sich manifeste Fremdheiten zwischen den unterschiedlichen Handlungskonzeptionen zu offenbaren. In der „westlichen" Ethik-Diskussion wird die Frage, ob Wertüberzeugungen oder der Verfaßtheit von Wünschen der Primat bei der Handlungskonzeption zukomme, als „Believe-Desire-Problematik" diskutiert: Da das „Perception-Modell", unter dem Wertüberzeugungen der Primat zugesprochen wird, offenbar Handlungsmotivation nicht erklären kann, scheint das „Taste-Modell", welches vom Primat der Wünsche ausgeht, aussichtsreicher zu sein und dient als Basis entsprechender Ethiken und Wohlfahrtstheorien. Sofern diese nun – so der Mainstream – an einer Instanz für „Equality of Welfare" orientiert sind, stellt sich das Problem der Bezugnahme als „Ähnlichkeitsproblem" in einer deutlich zu beobachtenden Weise: Denn unter Verweis darauf, daß je nach Ausgangslage und Verfaßtheit desjenigen, der Wünsche überhaupt als die seinigen zu identifizieren vermag, sind entweder „cheep taste"- oder „expensive taste"-Modellierungen denkbar: ein Rekurs auf gegebene, ggf. bescheidene Wunschentwicklungen und höchstes Glück bei der Erfüllung bescheidener Wünsche angesichts eines reduzierten und gewohnheitsmäßig anerkannten engen Präferenzenhorizontes im Unterschied zu ggf. kontrafaktischen elaborierten Wunschentwicklungen und höchsten Erfüllungsansprüchen angesichts einer emanzipierten und freigesetzten Autonomie, Präferenzen zu verfolgen. In der Redeweise von „eigentlichen" oder „verdeckten" Bedürfnissen wird ins Felde geführt, daß die Bezugnahme auf den Standard „gleiche Bedürfniserfüllung/Wohlfahrt" problematisch ist. Ganz anders hingegen stellt sich das Bezugnahme-Problem für denjenigen wahr, der von vornherein individuelle Wünsche und Bedürfnisse aus seinem Orientierungshorizont eskamotiert hat, sich – für sich unproblematisiert – strikt und womöglich buchstäblich an gegebenen Wertüberzeugungen orientiert und diese ohne Rücksicht auf Verluste (auch ihn selbst betreffend) umsetzt. Dieser „fundamentalistischen" Haltung liegt also nicht bloß eine andere (dogmatische) Rechtfertigungsstrategie des Handelns zugrunde, sondern eine ganz andere Vorstellung von dem, was Handeln ausmacht und somit eine ganz andere Vorstellung von dem, was die Bezugnahme des Handelns auf die entsprechende Orientierungsinstanz sei.

Verbunden mit der Verschiedenheit der Handlungsmodellierung selbst ist dann die Verschiedenheit von der Auffassung von demjenigen, was Freiheit sei: um mit John Rawls zu sprechen beispielsweise zwischen einem Konzept „schwacher Freiheit", die sich am bestehenden Fundus von Handlungsoptionen und ihren -bewertungen orientiert und nicht in einen Konflikt öffentlich-privat führt, oder einer „starken Freiheit" als individueller Selbstbestimmung, auf der die bekannten Konflikte zwischen Öffentlichem und Privatem beruhen bis herunter zu den wirtschaftsethischen Fragen einer Internalisierung oder Externalisierung von Kosten. Oder es manifestiert sich die Verschiedenheit in der Einschätzung von „Ehre" als Gratifikation: entweder gefaßt als individueller Wert und in modernen westlichen Gesellschaft etwa am erfolgreichen Erwerb von Gütern orientiert, oder in traditionalen Gesellschaften als überindividueller Wert, der über das Volk, die Nachkommenschaft o.ä. transportiert wird.

In der Verschiedenheit der Einschätzungen von Kinderarbeit, Strafsystemen, Korruption, Naturfrevel und Umweltschäden, Arten der Konfliktregelung und Einschätzung ihrer Leistung sehen wir uns schließlich wieder mit dem Problem konfligierender Subsumptionen konfrontiert. Denn selbst wenn es gelänge, aus welchen guten Gründen auch immer, die Mitglieder der fremden Kultur von ihrem als verwerflich erachteten Tun abzubringen, so hätte ein für sich gesehen gut gerechtfertiger Erfolg dieses Bemühens sich immer auch dem Problem zu stellen, wieweit hierdurch nicht existenzsichernde Stabilitätsgaranten jener Kultur soweit tangiert würden, daß selbst Options- und Vermächtniswerte aus unserer Sicht für die Betroffenen verletzt würden: elementare Wohlstandsbedingungen, basale Sozialverhältnisse, die kurzfristig nicht substituierbar sind, Loyalitäts- und Rechtsstrukturen, angepaßte Weisen des Umgangs mit einer Umwelt, welche auf jenen Strukturen aufruht, die wir möglicherweise als ungerecht und emanzipationsfeindlich empfinden etc. Versuche, in all diesen Problemlagen Konflikte dadurch zu harmonisieren, daß auf die bewährten Strategien der Herstellung von Überlegungsgleichgewichten rekurriert wird, setzen unzulässig voraus, daß a) zumindest der Definitionsbereich von Mitteln, Zwecken, Präferenzen, Bedürfnissen analog situiert ist und die Verschiedenheit als „Unterschied" reflektiert werden kann; sie setzen ferner voraus, daß b) die Grenzen, hinter denen sich jene Fremdheitserfahrungen auftun, als „Schranken" reflektiert und die Schranken aufgehoben werden können bezüglich dessen, was überhaupt Handeln, Intentionalität und Subjektivität ausmacht; und sie setzen c) voraus, daß zumindest angesichts konfligierender Subsumptionen und der damit verbundenen moralischen Dilemmata Priorisierungen vorgenommen werden können und die weniger mißlichen Lösungen sich gegenüber den gravierenderen als verfolgbar rechtfertigen lassen. Wenn sich nun aber gerade hinter der homogenisierten technisch-wirtschaftlich geprägten Kulturoberfläche einer globalisierten Welt transkulturelle Wertkonflikte als Erfahrung des Fremden schmerzlich bemerkbar machen – wie kann dann so verfahren werden, daß die vorgeschlagenen Lösungen nicht auf der brüchigen Basis derartig unzulässiger Voraussetzungen stehen und sich bei nächster Gelegenheit als fragil erweisen?

V. Dissensmanagement in Ansehung von Alienität – Sieben Strategien

Ein Dissensmanagement, welches Alienität ernst nimmt, könnte sich an folgenden Leitlinien orientieren: Die Annahme normativer Richtigkeit selbst mit universellem Geltungsanspruch erzwingt nicht in jedem Falle eine Intervention. Ein direkter Übergang würde ein „non sequitur" darstellen. Eine Intervention muß sich wie jeglicher Handlungsvollzug nämlich auch daran messen lassen, ob nicht durch diesen Vollzug die Bedingungsebene (also Options- und Vermächtniswerte) so verletzt wird, daß die Möglichkeit von Moralität und einer Konsensbildung über Moralität zerstört werden. Dies ist der eigentliche Grund eines Toleranzgebotes, welches nicht auf Indifferenz, moralischem Relativismus oder Perfektivismus aufruht. Toleranz bedeutet Abstinenz von Intervention in den Fällen, in denen das Gut der Moralitätsfähigkeit (auch angesichts de facto problematisch erscheinender Moralen) höher eingeschätzt wird als die erzwungene Anerkennung einer ethisch noch so gut gerechtfertigten Moral bzw. der damit verbundenen Lebensweise. Umgekehrt bedeutet dies aber auch, daß Strategien gefragt sind, die in denjenigen Fällen greifen, in denen eine vorfindliche Unterdrückung, Entfremdung und Entmenschlichung genau diejenige Basis liquidiert, auf die sich eine Rechtfertigung von Toleranz bezieht. Freilich sind auch in diesem Bereich eher Strategien zu suchen, die als „kluge" Strategien den Risiken einer direkten Intervention entraten und eher darauf abzielen, die Problemlage insgesamt zu mildern oder als umgehbar zu erweisen, somit nicht das Fremde, sondern die

Problemwurzeln seiner Fremdartigkeit zum Fokus eines Umgangs und einschlägiger Aktivitäten machen (Hubig 1995; 1997).

(1) Als eine erste elementare Strategie der Konfliktlösung könnte man die „Individualisierungsstrategie" ins Auge fassen, die allerdings nur in den wenigsten Fällen angebracht erscheint: Daß jeder nach seiner Facon glücklich werden sollte, ist dann zu konzedieren, wenn dieselben Individuen zugleich die Träger der Risiken und der Gratifikationen ihres Handelns sind, ohne daß andere betroffen wären. Analogien zu dem Raucher, der seinen Genuß mit gesundheitlichen Risiken erkauft und dabei, wie die Medizinstatistik verlauten läßt, das Gesundheitssystem entlastet (aus Gründen, die zum Zynismus Anlaß geben), dürften sich allerdings nur in den seltensten Fällen finden lassen. Jedenfalls können in solchen Fällen von einer als fremd empfundenen individuellen Lebensplanung mit entsprechenden Auswirkungen auf die Gestaltung von Arbeitsverhältnissen und den Auftritt im Wirtschaftsleben durchaus von einer wirtschaftsethisch motivierten Intervention und Veränderung Abstand genommen werden. (2) In Erweiterung dieser Strategie, die Fremdheit stehen läßt, können Regeln, Gebräuche und Traditionen aus fremden regionalen Kontexten anerkennbar werden, sofern sie, obwohl sie uns nicht rechtfertigbar erscheinen, eine notwendige Stabilität sozialer Verhältnisse und Loyalitäten gewährleisten, ohne daß die beteiligten Individuen aus ihrer Sicht rechtwidrige Vorteile zum Schaden anderer an dieser Gesellschaftsform Beteiligter ziehen: Dies betrifft etwa die Verfaßtheit von fremden Unternehmenskulturen oder eine Schmiergeldpraxis, die in bestimmten Kontexten anerkannt ist und ein Regulativ darstellt, welches andere Systemdefizienten ausgleicht. Ihre „Ähnlichkeit" zum Tatbestand der Korruption dürfte hier nicht hinreichend sein. Die Strategie einer „Regionalisierung" von Anerkennung als Fremdem würde den transkulturellen Wertkonflikt relativieren. Bedenklicher stellt sich eine Problemlage dar, die, wie im Falle der Kinderarbeit. zunächst unter dem Gesichtspunkt des Subsistenzerhaltes einerseits unter Vermächtnis- und Optionswertgesichtspunkten gerechtfertig scheint, andererseits aber, sobald eine regionalisierte Sichtweise überschritten wird, angesichts möglicher Emanzipations- und Bildungsoptionen globalere Gleichheitsgrundsätze verletzt. Wir finden hier das Problem konfligierender Subsumptionen wieder dahingehend, daß durch die Durchsetzung des Anspruchs einer gut gerechtfertigten Orientierung ein kontrafinaler Effekt erzielt werden kann, der de facto dem ursprünglichen Orientierungsanspruch nicht genüge tut. In solchen Fällen bietet sich an, unter Vermeidung direkter prohibitiver Maßnahmen oder einem Verzicht auf die Nutzung von Kinderarbeit die mißlichen Effekte (3) entweder zu kompensieren (etwa durch begleitende Bildungs- und sonstige Entwicklungsmaßnahmen, Erleichterung der Arbeits-

situation u. v. m.) oder (4) Entwicklungen in Gang zu setzen, die nicht die mißliche Lösung, sondern das Problem bearbeiten, also darauf abzielen, in den entsprechenden Kontexten Kinderarbeit überflüssig zu machen. Können also „Kompensationsstrategien" durchaus pragmatisch gerechtfertig sein, so erscheint die Strategie der „Problemrückverschiebung", also die Rückwendung der Frage auf die Problemwurzel, auf das „eigentliche" Problem insofern zielführender, als Lösungen gesucht werden, den transkulturellen Wertkonflikt zu vermeiden und obsolet werden zu lassen. Alienität wird hier insofern respektiert, als nicht alternative Lösungskonzepte, die mit bestehenden Werthaltungen inkompatibel sind, oktroyiert werden, sondern ein Suchraum für alternative Lösungsoptionen in Form eines Angebotes eröffnet wird, der dann zur Herstellung neuer Überlegungsgleichgewichte zwischen den Werthaltungen und den bisher praktizierten Lösungswegen bei den Betroffenen führen kann. Ob hierbei ein Rekurs auf basale Bedürfnislagen als archimedischen Punkt tragfähig ist, dürfte sich nur in engen Grenzen erweisen, weil das In-ein-Verhältnis-Treten zu den eigenen Bedürfnislagen oftmals die Wurzel der Fremdheitserfahrung ausmacht, nicht die Bedürfnislagen selbst, abgesehen von Minimalbedürfnissen menschlicher Subsistenz. Auch ein Katalog von basalen „capabilities" (Nußbaum 1990) dürfte sich nicht aus dem Feld transkultureller Wertkonflikte einfach herausheben lassen.

Im Blick auf die Implementation von Techniken, Technologien und Praxen des Wirtschaftens in fremde kultureller Kontexte wird oftmals moniert, daß ein „naheliegender Fehlgebrauch" Risiken mit sich bringt, die unter wirtschaftsethischen Gesichtspunkten nicht rechtfertigbar erscheinen. Sofern es sich um einen individuellen Fehlgebrauch handelt, könnte man auf die Strategie (4) verweisen und müßte in eine Einzelfallprüfung übergehen. Gravierender erscheint aber das Problem eines institutionellen Fehlgebrauchs durch problematische Regime, Machtträger etc. insbesondere bei Dual-Used-Gütern, die exportiert werden. Hier sollten (5) Strategien einer Entscheidungsverschiebung, Moratorien o.ä. greifen, die ihre Rechtfertigung darin haben, den potentiellen Konflikt nicht zum Austrag kommen zu lassen, sondern abzuwarten, bis Bedingungen herrschen, aussichtsreichere Umgangsweisen mit unterschiedlichen Werthaltungen zum Zuge kommen zu lassen, wie sie bisher skizziert wurden. Damit diese „Umgehungsstrategie" greifen kann, müssen institutionelle Anreizsysteme auf der Seite der Anbieter geschaffen werden, die für die Anbieter einen Wettbewerbsnachteil kompensieren, der ihnen durch ihr wirtschaftsethisch gerechtfertigtes Verhalten droht. Gerade hier zeigt sich die Bedeutung einer Wirtschaftsethik als Institutionenethik. (6) Prohibitive Maßnahmen und Sanktionen als Strategien eines Dissensmanagements anerkennen implizit Alienität, weil bewußt darauf verzichtet wird, den Wertkonflikt auszutragen – er wird vielmehr mehr oder weniger brachial unterdrückt. Solche Strategien stehen unter höchster Rechtfertigungslast. Sie erscheinen dort angebracht, wenn klar ist, daß unter den fremden Werthaltungen die Options- und Vermächtniswerte derjenigen, die sie tragen, irreversibel und nicht kompensierbar verletzt werden, wenn also Makrorisiken und Gefahren für Leib und Leben der Betroffenen in Kauf genommen werden oder derartige Freiheitseinschränkungen, daß ein Sich-Ins-Verhältnis-Setzen zu den eigenen Werten gar nicht mehr möglich ist. Dann können im Extremfall auch Interventionen geboten sein. Es ist hier der Ort, wo ein Minimalkonzept von menschlicher Würde als Garant einer höherstufigen Freiheit, sich überhaupt zu konkreteren Konzepten von Freiheit und Bindung zu entscheiden, berührt wird.

Freilich dürfte die am häufigsten praktizierte Strategie des Umgangs mit transkulturellen Wertkonflikten (7) diejenige einer Kompromißfindung sein, die unter dem Leitbild, Alienität in Alterität/Pluralismus zu überführen und auf kleinstem gemeinsamen Nenner eine Harmonisierung zu erzielen, die dann unterschiedliche plurale Herausbildungen konkreterer Handlungsschemata und Handlungsweisen erlauben soll. Bei genauerer Betrachtung zeigt sich allerdings, daß jene Harmonisierungen in der Regel an der Oberfläche bleiben und sich die Instabilität dieser Regelungen sofort dann erweist, wenn sich Umweltbedingungen ändern; es findet dann ein oftmals noch radikalerer Rückfall in die alten Strukturen der Lebensorganisation statt, die den ursprünglichen Fremdheitseffekt gezeitigt haben und nun in verschärfter Form vorführen, auf welch brüchiger Basis der Kompromiß erbaut war. Wir können dies zur Zeit beobachten im Blick auf Gestaltung von Naturverhältnissen, z. B. dem Umgang mit der Biodiversifität (als Optionswert) oder der Klimaproblematik. Da durch kompromißorientierte Regelungen, oftmals funktional orientiert an der homogenisierten Oberflächenpraxis einer technisch-ökonomischen „Weltkultur“, insbesondere deren Mechanismen des Anrechnens (z. B. von CO_2-Senken im Zuge der Einrichtung von Monokulturen) oder des kompensierenden Handels (mit Belastungskontingenten) die Grundprobleme eher fortgeschrieben als gelöst werden, weil der Kern jeglicher Kompromißstrategie das Zusammenführen und nicht das Erübrigen ist, dürfte diese Strategie angesichts der skizzierten Alternativen die am wenigsten zielführende sein. In ihrer funktionalen Orientierung verdecken sich Dissense und hat für die Beteiligten immer die Konnotation, daß die Streitpunkte nicht eigentlich ausgetragen werden. Als „Strategie schlechten Gewissens“ kommt ihr sicherlich ein Wert zu – auch ein Optionswert, weil sie überhaupt als Katalysator eines Dialogs dienen kann –, sie sollte aber nur allenfalls aus pragmatischen Erwägungen rechtfertigbar erscheinen und darf nicht als Substitut für leistungsfähigere Strategien eines Umgangs mit Wertkonflikten herhalten. Letztlich läßt sich diese Vorgehensweise auf den Nenner bringen, daß Transkulturalität in Intrakulturalität überführt werden soll, wobei das Gelingen dieses Prozesses allenfalls suggeriert wird, weil eine gemeinsame Basis, auf der sich Verschiedenheit als bloßer Unterschied und nicht als Fremdheit artikuliert, offenbar nicht in Sicht ist.

Skepsis und Zurückhaltung, welche Fremdheit ernst nimmt, vermag in bestimmten zutrage tretenden transkulturellen Wertkonflikten eine Atmosphäre herzustellen, die jener Radikalisierung von Werthaltungen vorbeugt, wie sie als Reaktion auf das naive Unterstellen einer einheitlichen „aufgeklärten“ Weltkultur oder eines entsprechenden „Weltethos“ im Rahmen einer aufgeheizten Stimmungslage sich zu entwickeln vermag. Alienität ernst zu nehmen und sich darüber zu vergewissern, daß transkulturelle Wertkonflikte nicht unter dem Rationalitätsprimat von einem der Beteiligten gelöst werden können, führen allerdings auch zu dem Befund, daß die Milderung oder gar Lösung eines solchen Wertkonfliktes nicht einmal in der Terminologie eines der Beteiligten konstatierbar oder formulierbar wäre. Daß transkulturelle Wertkonflikte entschärft oder ausgesetzt, umgangen oder gemildert wurden, läßt sich nur erfahren: Ein entsprechendes Dissensmanagement zeigt sich als gelungen, wenn gemeinsam geteilte Handlungsvollzüge offenbar Folgen zeigen, die von den Beteiligten positiv gewürdigt werden und nicht neuen Problemdruck erzeugen. Insofern kann auch kein „Wissen“, kein „Know-how“ über die mögliche Lösung transkultureller Wertkonflikte erzeugt und weiter vermittelt werden. Vielmehr können wir nur versuchen, über entsprechende Exemplifikationen und Instatiierungen das zu erlernen, was man vielleicht als *transkulturelle Kompetenz* bezeichnen könnte und was, wie alle Kompetenzen auch, nicht lehrbar ist, sondern nur über eine Praxis lernbar, die immer weiter sein wird als ein mühsam rekonstruiertes Teilwissen über diejenigen Dispositionen, die diese Praxis möglich gemacht haben. Der wichtigste Weg, eine solche Praxis zu lernen, ist derjenige der Nachahmung und Aneignung, wo sie uns denn möglich erscheint. Ist diese Möglichkeit nicht gegeben, besteht eben jene Erfahrung eines transkulturellen Wertkonfliktes weiter fort, die bereits dann, wenn man sie in der eignen Terminologie zu erfassen sucht, droht verloren zu gehen. Aber erst wenn dieser Verlust verhindert wird, ist ein Dissensmanagement möglich.

Literaturverzeichnis

ARISTOTELES (1972): *Nikomachische Ethik*, hrsg. v. O. Gigon, München (dtv).

BECKER, G. (1982): *Der ökonomische Ansatz menschlichen Verhaltens*, Tübingen (J.C.B. Mohr [P. Siebeck]).

GEHLEN, A. (1975): *Die Seele im technischen Zeitalter*, Reinbek (Rowohlt).

HEGEL, G.W.F. (1971): *Wissenschaft der Logik*, 2 Bde, Hamburg (Meiner) [zuerst veröffentlicht 1832].

HUBIG, CH. (1995): *Konsens- oder Dissensethik? Von der Diskursethik zum Dissensmanagement*, in: A. LUCKNER (Hrsg.): *Freiheit oder Gerechtigkeit?* Leipzig (Leipziger Universitätsverlag), S. 179-196.

HUBIG, CH. (1997): *Technologische Kultur*, Leipzig (Leipziger Universitätsverlag).

HUBIG, CH. (1999): *Sachzwänge. Herausforderung oder Entlastung einer Technik- und Wirtschaftsethik*, in: P. KAMPITS (Hrsg.): *Angewandte Ethik. Akten des 21. Internationalen Wittgenstein-Symposiums 1998*, Wien (öbv und hpt).

NUßBAUM, M. (1990): *Aristotelian Social Democracy*, in: R.B. DOUGLAS (ed.): *Liberalism and the Good*, New York, S. 203-252.

Kapitel 3

Was sind transkulturelle Wertekonflikte? Und inwieweit sind sie lösbar?

HUBERTUS BUSCHE

Transkulturelle Wertekonflikte sind oftmals politische Brennpunkte und gelegentlich sogar Flächenbrände auf unserem Globus. Der folgende Beitrag sucht eine Antwort auf die Frage zu geben, wie weit solche transkulturellen Wertekonflikte auflösbar sind. Hierfür ist erstens zu klären, was der relativ junge Begriff des „transkulturellen Wertekonflikts" besagt. Zweitens sind verschiedene Typen und Beispiele von transkulturellen Wertekonflikten zu klassifizieren. Drittens werden zwei Thesen und Postulate für den Umgang mit der Klasse von politisch brisanten Wertekonflikten entwickelt. Viertens schließlich sollen am Beispiel des gegenwärtigen israelischen ‚Kulturkampfes' die Grenzen der Konfliktlösung bei transkulturellen Wertekonflikten aufgezeigt werden.

I. Was sind transkulturelle Wertekonflikte?

Eine Tagung mit dem Thema „Transkulturelle Wertekonflikte" ist ein Symptom dafür, daß unser Planet sich in einem sonderbaren, statistisch sehr unwahrscheinlichen Zustand befindet. Vor gar nicht langer Zeit sprach man noch von „interkulturellen Wertekonflikten". Man nahm an, es gebe eine Pluralität abgeschlossener, homogener Traditionsräume mit unverwechselbaren Lebens-, Geistes- und Symbolformen. Von Herder über Spengler bis in die letzten Jahrzehnte nannte man diese Traditionsräume „Kulturen", folglich die Konflikte zwischen ihnen „interkulturell".[1] Inzwischen aber haben wir den Verdacht, daß es solche isolierten und autarken Traditionsräume namens Kulturen gar nicht mehr gibt, vielleicht aber auch, strenggenommen, niemals gab. Nicht nur heben sich die nationalen Zugehörigkeiten der Europäer zunehmend und mit allen dazugehörigen Konflikten in ein europäisches Zugehörigkeitsbewußtsein auf.[2] Vielmehr ist nach dem Zusammenbruch des Ostblocks auch die hegemoniale Ausbreitung unserer euroamerikanischen Denk-, Lebens- und Wirtschaftsformen über den ganzen Globus, die wir euphemistisch „Globalisierung" nennen, durch Beschleunigungseffekte so weit fortgeschritten, daß es so gut wie keine undurchdrungenen Kulturräume mehr gibt. Wo die Suren des Korans über Lautsprecher verbreitet werden, wo Millionen von Hindus direkt nach den religiösen Zeremonien in die Großstadtkinos strömen oder im Internet surfen und wo selbst australische Ureinwohner per Handy kommunizieren, dort kann man nicht mehr von separaten Kulturen ausgehen, „zwischen" denen dann zusätzlich Konflikte aufträten. Durch die riesigen Import- und Exportströme von Gütern, Techniken, Touristen und Migranten sind vielmehr die Fremdheiten, aber auch die dazu gehörenden Abwehrreaktionen, in alle Gesellschaften eingedrungen. Die Rede von „interkulturellen Wertekonflikten" scheint nicht mehr sinnvoll.

Andererseits kann man bei dieser globalen Lage aber auch nicht von einer einzigen Weltkultur sprechen, die nur noch „intrakulturelle Konflikte" kennen würde. Zu unübersehbar sind, trotz der technischen Vereinheitlichungstendenzen, zwischen den Ländern immer noch die Unterschiede in den zivilisatorischen Kernbereichen der Religion und der Moral. Zwar könnte man, in Anlehnung an Goethes Formel der „Weltliteratur", die Musik, Malerei und Literatur der ganzen Welt als *eine* „Weltkultur" bezeichnen. Dies wäre aber ein anderer Begriff von Kultur, der nicht mehr die geographisch individuierten Traditionsräume als ganze bezeichnete. Somit scheint einerseits die Rede von „interkulturellen Konflikten" ein Anachronismus zu sein, andererseits aber die Annahme, daß es letztlich nur noch „intrakulturelle Konflikte" gebe, eine bagatellisierende Einheitsfiktion. Zur Vermittlung dieser globalisierungsbedingten Bedeutungskrise des „Interkulturellen" bietet sich ein Begriff

1 Zur Geschichte und zur Systematik des Kulturbegriffs vergleiche jetzt BUSCHE (2000a), S. 69-90 und BUSCHE (2000b), S. 5-16.

2 Exemplarisch vgl. KOSLOWSKI u. BRAGUE (1997).

an, den Wolfgang Welsch seit 1991 für die neue Lage geprägt hat, nämlich „Transkulturalität".[3] Die Vokabel scheint nicht schlecht, wenn man überhaupt noch am Jargon des „Kulturellen" festhalten will, gegen dessen inflationäre und meist diffuse Verwendung gewisse allergische Abwehrhaltungen erklärlich sind. Die verabsolutierte Kultursemantik ist aber auch nicht unproblematisch. Denn erstens wird der kulturwissenschaftliche Diskurs, der schlechthin alles „Kultur" nennt, was nicht „Natur" ist, immer stumpfer und nichtssagender. Und zweitens bleibt zu bedenken, daß die Interpretation sämtlicher geistiger Gehalte als Kulturtatsachen letztlich alles Menschliche auf historische Traditionen zurückführt und es damit schließlich zu etwas Gewordenem, gleichsam Naturwüchsigem macht, das prinzipiell in naturale Kausalfaktoren zerlegbar ist. Niklas Luhmann hat diesen Zusammenhang treffend zusammengefaßt in der Formulierung, die „Semantik der Kultur" überziehe „alles, was kommuniziert werden kann, mit Kontingenz. Sie befreit von jeder Art notwendigem Sinn".[4] Das betrifft eben auch Moral und Religion. Nach der Logik der Kultursemantik gelten also sämtliche geistigen Maßstäbe und Koordinatensysteme als historisch gewachsen.

Trotz dieser Schwäche bieten die kulturwissenschaftliche Perspektivenoptik und ihre Begrifflichkeit einen methodischen Vorteil. Denn sie gewährt den größtmöglichen Verzicht auf parteiische Voreingenommenheit. Insbesondere der Welschsche Begriff der „Transkulturalität" kann treffend den Zustand einer global vernetzten Weltgesellschaft bezeichnen. In ihr gibt es weiterhin große kulturelle Differenzen, aber nicht mehr als statische Abgründe wie zwischen Inseln, sondern als dynamische Einschübe, die quer durch alle Gesellschaften hindurchgehen und einerseits zu glückenden Assimilationen führen, andererseits zu dramatischen Konflikten und heftigen Abwehrkämpfen. Die Dynamisierung des Globus läßt kaum noch dauerhafte Fronten stehen, sondern erzeugt ständige Verschiebungen, Wellen und Verwirbelungen von Innovationen in bisherige Traditionen. Man könnte diesen umfassenden Verschiebungsprozeß, über Welsch hinaus, die „Transkulturalisation" der Erde nennen. Die Transkulturalisation erzeugt zwei extreme Bewegungstendenzen, zum einen eine Aneignung des Fremden und zum anderen eine Entfremdung vom Eigenen. Zwischen diesen Extremen liegt ein breites Berührungsspektrum, das von ästhetischer Faszination bis hin zu alltäglicher Eingewöhnung reicht. „Multikulturell" dagegen, um diesen (nach „inter-", „intra-" und

---

3 WELSCH (1992), S. 5-20 (es handelt sich um die gekürzte Fassung eines Vortrags vom Mai 1991); WELSCH (1995), S. 39-44.

4 LUHMANN (1999), S. 51.

„transkulturell“) vierten Begriff ebenfalls abzugrenzen, ist schließlich eine treffende Bezeichnung für diejenigen Räume von Gesellschaften, an denen sich viele und zugleich stark getrennte kulturelle Traditionen zusammenballen. Kommt es in solchen Ballungsräumen aber in starkem Maße zu Durchmischungen und wechselseitigen Anpassungen, spricht man besser von „mischkulturell“.

Nach dieser begrifflichen Klärung ist nun in einem zweiten Schritt zu sehen, wo sich innerhalb der „transkulturellen“ Weltlage die „transkulturellen Wertekonflikte“ verorten lassen. „Wertekonflikte“ sind, rein vom Wortsinn betrachtet, „Zusammenstöße von Werten“. „Wert“ aber, das sollte eine selbstkritische Reflexion nicht übersehen, „Wert“ ist ein ursprünglich ökonomischer Begriff, der letztlich inkommensurable Güter, Ideen, Überzeugungen usw. abstrakt vergleichbar macht durch das entsprechende Preisquantum, das man für solche Güter zu zahlen bereit wäre. Als z. B. Portugiesen und Spanier seit 1492 nach Amerika vordrangen, stießen zunächst einmal zwei Kulturen oder Traditionen aufeinander. Daß es sich hierbei um einen exemplarischen „Wertekonflikt“ gehandelt habe, ist eine typisch europäische Perspektive auf diesen Konflikt, die das Unvergleichbare im Prinzip vergleichbar zu machen sucht. Solange man sich dieser ‚Gleichmacherei‘ bewußt bleibt und nicht vergißt, daß es sich beim Wertbegriff um ein europäisches Interpretationsschema handelt, läßt sich gegen die Rede vom „Wertekonflikt“ nichts einwenden, zumal es sprachlich kaum Alternativen gibt. Nun verstehen aber wir Europäer heute unter „Werten“ im außerökonomischen Sinne meistens die *Gründe* oder *Maßstäbe* für die Bevorzugung von Handlungen, Gütern oder Sachverhalten vor anderen. „Wertekonflikte“ sind folglich ein Aufeinanderprallen von gegensätzlichen Ideenkreisen, die das Bewerten leiten oder begründen.

Wie die „Werte“ sind auch die „Wertekonflikte“ genaugenommen Abstraktionen, mit denen wir versuchen, übergreifende Maßstäbe zu isolieren. Auf der vordergründigen und empirisch stärker zugänglichen Ebene liegen zunächst nur die konkreten „*Bewertungs*konflikte“ im Bewußtsein der Individuen. Diese individuellen Bewertungskonflikte, die sich nur zum geringsten Teil durch einen Wertediskurs logifizieren lassen, bilden die eigentliche Realität, ob sie nun im Herzen eines einzigen Menschen aufbrechen oder zwischen verschiedenen Gruppen. Die Rede von „*Werte*konflikten“ transponiert diese empirische Realität des konkreten Wertens und Handelns auf eine abstrakte Ebene, indem sie übergreifende konstante Maßstäbe zu objektivieren versucht, wie sie z. B. auch in der „Werteforschung“ vorausgesetzt werden. Das Tückische bei der Übersetzung vom konkreten *Bewerten* zur abstrakten Klassifikation von *Werten* liegt darin, daß die bestimmte Einteilung der Werte ihrerseits kulturspezifisch sein dürfte. So wird etwa bei Grundsatzkonflikten zwischen westlichen und islamischen Traditionen ein orthodoxer Moslem – falls er sich überhaupt auf einen Diskurs über „Werte" einläßt – vielleicht dazu neigen, die konfligierenden einzelnen Werte zu interpretieren nach dem allgemeinen Wert-Unwert-Schema „das Heilige" und die „moralische Ordnung" einerseits gegen „Geldherrschaft" und „hedonistische Freizügigkeit" andererseits. Umgekehrt wird z. B. ein stark säkular denkender Europäer dazu neigen, dieselben Konflikte zu beschreiben aus dem allgemeinen Wert-Unwert-Horizont „Theokratie" und „politisch-religiöse Bevormundung" einerseits und „individuelle Freiheit" und „Wohlstand" andererseits. Weil deshalb jede allgemeine Klassifikation abstrakter Werte unter dem Verdacht steht, selbst aus einem bestimmten kulturspezifischen Horizont heraus zu erwachsen, darf sich hier wohl niemand eine vollständig außenperspektivische Neutralität anmaßen, jedenfalls nicht dann, wenn er die entlastete Perspektive des kritisch philosophierenden Beobachters einnimmt. Denn in dieser Rolle muß er so weit wie möglich um der Horizonterweiterung und Diagnosefähigkeit willen Distanz zum eigenen und fremden Werten gewinnen. Anders liegt der Fall für die Teilnehmerperspektive, wenn unter Handlungsdruck Entscheidungen nach den eigenen Wertüberzeugungen zu treffen sind.

Reflektiert man nun in einem dritten Schritt auf die Ursachen von Bewertungskonflikten oder, abstrakt gesprochen, von Wertekonflikten überhaupt, so wird man feststellen, daß sie sehr häufig transkulturellen Ursprungs sind. Denn „Kultur" im historischen Begriffssinne meint ja seit Herder eine charakteristische Tradition von Lebens-, Denk- und Symbolformen, durch die sich Zeiten und Räume voneinander unterscheiden. Im transkulturellen Erdzustand dürften sich vielleicht sogar die meisten Wertekonflikte eo ipso als transkulturelle erweisen. Sie entspringen kulturellen Binnendifferenzen in übergeordneten Kulturräumen und äußern sich dann oft sekundär im Herzen eines einzigen Menschen. Eine Ausnahme bilden natürlich diejenigen klassischen Wertekonflikte, die sich innerhalb eines einzigen homogenen Bewertungshorizontes ergeben, z. B. die Alltagskonflikte zwischen dem moralisch Gebotenen einerseits und dem Angenehmen oder Nützlichen andererseits. Will man auch hier eine kulturwissenschaftliche Semantik bemühen, ließen sich diese klassischen Konfliktfälle als „eigenkulturelle Wertekonflikte" bezeichnen. Im Unterschied zu diesen „eigenkulturellen Wertekonflikten" soll im folgenden versucht werden, den Bereich der „transkulturellen Wertekonflikte" vorläufig abzustecken und dabei Dringlichkeitsstufen auszumachen.

II. Typen und Beispiele transkultureller Wertekonflikte

„Transkulturelle Wertekonflikte" lassen sich überall entdecken, wenn man genauer hinschaut und dabei auch den Begriff der „kulturellen Differenz" mit der Lupe betrachtet. Transkulturelle Wertekonflikte brechen bereits auf bei den Bewertungsdissensen zwischen Jugendkultur und Erwachsenenkultur bezüglich der Frage, was im Leben wichtig ist, zwischen Stadtkultur und Landkultur in den Fragen des Lebenstempos oder zwischen religiöser und säkularisierter Kultur, und sei es nur im paradigmatischen Rechtsstreit um die Zumutbarkeit des Glockenläutens. Wertekonflikte, die für das letzte Jahrzehnt in Deutschland besonders repräsentativ sind, ergeben sich zum einen aus dem Zuzug ausländischer Bevölkerungsgruppen mit verschiedensten Lebens- und Wertungsgewohnheiten, zum anderen aus der Umstellung der früheren DDR-Bürger auf die westlich geprägten Verhältnisse und Werte des vereinigten Deutschlands.

Das breite Spektrum solcher Wertekonflikte läßt sich kaum systematisch durch abstrakte Typisierungen klassifizieren. Denn die Wertedifferenzen haben keine homogenen Ursachen. Auch eine Einteilung nach Konfliktfeldern oder Konfliktbereichen, z. B. nach politischen und religiösen Konflikten, müßte der Sache höchst äußerlich und unangemessen bleiben. Denn wo es um Bewertungskonflikte geht, stehen eo ipso unterschiedliche Ebenen und Bereiche in Spannung, so daß meistens die ganze kulturelle Identität in Frage steht. Am sinnvollsten scheint es noch, die Palette unterschiedlichster „transkultureller Wertekonflikte" zu ordnen nach dem Dringlichkeitskriterium der politischen Relevanz. Hiernach lassen sich politisch periphere Konflikte, die zum einen nur wenige Individuen betreffen und zum anderen innerhalb des familiären Bereichs bleiben, unterscheiden von politisch zentralen Konflikten, deren Reichweite sich auf den Charakter der ganzen Gesellschaft erstreckt.

Im folgenden werde ich mich auf solche politisch brisanten Konflikte beschränken, und hier wiederum näherhin auf solche Konflikte, bei denen sich die widerstreitenden Werte auf unterschiedliche Gruppen verteilen. Es soll also nicht um transkulturelle Wertekonflikte intraindividueller Art gehen, sondern um interindividuelle, ja interkollektive Wertekonflikte von transkultureller Dimension und politischer Reichweite. Bei diesem Konflikttyp werden die widerstreitenden Werte von unterschiedlichen Gruppen repräsentiert und ausgetragen. Musterbeispiele hierfür sind diejenigen Gesellschaften, in denen einige Bevölkerungsschichten westliche Lebens- und Bewußtseinsformen übernommen haben, andere Bevölkerungsgruppen hingegen sich der

Verwestlichung widersetzen und durch Rückbesinnung auf die eigenkulturellen Traditionen fundamentalen Widerstand mobilisieren. Beispiele für solche gleichsam im ‚Kulturkampf' stehenden Gesellschaftsformationen sind etwa die Türkei, Israel, Ägypten oder der Iran, wenn auch mit unterschiedlichen Kräfteproportionen. Ihr quer durch die Gesellschaft gehender Dissens betrifft nicht nur die moralische Frage, nach welchen Maßstäben der einzelne zu handeln habe, sondern auch die politische Frage, inwieweit der Staat die jeweilige Religion zur Richtschnur der bürgerlichen Gesetze machen soll oder darf. Die Kräfteverhältnisse zwischen den Werte verkörpernden Lagern verschieben sich immer wieder neu in zwei extreme Richtungen, die wir aus westlicher Perspektive einerseits als Fundamentalisierung und andererseits als Liberalisierung wahrnehmen und werten. Während z. B. der Iran nach der langen Phase des theokratischen Rigorismus unter Khomeini sich zur Zeit wieder etwas öffnet für westliche Lebensstile und Werte, kommt es etwa in Israel gegenwärtig zu einer Radikalisierung der Fronten, bei der die fundamentalistischen Kräfte mehr und mehr an Raum gewinnen.

Ich möchte deshalb im folgenden den israelischen Wertekonflikt zwischen säkularer und ultrareligiöser Kultur zum Anlaß und Musterbeispiel nehmen, durch dessen nähere Analyse sich etwas lernen läßt über Ursachen, Entwicklungsregeln und Konfliktlösungsgrenzen bei transkulturellen Wertekonflikten überhaupt. Eine exemplarische Beschreibung der Frontverläufe im israelischen Kulturkampf kann ebenfalls für unsere einheimischen Wertekonflikte allgemeine Erkenntnisse zutage fördern, auch wenn es Grenzen der Übertragbarkeit gibt. Vor Beginn der exemplarischen Analyse am Beispiel Israels seien jedoch zwei allgemeine Thesen und Postulate zur Diskussion gestellt, die auch für unsere einheimischen Spannungsherde, nämlich Multikulturalität und DDR-Mentalität, von Bedeutung sind.

III. Zwei Thesen zum Umgang mit transkulturellen Wertekonflikten

Die erste These lautet: Vermeidbar bzw. lösbar sind im allgemeinen nicht die transkulturellen Wertekonflikte als solche, denn ihre Auflösung bedeutete die Zerstörung und Mißachtung der Sinnhorizonte, in denen Individuen leben, ja für die sie sogar teilweise leben. Echte transkulturelle *Wertekonflikte* können nicht gelöst, sondern nur durchlebt werden. Sie gehören auf die Seite des Unvermeidbaren, des Unverfügbaren, des Fatums, und man darf allenfalls hoffen, daß sich viele von ihnen mit der Zeit von selbst lösen, ohne daß Einzelne, Institutionen oder der Staat hier intervenieren könnten. Was dagegen in unserer Macht steht, ist der humane Umgang mit den Wertekonflikten, und zwar durch eine Minimierung von *Handlungskonflikten*. Aus dieser These ergibt sich das erste politische Postulat, daß der Staat die konfligierenden Parteien vor ihren gegenseitigen Übergriffen schützen muß, und daraus folgt umgekehrt, daß jene Lager, die die gegensätzlichen Werte repräsentieren, sich an das geltende Recht halten müssen. Ich gebe zu, daß diese Option für staatliche Neutralität und Suprematie des positiven Rechts eine typisch, wenn auch nicht exklusiv westliche Option ist, sehe aber keine Alternative, wenn man verhindern will, daß Wertekonflikte in gewaltsame Handlungskonflikte ausschlagen.

Die zweite These mit abgeleitetem Postulat formuliere ich im Hinblick auf den Umstand, daß unsere Tagung im Zeichen der Wirtschaftsethik steht. Die These lautet: Wirtschaftliche Rahmenbedingungen sind nicht gleichgültig gegen die Formen, wie Wertekonflikte ausgetragen werden. Vielmehr verstärkt eine wirtschaftliche Verschlechterung auch die Radikalisierung der Wertefronten und damit der gesellschaftlichen Spannungen. Denn der Mensch, den Helmuth Plessner einmal das „ideologische Tier" genannt hat, neigt dazu, auch seine ökonomischen Verhältnisse sekundär über das Wertebewußtsein zu interpretieren und so zu rationalisieren. Die These besagt wohlgemerkt weder, daß es bei Erreichung eines ökonomischen Minimalstandards automatisch zur Harmonisierung geistiger Werte käme, noch besagt sie gar, daß kulturelle Werte nichts anderes wären als kostümierte Reflexe und Epiphänomene sozioökonomischer Verhältnisse. Sie besagt vielmehr nur negativ, daß dort, wo ganze Gruppen ihre wirtschaftliche und politische Rolle als unterprivilegiert in Relation zu anderen Gruppen empfinden, sie dort die Auseinandersetzungen auch sekundär rationalisieren über einen Kampf der Werte und Weltanschauungen. Viele fundamentalistische Bewegungen lassen sich auch verstehen als Revolten gegen eine wohlhabende säkularisierte Führungsschicht. Daraus läßt sich das politische Postulat ableiten, daß der Staat klug beraten ist, wenn er zur Minimierung gewaltsamer Handlungskonflikte solchen wirtschaftsbedingten Radikalisierungsherden gegensteuert, soweit dies möglich ist.

Mit den beiden genannten Thesen und Postulaten läßt sich eine einseitige Wertung jener Phänomene vermeiden, die insbesondere von Peter L. Berger diagnostiziert worden sind.[5] In Ausdeutung der These James D. Hunters vom

5 BERGER (1997), S. 581-614.

inneramerikanischen „culture war" vertritt der amerikanische Soziologe die These, daß nicht, wie Samuel P. Huntington dies glaubte, ein Krieg zwischen den Kulturen zur Schicksalsfrage der Menschheit werden dürfte[6], sondern gleichsam innenpolitisch ein Kampf um die Werte in pluralistischen Gesellschaften. Das Beispiel Amerika zeigt nach Berger, daß Modernität, Pluralismus und Säkularisierung einerseits und die Tendenz zum Fundamentalismus andererseits in enger Korrelation stehen. Mit seiner Diagnose, daß der Westen sich durch seinen Pluralismus der Werte selbst überfordere, könnte Berger unbeabsichtigt und suggestiv autoritäre Plädoyers für eine stärkere Rehomogenisierung der Gesellschaft wachrufen. Was eine solche Reaktion völlig ausblenden würde, wäre zum einen die Unvermeidbarkeit, weil historische Gewachsenheit der großen transkulturellen Wertekonflikte selbst und wären zum anderen die wirtschaftlichen Rahmenbedingungen, unter denen die gegebenen Wertekonflikte sich oft zu gewaltsamen Handlungskonflikten radikalisieren. Wie ohnmächtig und unrealistisch solche Plädoyers zur Rückgängigmachung der Unterschiede wären, zeigt sich besonders kraß am aktuellen Beispiel Israels, das extrem stark von einem transkulturellen Grundkonflikt geprägt ist.

IV. Der israelische ‚Kulturkampf' als Lehrstück für die Grenzen der Konfliktlösung

Zu den Schlüsselphänomenen der israelischen Gesellschaft in den letzten Jahrzehnten gehört der politische Aufstieg der Ultraorthodoxen oder Charedim. Während 1984 nur 6,4 % der Wähler für sie stimmten, 1988 immerhin schon 10,7 %, fanden die Ultraorthodoxen bei den letzten Knesset-Wahlen vom Mai 1999 bereits eine Anhängerschaft von 16,8 %. Sie wurden also von jedem sechsten Israeli gewählt.[7]

Drei Fragen drängen sich auf. Erstens: Welche Werte vertreten die Charedim, und wie weit konfligieren diese mit denen der anderen Parteien? Zweitens: Wie läßt sich der politische Bedeutungszuwachs der Ultraorthodo-

6 HUNTINGTON (1996).

7 Im folgenden stütze ich mich auf die politischen und historischen Untersuchungen von SCHNEIDER (1998) sowie TIMM (1999), S. 927-931.

xen erklären? Und drittens: Worin könnten angesichts der Radikalisierungstendenz hier Ansätze für eine Lösung der Wertekonflikte bestehen?

1. Die Ultraorthodoxen werden durch zwei Parteien repräsentiert, zum einen durch das „Vereinigte Torah-Judentum (VTJ)", zum anderen durch die „Vereinigung der sephardischen Torah-Wächter", kurz genannt die Schas-Partei, die erst 1984 gegründet wurde und im letzten Kabinett unter Barak immerhin vier Minister stellte. Diese beiden ultraorthodoxen Parteien bilden zusammen mit der Nationalreligiösen Partei (Mafdal) das religiöse Lager, das sich gewissermaßen im ‚Kulturkampf' weiß mit dem säkularen Lager. Das säkulare Lager wird repräsentiert durch die „Partei der Arbeit", die linkszionistische „Merez", die antireligiöse „Schinui" und die Einwandererpartei „Jisrael ba-Alijah". Die Radikalisierung zwischen beiden Lagern war im letzten Wahlkampf überdeutlich. Von den Säkularen her ließ Merez in einem Fernsehspot eine Netanjahu-Puppe tanzen, nach den Klängen einer Klezmer-Band ultraorthodoxer Minister; und Schinui polemisierte gegen die „ultraorthodoxen Geschäftemacher, die durch politische Manipulationen das israelische Volk zu spalten suchen". Umgekehrt griff der charismatische Schas-Führer Arieh Deri die Säkularen mit folgenden Worten an, die symptomatisch sind für die Angst der Ultraorthodoxen vor der Auflösung der Gesellschaft durch Säkularisierung: „Es gibt eine Gruppe im Staate Israel, die glaubt, das Land gehöre ihr [...]. Sie hat entschieden, einen säkularen Staat zu errichten, in dem es verboten ist, die Torah, das Judentum und den Sabbath auch nur zu erwähnen. Sie nehmen uns unsere Jugendlichen zu Hunderttausenden, trennen sie von ihren Familien und den Rabbinern und rauben ihnen ihre Seele." Die Überfremdungsängste sind noch deutlicher in der Erklärung des sephardischen Oberrabbiners Ovadia Josef, wonach die Immigrantenpartei „Ungläubige aus Rußland und aus der Hölle" nach Israel bringe.

Die Werte, die innerhalb eines dieser beiden Lager vertreten werden, sind natürlich nicht homogen. Während z. B. die Mehrzahl der Schas-Anhänger in der Armee gedient hat, lehnt die VTJ prinzipiell den Wehrdienst ab. Und die Hauptkraft innerhalb der VTJ namens „Agudat Jisrael" lehnt als antizionistischer Block sogar die israelische Nationalflagge und andere Staatssymbole ab, verweigert den profanen Gebrauch der hebräischen Sprache und nimmt nicht an den Feiern zum Tag der Unabhängigkeit teil. Trotz solchen Wertedissenses innerhalb des Lagers läßt sich verallgemeinern, daß die Ultraorthodoxen die religiöse Gesetzgebung auf alle Lebensbereiche ausweiten wollen und westliche Kultureinflüsse bekämpfen. Was sie zusammenschweißt, ist die Angst vor der ‚Amerikanisierung' Israels. Auch im entgegengesetzten

Lager der Säkularen gibt es natürlich kein völlig homogenes Wertesystem, doch kommt das Lager den euroamerikanischen Werten stark entgegen.

2. Fragt man nun nach Ursachen für den Bedeutungszuwachs der Ultraorthodoxen, so zeichnen sich vier Faktoren für ihre Politisierung ab. Erstens hatte sich im Schatten des Wohlfahrtsstaates ein separates ultraorthodoxes Gemeinwesen etabliert, dessen eigenes soziales Netz und Bildungswesen durch staatliche Gelder immer stärker unterstützt wurde und durch Zuwanderung von Juden aus Europa und arabischen Ländern noch expandierte. Der Preis dieser „Ghettoisierung" war aber, daß sich die sephardische Führungsschicht zunehmend von den staatlichen Funktionen ausgeschlossen fühlte und nun die Partizipation zurückhaben will. Zweitens zogen in den Jahren von 1989 bis 1998 mehr als 800.000 Einwanderer aus der ehemaligen UDSSR nach Israel, von denen die Mehrzahl nicht religiös ist. Darüber hinaus kamen noch 250.000 ausländische Arbeitskräfte aus Osteuropa und Südostasien ins Land. Dieser Zustrom verstärkte die bestehenden Überfremdungsängste. Drittens kamen die internationalen Wirtschaftsverflechtungen und die technische Revolution der neuen Medien hinzu. Und viertens wurde die von der säkularen Rabin-Peres-Regierung betriebene Friedenspolitik mit ihrer Bereitschaft, Teile des heiligen Territoriums (Erez Jisrael) abzutreten, von weiten Kreisen als Sakrileg und Identitätsverlust empfunden. Im Endeffekt diagnostizierte das Tel Aviver Tami-Steinmetz-Zentrum für Friedensforschung eine „weitgehende Kohärenz zwischen rechtsextremistischen, nationalistischen und ultraorthodoxen Auffassungen".

Noch ist die Radikalisierung zwischen beiden Lagern gebremst durch das breitere Mittelfeld traditionsbewußter Juden, die in Anlehnung an den Likud-Block weder eine Theokratie wünschen noch eine säkulare Abspaltung des Staates von der Religion. Doch angesichts der genannten Faktoren könnte diese stabilisierende Mitte mehr und mehr schrumpfen. Deshalb ist zu fragen, wo nun das Fabula-docet dieser Entwicklung liegt? Haben immer mehr Israelis zum strengen Glauben zurückgefunden, oder haben sich sozio-ökonomisch-demographische Veränderungen sekundär artikuliert in einer politischen Funktionalisierung der religiösen Strenggläubigkeit? Natürlich scheint ein solch schroffes Entweder-Oder höchst fragwürdig. Gleichwohl gibt es einige Evidenzen dafür, daß man die These einer sekundären Funktionalisierung des Religiösen hier nicht unterschätzen darf. Frappant ist z. B. die Tatsache, daß in der Entwicklungsstadt Netivot, die 1998 landesweit die höchste Arbeitslosenquote aufwies, 43,5 % der Wähler für die Schas-Partei stimmten.

3. Wo liegen nun in diesem israelischen Exempel eines „transkulturellen Wertekonflikts" von politischer Brisanz mögliche Lösungsansätze? Insge-

samt bieten sich drei mögliche Instanzen der Konfliktlösung an: a) der einzelne Bürger, b) der Staat und c) intermediäre Institutionen oder Vermittler.

Zu a) In einem interkollektiven Wertekonflikt, in dem es nicht um – sagen wir ruhig – Bagatell-Dissense in der Renten- oder Steuergerechtigkeit geht, sondern um die Kardinalfrage, welche Richtung die Gesellschaft als ganze wünschenswerterweise nehmen sollte, wird man vom einzelnen Bürger nicht erwarten können, daß er ein leidenschaftsloses Interesse an formalen Schlichtungsverfahren habe. Vielmehr wird er, sofern er zu den Ultraorthodoxen oder zu den Säkularen gehört, darauf hinarbeiten, daß seine eigenen Wertüberzeugungen die Oberhand gewinnen. Eine ‚Lösung' des Wertekonfliktes hieße demnach hier Auflösung der gegnerischen Werte. Sofern der einzelne aber zum mittleren Feld gehörte, dürfte er ein Interesse daran haben, daß keines von beiden Lagern seine spezifischen Werte verallgemeinert, und das läuft auf den Wunsch hinaus, daß die zwischen den extremen Lagern vermittelnden Werte herrschen. Somit scheint sich auf der Ebene des einzelnen Bürgers die Weisheit der Viktoria bei Clemens Brentano zu bewahrheiten: „Zum Hassen oder Lieben wird alle Welt getrieben. Es bleibet keine Wahl. Nur der Teufel ist neutral"!

Zu b) Der Staat hat auch dort, wo er nach religiösem Selbstverständnis als Einheit des Gottesvolks gedacht wird, die Aufgabe, den einzelnen vor gewaltsamen Angriffen auf Leib und Leben zu schützen. Sein Interesse muß deshalb in der Vermeidung bzw. Minimierung von gewaltsamen Handlungskonflikten liegen. Ist nun seine Verfassung demokratisch, wie in Israel, so werden sich im Regierungskabinett ungefähr proportional diejenigen Kräfte wiederfinden, welche die gesellschaftlichen Wertekonflikte repräsentieren. Stammen die Minister also aus verschiedenen Parteien, so dürften sie zwar einerseits das gemeinsame Interesse haben, gewaltsame Handlungskonflikte zu unterbinden, andererseits aber alles daransetzen, beim politischen Umgang mit den Wertekonflikten ihren jeweiligen Handlungsspielraum zu nutzen für Entscheidungen nach den Werten und Prinzipien ihrer eigenen Partei. Insofern kann auch auf der politischen Ebene nicht der transkulturelle Wertekonflikt als solcher aufgelöst werden, sondern nur seine Eskalation bzw. seine Manifestation in gewaltsamen Handlungskonflikten vermieden werden.

Zu c) Eine dritte Konfliktlösungsinstanz läge schließlich bei öffentlichen Vermittlungsinstitutionen und formalen Schlichtungsverfahren, wie sie im politischen Feld angewandt werden von Norbert Ropers[8] und im Bereich von Umweltproblemen vorgeschlagen worden sind vom deutschen „Förderverein

---

8 ROPERS u. SCHLOTTER (1992).

Umweltmediation e. V.“. Dieses aus der Pädagogik entwickelte Konfliktmanagement wird z. B. von Thomas Eppenstein ausdrücklich auf die Schlichtung von „interkulturellen Konflikten“ übertragen.[9] Was jedoch auf dem Sektor von Umweltkonflikten traktabel sein mag, scheint bei transkulturell interkollektiven Wertekonflikten von politischer Brisanz ungleich schwerer, ja letztlich überhaupt nicht realisierbar zu sein, nämlich entsprechend dem Grundsatzpapier des Fördervereins 1. eine „Erreichung von Lösungen zum allseitigen Nutzen“ zu bewirken und 2. eine „Erarbeitung von zukunftsorientierten Konfliktregelungen“ zu leisten, „die von allen Beteiligten gemeinsam getragen werden“.[10] Wenn solche Verfahren sich nicht in weltfremd naive Kopfgeburten verlaufen sollen, beginnt das Problem bereits damit, welche Personen mit welchen Werten von allen Parteien überhaupt als Vermittler anerkannt werden könnten.

Angesichts dieses unüberwindbaren Zirkelproblems scheint als einzige Möglichkeit, friedlich in den Streit der Werte selbst einzugreifen, nur der öffentliche Dialog übrigzubleiben. Der berühmte „zwanglose Zwang des besseren Arguments“ ist, gerade wegen seiner Ferne von der realen Befugnis zu zwingen, besonders geeignet, mögliche Verkrampfungen und Fixierungen auf vorgeschobene Werte aufzubrechen und sich eigener blinder Flecken in der Perspektivik bewußt zu werden. Der öffentliche Dialog über die Werte und Wertekonflikte selbst mag ein äußerst bescheidenes Wirkquantum haben, um gewaltsame Handlungskonflikte zu verringern. Aber er bleibt in allen Ländern der Erde die friedlichste Form der Einmischung, die wir haben.

Literaturverzeichnis

BERGER, P. L. (1997): „Allgemeine Bemerkungen über normative Konflikte und ihre Vermittlung“, in: P. L. BERGER (Hrsg.): *Die Grenzen der Gemeinschaft. Konflikt und Vermittlung in pluralistischen Gesellschaften. Ein Bericht der Bertelsmann Stiftung an den Club of Rome*, Gütersloh (Bertelsmann), S. 581-614.

---

9 Vgl. http://www.uni-heidelberg.de/institute/fak10/ews/tep-mediation.html.

10 Vgl. Standards für Umweltmediation, nach: http://centrale-fuer-mediation.de/inf_in_neu_um.html.

BUSCHE, H. (2000a): „Was ist Kultur? Erster Teil: Die vier historischen Grundbedeutungen", *Dialektik. Zeitschrift für Kulturphilosophie,* 1 (2000), S. 69-90.

BUSCHE, H. (2000b): „Was ist Kultur? Zweiter Teil: Die dramatisierende Verknüpfung verschiedener Kulturbegriffe in Georg Simmels ‚Tragödie der Kultur'", *Dialektik. Zeitschrift für Kulturphilosophie*, 2, (2000), S. 5-16.

HUNTINGTON, S. P. (1996): *The Clash of Civilizations and the Remaking of World Order*, New York (Simon & Schuster) 1996, dt.: *Kampf der Kulturen. Die Neugestaltung der Weltpolitik im 21. Jahrhundert*, Hamburg (Europa).

KOSLOWSKI, P. u. BRAGUE, R. (1997): *Vaterland Europa. Europäische und nationale Identität im Konflikt*, Wien (Passagen).

LUHMANN, N. (1999): „Kultur als historischer Begriff", in: N. LUHMANN: *Gesellschaftsstruktur und Semantik. Studien zur Wissenssoziologie der modernen Gesellschaft*, Bd. 4, Frankfurt a. M. (Suhrkamp), S. 31-54.

ROPERS, N. u. SCHLOTTER, P. (1992): *The CSCE. Multicultural Conflict Management in a Transforming World Order. Future Perspectives and New Impulses for Regional Peace Strategies*, Stiftung Entwicklung und Frieden, Bonn.

SCHNEIDER, R. CH. (1998): *Israel am Wendepunkt. Von der Demokratie zum Fundamentalismus?* München (Kindler).

TIMM, A. (1999): „Israel auf dem Weg zur Theokratie?", *Blätter für deutsche und internationale Politik*, 8, S. 927-931.

WELSCH, W. (1992): „Transkulturalität. Lebensformen nach der Auflösung der Kulturen", *Information Philosophie,* 2, S. 5-20 [gekürzter Vortrag vom Mai 1991].

WELSCH, W. (1995): „Transkulturalität. Zur veränderten Verfaßtheit heutiger Kulturen", *Zeitschrift für Kulturaustausch,* 45/1, S. 39-44.

Kapitel 4

Wirtschaft als Kultur

PETER KOSLOWSKI

Stellt man die Frage, wie das Verhältnis von Wirtschaft und Kultur zu bestimmen ist, muß man sich daran erinnern, daß Ethik ursprünglich zwei Bedeutungen hatte, nämlich einmal die Lehre vom moralisch richtigen Handeln und Verhalten und andererseits die Lehre oder die Untersuchung der Sitten und Gebräuche, der Kultur, der Art und Weise, wie man etwas macht, wie man dasjenige macht, das vom Menschen abhängt, das nicht Natur ist und das wir im allgemeinen mit dem umfassenden Kulturbegriff als „Kultur" bezeichnen. Diese Unterscheidung in der Ethik zwischen Sittlichkeit und Kultur ist auch für die Wirtschaftsethik wichtig. Sie wird häufig übersehen und die Ethik zu sehr auf das moralische *Sollen* eingeengt. Wenn man aber die Ursprünge der Ethik bei Aristoteles und den Griechen ansieht, dann wird deutlich, daß Ethik ursprünglich von *Ethos* kommt. Ethos heißt soviel wie „richtige Gewohnheit", Eingeübtheit eines bestimmten Verhaltens, lateinisch „habitus", und ist sehr abgestellt auf Gewohnheitsbildung und nicht nur auf die rationale Durchdringung einer Entscheidungssituation.

I. Ethische Ökonomie als Theorie der Moral und Kultur der Wirtschaft

Wenn ich meine Arbeit zur Wirtschaftsethik überblicke, so beginnt sie mit meinem Buch *Ethische Ökonomie*[1], mit der Fragestellung, wie sich das moralische Sollen zur Wirtschaft verhält. Ich habe diesen Bereich nicht als Wirtschaftsethik bezeichnet, sondern als „Ethische Ökonomie" in Analogie zur Begriffsbildung der „Politischen Ökonomie". Bei der Politischen Ökonomie geht es um die Frage, welches die politischen Bedingungen der Wirtschaft sind, eine Frage, die auch im marxistischen Begriff von Politischer Ökonomie übernommen wurde: Welche politischen Bedingungen weisen bestimmte Formen des Wirtschaftens auf? In der amerikanischen Politischen Ökonomie, die etwa von James Buchanan und der Public Choice-Schule vertreten wird, ist es nicht ganz derselbe Begriff von Politischer Ökonomie. Vielmehr geht es hier um Fragen der Analyse politischer Entscheidungsprozesse mit ökonomischen Mitteln.

Wenn man die Analogie der beiden Bedeutungen von Politischer Ökonomie, politische Voraussetzungen der Wirtschaft und Analyse des politischen Prozesses, mit Hilfe der ökonomischen Theorie für den Begriff der Ethischen Ökonomie heranzieht, so fragt letztere, was die ethischen Voraussetzungen einer Marktwirtschaft sind und wie sich ethische Entscheidungen mit Hilfe ökonomischer Theorieinstrumente analysieren lassen. Welche ethischen Voraussetzungen hat etwa das effiziente Wirken des Preissystems und des Marktes? Welche Voraussetzungen hat das Vertragswesen in der Wirtschaft? Man kennt die Argumente, daß Ethik und Vertrauen die Transaktionskosten senken. Man erkennt hier unschwer, daß ökonomisches Handeln moralische oder ethische Voraussetzungen hat. Dies nicht in dem Sinne, daß es ohne diese überhaupt nicht möglich ist, aber doch in dem Sinne, daß ein besonders effizientes und reibungsloses Geschehen des Marktes Voraussetzungen ethischer Art hat oder durch das Vorhandensein von Ethik gesteigert wird.

Im Verlaufe meiner Arbeit bin ich durch die Einladung von Friedrich Tenbruck und Pierangelo Schiera zu einem Vortrag auf einem Kongreß über die Historische Schule der Nationalökonomie[2] darauf gestoßen, daß es schon

---

1 KOSLOWSKI (1988, ²1994).

2 Die Beiträge dieses Kongresses sind abgedruckt in: BOCK, HOMANN, SCHIERA (1991). Mein Beitrag „Der ökonomische Zwischenbau. Volkswirtschaftslehre als

einmal in der Geschichte der Wirtschaftsethik und der Ökonomischen Theorie eine Tradition gegeben hat, die ebenfalls die Ethik zentral in die Begriffsbildung der Wirtschaftswissenschaft gestellt hat, nämlich die Historische Schule der Nationalökonomie.[3] Die Bedeutung dieser Tradition der Historischen Schule im 19. Jahrhundert, die ja auch allgemein als der spezifisch deutsche Beitrag zur Wirtschaftstheorie angesehen wurde, für die Theorie der Ethik und Kultur der Wirtschaft ist außergewöhnlich. Wenn man sich etwa den zentralen Autor dieser Schule, Gustav Schmoller, anschaut, so sieht man, daß für ihn die Wirtschaftswissenschaft eine ethische und kulturelle Theorie des Wirtschaftens ist und zwar gemäß der Doppelbedeutung von „ethisch". Sie untersucht einmal das Gewohnheitsmäßige, das die Gewohnheiten Betreffende und zum anderen das Moralische im engeren Sinne. Schmoller spricht fast wörtlich von einem ethischen und kulturellen Ansatz der Nationalökonomie. Wenn man sich weiter die Grundlegung der Geisteswissenschaften im 19. Jahrhundert, zu der nach der Tradition der Historischen Schule der Nationalökonomie auch die Wirtschaftstheorie gehört, ansieht, stößt man auf Wilhelm Dilthey, der hier zentral ist. Bei Dilthey wird charakteristischerweise auch die Unterscheidung zwischen Sittlichkeit und Sitte, zwischen Moralität und kulturellen Üblichkeiten sehr betont.

Diese Unterscheidung ist auch heute noch von großer Bedeutung und wird häufig nicht hinreichend deutlich gezogen. Es gibt sicher ein Kontinuum von den Üblichkeiten, Gewohnheiten, Sitten hin zur Sittlichkeit, also von der gewohnheitsethischen zu der gesinnungsethischen Seite der Ethik, und dieses Kontinuum muß als Kontinuum thematisiert werden. Aber es scheinen doch unterschiedliche Zugänge zu dem zu sein, was das Gesamtphänomen des Ethischen und Kulturellen meint. Ich möchte also dafür plädieren, die Thematik der Kultur und Ethik der Wirtschaft nicht zu normativistisch zu sehen, sondern in dem Begriff einer Ethischen Ökonomie die Seite der Sitte, Sitten und Gebräuche oder der Kultur gemeinsam mit der Seite der Sittlichkeit oder Moralität zu betrachten.

Interessanterweise spielt diese Unterscheidung in einer anderen Begrifflichkeit ja bereits eine sehr große Rolle, in Hegels Rechtsphilosophie, in der Hegel zwischen Moralität und Sittlichkeit unterscheidet. Für ihn ist Moralität das, was für Dilthey Sittlichkeit ist, und Hegel bezeichnet mit einfacher Sitt-

---

Ethische und Kulturelle Ökonomie", findet sich ebenda; KOSLOWSKI (1991a), S. 185-221.

3 Vgl. KOSLOWSKI (1991c); KOSLOWSKI (1995, 1997); KOSLOWSKI (1997); KOSLOWSKI (2000).

lichkeit das, was Dilthey mit Sitte bezeichnet. An sich ist natürlich diese Sittlichkeit-Sitte-Unterscheidung sprachlich etwas eleganter, aber auch etwas altertümlich. Aber in der Sache wird in der Wirtschaftsethik häufig nicht hinreichend unterschieden zwischen diesen beiden Phänomenen, was zu Ungenauigkeiten dahingehend führt, daß bestimmte Dinge moralisiert werden, die eigentlich nicht moralisiert werden sollten, nämlich bestimmte Fragen der Üblichkeiten der Unternehmenskultur, die man eben so oder so machen kann, ohne daß die eine oder andere Weise schon moralisch oder sittlich relevant wäre. Andererseits besteht, wenn man diese Unterscheidung nicht hinreichend scharf zieht, die Gefahr, daß Dinge, die wirklich moralisch relevant sind, nicht in der Schärfe der Gewissensethik oder Gewissensmoral gesehen werden.

Nun ist das genau der Vorwurf, den man der Historischen Schule gemacht hat, daß sie am Schluß nicht mehr genau unterscheiden konnte, was einfach Gebräuche, Üblichkeiten sind und was wirkliche Fragen der Moralität betrifft. Und in der Tat ist es ein großes Problem, vor dem sowohl die allgemeine Ethik wie die Wirtschaftsethik als angewandte Ethik stehen: Was ist der Leitfaden, nach dem man unterscheiden kann, was eine Frage der Üblichkeit ist und was eine Frage der Moralität ist – in der hegelschen Begrifflichkeit – also der Gesinnungsethik oder Gesinnungsmoral? Eine Möglichkeit ist, daß man sagt, ethische Fragen sind solche, die besonders wichtig sind. Das würde dann aber sofort die Frage aufwerfen, wie man entscheidet, was wichtig ist. Um ein Beispiel zu geben: In der Wirtschaftsethik ist es eine große Schwierigkeit für die Unternehmen, daß sie oft nicht wissen, ob eine bestimmte Frage moralisch relevant werden kann. Nehmen wir den Brent Spa-Fall der Shell Corporation. Die Manager von Shell konnten sich juristisch entschuldigen und sagen: Unser Handeln war genau den Rechtsregeln entsprechend – nehmen wir einmal an, es war der Regel entsprechend und gesetzeskonform. Plötzlich aber wird die Frage, ob man nun eine Ölplattform in der Nordsee versenken darf oder nicht, zu einer Frage, die mit aller moralischen Schärfe diskutiert wird. Die Frage ist, was macht eine Frage, die bisher eher als technisches Problem gesehen wurde, zu einer moralischen? Man kann hier nicht bloß empirisch sagen: Das ist eben so, daß die Leute sensibilisiert werden usw., und ein gutes Unternehmen muß damit rechnen, daß auch Fragen, die bisher nicht moralischer Art waren – oder ethischer Art im engeren Sinne –, plötzlich zu moralischen Fragen werden. Wir verfügen hier nicht über eine Theorie, die uns sagt, wann eine Frage zu einer moralischen Frage wird. Wir haben keine Metatheorie aller Gegenstände, die zu moralischen Problemen werden können. Was macht eine Frage, die bisher nicht als ethisch angesehen wurde, zu einer moralischen? Andererseits gibt es auch Fragen, die früher als moralisches Problem angesehen wurden und heute nicht mehr ein solches sind. Was bedeutet das für eine allgemeine Theorie?

II. Ökonomie als verstehende Theorie

Wenn man in die Geschichte der Theorie der Wirtschaft zurückgeht, so findet man den Ansatz etwa von Ludwig von Mises und Alfred Schütz, die sagen, die Ökonomie, also die Wirtschaftswissenschaft, ist als Ganzes nur ein Zweig der Verstehenden Soziologie, und zwar der am weitesten fortgeschrittene Zweig der Verstehenden Soziologie. Das klingt zunächst ungewöhnlich, man ist ja gewohnt, fast einen Gegensatz zwischen Ökonomischer Theorie und Soziologie zu sehen, aber was Schütz und von Mises meinen, ist sehr einleuchtend und für unser Problem von Belang. Wenn man das Grundprinzip der Verstehenden Soziologie beschreiben will, so handelt es sich darum, daß ein subjektiver Sinn in einen objektiven Sinnzusammenhang eingeordnet wird. Das ist allgemein der Akt des Verstehens und die Verstehenssoziologie. Das Verstehen stellt eine Beziehung zwischen unserem subjektiven Sinn, den wir individuell mit unserem Handeln verfolgen, und dem objektiven Sinn sozialer Interaktionszusammenhänge her. Die Wirtschaft ist nicht der einzige Gegenstand der Verstehenden Soziologie, aber die Wirtschaft scheint in einer Weise der Zweig des Verstehens zu sein, der am eindeutigsten ist – und zwar in dem Sinne, daß die Anbindung des subjektiven Sinnes an den objektiven sozialen Sinn, den objektiven Sinn der Institutionen, in denen sich Wirtschaft vollzieht, am eindeutigsten ist. Wenn man etwa die Börse nimmt, die einen objektiven Sinn hat, nämlich die Allokation von Kapital in verschiedenen Verwendungen zu leisten, während der individuelle Spekulant an diesem Zweck subjektiv kein Interesse hat, sondern „Geld machen will“. Was man an der Börse zu tun und zu lassen hat und was über Erfolg und Mißerfolg entscheidet, ist objektiv durch den Zweck der effizienten Allokation von Kapital gegeben. Subjektiv schließt der Investierende an diesen objektiven Sinn indirekt an, weil er nur an der Börse gewinnen kann, wenn er die Allokation von Kapital objektiv richtig vornimmt. Unmittelbar strebt er jedoch etwas anderes, nämlich seinen Gewinn an. Das heißt, die Logik des Handelns in der Wirtschaft ist die Logik der Rationalität, der formalen Rationalität, mit den geringsten Mitteln den größten Zielerreichungsgrad zu erlangen.

Was das aber bedeutet, wird durch die Institutionen näherhin definiert. Man kann sagen, jeder Mensch möchte im allgemeinsten Sinn den maximalen Gewinn machen. Was das bedeutet, wie man diesen subjektiven Sinnzusammenhang an den objektiven Sinnzusammenhang von Institutionen anbindet, ist in der Wirtschaft in einer Weise festgelegt und eindeutig, wie in sonst kaum einem anderen sozialen Institutionenbereich. Auch die Erfolgskontrolle, ob das Anschließen des subjektiven an den objektiven Handlungssinn gelungen ist oder nicht, wird eben durch Gewinn und Verlust in einer Weise eindeutig gemacht, wie das sonst in keinem anderen Bereich der Kultur möglich ist. Ob man etwa den Zweck der Wissenschaft erreicht hat, ist nicht in derselben Eindeutigkeit kontrollierbar wie in der Wirtschaft.

Das Interessante ist nun, daß Mises als Vertreter der österreichischen Schule der Nationalökonomie sagt, die Menschen handeln immer rational. Das ist der Inhalt des Rationalitätsprinzips, daß man also mit dem geringsten möglichen Aufwand maximale Zielerreichung erlangen will und daß das ausnahmslos für alle Handlungen gilt. Nur was der Zweck ist, das unterscheidet sich eben. Der Irre, der ganz irrational erscheint, hat nur einen anderen Zweck. Aber nehmen wir an, ansonsten würde sein Gehirn normal funktionieren, dann würde er seinen abwegigen, irren Zweck immer noch rational nach dem ökonomischen Prinzip verfolgen und realisieren. Damit führt Mises einen Apriorismus der Rationalität der menschlichen Handlungen ein, und die Ökonomie wird bei ihm zur Logik der menschlichen Handlung, die für alle menschlichen Handlungen gilt, ganz unabhängig von der Frage, ob es um wirtschaftliche Handlungen, die zum Institutionenbereich Wirtschaft gehören, geht oder nicht. Wie bei allen apriorischen Theorien hat man hier das Problem, daß man einerseits irgendwie zu viel erfährt und die Theorie zu allgemein ist und daß man andererseits zu wenig erfährt und die Theorie zu wenig spezifisch ist. Es kann zwar richtig sein, daß alle Menschen, auch wenn sie sich im Irrtum befinden, in bezug auf ihre im Irrtum sich befindenden Zwecke immer noch rational handeln, aber irgendwie ist das unbefriedigend, weil wir doch etwas mehr wissen wollen als nur – gleichgültig, ob einer nun vernünftig im weiteren Sinn handelt oder nicht –, daß er rational im engeren ökonomischen Sinn handelt. Max Weber hat in einer Weise dieses Problem durch die Unterscheidung von formaler Rationalität – ökonomische Zweck-Mittel-Optimierung – für beliebige Zwecke und materialer Rationalität, bei der kulturell ethisch bestimmte, materiale Zwecke vorgegeben sind, die auch historisch vermittelt sind und für die wir dann im Sinne einer materialen Rationalität handeln, weiter vorangetrieben.

Hier kommt die Kultur, die kulturelle, institutionelle, habituelle Prägung unserer Zwecke des Handelns, ins Spiel, nämlich die Frage, warum wir die wirtschaftlich relevanten materialen Zwecke, die wir haben, haben. Eine Theorie, die sagt, bei allen beliebigen Zwecken, die wir haben, sind wir immer ökonomisch rational, ist zwar schön, aber sie ist zu formal. Wir würden auch gerne wissen, warum wir in bestimmten Kulturen diejenigen kulturell spezifischen Zwecke haben, die wir ökonomisch rational verfolgen. Das war und ist die Fragestellung, so scheint mir, eines historischen, kulturellen und ethischen Ansatzes der Nationalökonomie.

Für die Tradition der Nationalökonomie als ethischer und kultureller Ökonomie in der Historischen Schule der Volkswirtschaftslehre ist die Ethik Teil der ökonomischen Theorie und steht nicht, wie wir es weitgehend gewohnt sind, neben der ökonomischen Theorie. Auch sind für diese Tradition die ökonomische Theorie und die Kulturwissenschaften voneinander getrennt. Man kann dies durch ein Beispiel, das Schmoller entnommen ist, veranschaulichen. Man kann ja sagen, ein Unternehmer, der in einem Markt agiert, ist im allgemeinen sehr daran interessiert, etwas über die Art und Weise, wie seine Kunden oder die Konsumenten auf eine Preisveränderung reagieren würden, zu wissen. Also wenn er den Preis für ein Gut hebt, welche Nachfrage verliert er und welche Kunden würden auch selbst dann das Gut noch nachfragen, wenn der Preis steigt. Das wird im allgemeinen in der Ökonomie mit dem Begriff der Preiselastizität beschrieben, nämlich der Quotient aus der Veränderung der Nachfrage und der Veränderung des Preises. Wenn die Preiselastizität sehr hoch ist, dann wird bei einer geringfügigen Preiserhöhung sofort die Nachfrage erheblich nachlassen und die Leute werden zu anderen Gütern übergehen.

Nun kann man fragen, wie man herausfindet, wie die Leute auf Preise reagieren. Man kann Befragungen durchführen, man kann alle Formen von empirischen Befragungen machen, wie die Leute reagieren würden. Man kommt dann zu einer Größe, einem Wert, der als Richtschnur dienen kann. Nun ist es offen, ob damit das Problem erledigt ist. Für die gegenwärtig bestimmende, neoklassische Wirtschaftstheorie sind diese Preiselastizitäten Daten, die man hinnehmen muß. Eine kulturelle Theorie der Wirtschaft würde dagegen gerne wissen, was dieses Verhalten der Konsumenten, ihre Preiselastizitäten, beeinflußt. Warum ist die Preiselastizität etwa in dem einen Land für – nehmen wir das Beispiel Schmollers – Zucker ganz anders als in einem anderen Land? Schmoller gibt das Beispiel, daß die Preiselastizität in Großbritannien für Zucker sehr hoch ist, wenn man den Preis erhöht, bricht die Nachfrage zusammen, während es im Deutschland des 19. Jahrhunderts so ist, daß, wenn man den Preis erhöht, Zucker noch mehr nachgefragt wird.[4] Also ein umgekehrtes Verhalten als in Großbritannien. Die Ökonomen nen-

4 Vgl. KOSLOWSKI (1991b), S. 113-139.

nen ein Gut dieser Art ein superiores Gut. Die Elastizität ist von der Art, daß der Preis auf die Nachfrage einen geringen Einfluß hat. Nun könnte man die Preiselastizitäten als Daten ansehen, und Mises als Vertreter der österreichischen Schule sagt auch, das sind historische Fakten, das interessiert eigentlich nur den Historiker, daß in Großbritannien die Preiselastizität anders ist als in Deutschland. Ein kultureller Ansatz der Theorie der Wirtschaft würde dagegen sagen, daß man versuchen müßte, mehr herauszufinden. Man müßte herauszufinden versuchen, was diese unterschiedlichen Gewohnheiten und die unterschiedliche Kultur des Konsums bestimmt. Es wäre für den Unternehmer oder die Firma oder den Manager, der in diesem Bereich der Süßwarenproduktion tätig ist, von größter Bedeutung zu wissen, warum das Verhalten des Konsumenten so ist, wie es ist. Er möchte nicht nur wissen, daß es ein historisches Datum ist, sondern auch, warum die Leute so reagieren, um seinerseits auf diese Gewohnheiten, diese Kultur des Konsums reagieren und sie beeinflussen zu können.

Der kulturelle Ansatz der Nationalökonomie ist ein Versuch, die Analyse der Kausalität ökonomischen Handelns noch weiter hinauszuschieben und das, was sonst als gegeben oder als Teil der ceteris paribus-Klausel angenommen wird, auch noch zum Gegenstand der Analyse zu machen. Die Historische Schule der Nationalökonomie stützt sich auf eine Methode, die man häufig als Theorie der Hermeneutik bezeichnet hat und deren Ursprung bei Schleiermacher und bei Dilthey liegt. Ihr liegt eine Theorie der verstehenden Psychologie zugrunde. Der Gedanke von Dilthey ist einerseits sehr einfach und andererseits nach wie vor von großer Aktualität. Nach Dilthey ist es die Aufgabe der Geisteswissenschaften, einen Zusammenhang zwischen den verschiedenen Aspekten der menschlichen Psyche und den Institutionen der Gesellschaft, die auf die Bedürfnisse der menschlichen Psyche antworten, herzustellen. Dahinter steht der Gedanke, daß die Systeme der Kultur, also Wirtschaft, Staat, Wissenschaft, Religion, offenbar objektive Systeme oder Institutionen sind, die auf ebenso objektive Bedürfnisse der menschlichen Psyche antworten und je eine Seite der menschlichen Psyche „versorgen" oder deren Bedürfnisse befriedigen. Was daran interessant ist, ist, daß diese Art von Hermeneutik als eine hermeneutische Interpretation der Bedürfnisstruktur der menschlichen Psyche ganz objektivistisch ist. Sie versucht herauszufinden, welche objektiven Bedürfnisse welche objektiven Institutionen in der Gesellschaft hervorbringen. Die Wirtschaft ist in dieser Sicht auch nur ein Teil, eine objektive Institution im Gesamt der objektiven Institutionen oder Systeme der Kultur und als dieser Teil ist sie Kultur. Die Theorie der Wirtschaft ist nicht eine apriorische Theorie, oder, was Wirtschaft ist, ist nicht apriorisch durch eine formale Theorie der Rationalität zu erläutern, sondern Wirtschaft ist wie andere Institutionen der Kultur ein Institutionenbereich, der auf eine bestimmte Seite der menschlichen Psyche antwortet.

Schmoller übernimmt diesen Gedanken und erweitert ihn auch noch um die Idee, daß offenbar die Kultur in der Kausalität der Wirtschaft zugleich eine vermittelnde Funktion einnimmt, eine vermittelnde Funktion zwischen dem, was bei Marx Unterbau und Überbau heißt. Schmoller spricht davon, daß die Kultur ein „ökonomischer Zwischenbau" sei.[5] Dieser Begriff des ökonomischen Zwischenbaus ist für unsere Fragestellung von großer Bedeutung. Er impliziert eine Kritik, aber auch eine Erweiterung oder Vertiefung des Schemas von Basis und Überbau. Die Ökonomische Theorie sagt, daß die Verhältnisse des Marktes eine Art von Naturgesetzlichkeit haben, die sich aus den Knappheitsrelationen des Marktes ergibt, weil eben die Knappheitsverhältnisse so sind, wie sie sind, und daß sich aus ihnen die relativen Preise ergeben. Auf der anderen Seite gibt es das Rechtssystem und das System des Staates, die bestimmte Phänomene dieses an sich als naturwüchsig gedachten Marktes regulieren. Dann stehen wir jedoch vor der Schwierigkeit, daß offenbar ein ganzer Bereich der Kausalität der Beeinflussung unseres Verhaltens in der Wirtschaft außer Betracht bleibt, nämlich bestimmte Gesetzmäßigkeiten der Kultur, Gesetzmäßigkeiten, die verursachen, was wir im Markt nachfragen. Schmoller nennt diesen Kausalitätsbereich den kulturellen Zwischenbau der Wirtschaft. Es gibt eine Objektivität kultureller Phänomene, die bewirkt, daß das, was wir nachfragen oder was in der Wirtschaft nachgefragt wird, nicht nur auf naturwüchsige Knappheitsrelationen zurückzuführen ist, sondern bestimmt ist durch Moden, durch Gewohnheiten, durch Erwartungen, Peer-Groups usw. Dieser kulturelle Zwischenbau, zu dem natürlich auch unsere Überzeugungen über das, was unbedingte Sollens-Moral ist, gehören und was nur den kleineren Bereich der allgemeinen kulturellen Sollenserwartungen ausmacht, prägt in ganz entscheidendem Maße die vermeintliche Naturwüchsigkeit des Marktes und dient auch als ein Vermittlungsrahmen zwischen der Sphäre des Staates und der Sphäre des Marktes.

Wenn wir die Wirksamkeit kultureller Phänomene in der Wirtschaft besser verstehen wollen, werden wir auf die Theorie der Kulturwissenschaften als Theorie des objektiven Geistes und der Hermeneutik objektiver Institutionen geführt. Es gibt auch Ansätze, die von der literarischen Hermeneutik zu den Wirtschaftswissenschaften und der Wirtschaftsethik gelangen. Interessanterweise hat der Begriff „Hermeneutik" jedoch durch die starke Stellung von Hans-Georg Gadamer und rückblickend auch von Heidegger eine merk-

---

5 Vgl. KOSLOWSKI (1998), S. 287-304.

würdige Wendung weg von der Objektivität der Institutionen der Kultur zur Frage der richtigen Auslegung von Texten genommen. Gadamer betont zwar, daß Hermeneutik nicht nur, wie der ursprüngliche Begriff sagt, die Lehre vom richtigen Auslegen von Texten dort, wo der Sinn nicht sofort erkennbar ist, bildet, sondern daß sie auch eine Existenzialhermeneutik, eine Interpretation der menschlichen Existenz ist. Im Grunde hat er jedoch weggeführt von der Tradition der objektiven Geisteswissenschaften als Theorie des objektiven Geistes zur Geisteswissenschaft als literarischer und Existenzialhermeneutik. Um dies etwas zu erläutern: Es ist interessant, daß die Hermeneutik als Auslegungslehre zugleich eine Methode ist, wie wir unsere eigene Kultur auslegen, also auch die Alltagskultur, Moden, Popkultur bis zu den höchsten Formen der Kunst. Wie können wir eine Methodik der Interpretation dieser Phänomene entwickeln? Die Hermeneutik als Auslegungslehre kommt von der Auslegung vorgegebener Texte her, von der Hermeneutik der Auslegung der biblischen Texte oder auch juristischer Texte, wo der Text vorgegeben ist und der Sinn gesucht wird, wenn man ihn nicht gleich versteht.

Nun ist der Text der Kultur der Wirtschaft oder der Wirtschaft als Kultur nicht in derselben Weise vorgegeben wie in der Interpretation einer religiösen oder einer juristischen Dogmatik, bei denen es um die Auslegung der Text- oder Gesetzesbasis geht. In der kulturellen Hermeneutik der Wirtschaft geht es nicht um die Hermeneutik eines vorgegebenen Textes, sondern um die Hermeneutik oder Interpretation von Systemen des Verhaltens und Systemen der Deutung und des Sinnes sozialer Verhältnisse. Das Problem des Verstehens kann sich nicht nur auf das Verstehen vorgegebener Texte beschränken, sondern ist ein Problem des Verstehens der Systeme der Kultur.

Die Historische Schule der Geisteswissenschaften oder der Historismus ist nicht notwendig, wie häufig angenommen wird, ein historischer Relativismus. Es ist bemerkenswert, daß Dilthey selbst immer wieder versucht, auf den Vorwurf des Relativismus, daß die geschichtliche Relativierung von Sinnsystemen und Kulturen dazu führe, daß sie am Ende alle als gleich gut angesehen werden, zu antworten. Der Versuch, die Institutionen der Kultur als objektiven Geist zu fassen, ist ja gerade der Versuch, auf die Objektivität von Sinnstrukturen und auch von Sollensforderungen zurückzukommen und nicht nur zu sagen, sie sind von vornherein historisch vermittelt und daher relativ. Die Theorie der Kultur als eine Form der Objektivierung von Sinndeutungen muß über eine bloße Relativierung und eine bloße Hermeneutik von Gegebenem hinausgehen. Sie ist eine Art Realauslegung der objektiven Formen unseres Lebens.

III. Die Wirtschaft als objektiver Geist: künstlerische und wirtschaftliche Produktion

Wenn man die Geschichte der Kuturwissenschaften ansieht, stößt man auf Schleiermachers Theorie einer Ontologisierung des Verstehens und Erlebens. Schleiermachers Gedanke ist, daß es das allgemeine Leben gibt, das sich individuiert. Dieses individuelle Leben schafft individuierte Formen des kulturellen Sinnes, und der Betrachter oder Rezipient ist in der Lage zur kongenialen Nachschöpfung der künstlerischen und kulturellen Formen, weil auch er individuierte Form des allgemeinen Lebens ist. Vielleicht ist eine solche Theorie, daß wir kulturelle Phänomene verstehen, weil und wenn wir kongeniale Nachschöpfer der ursprünglichen Gedanken sind, etwas hoch gegriffen. Der Dirigent z.B., der ein Musikstück interpretiert, ist nicht der kongeniale Nachschöpfer des Komponisten, aber offenbar gehört zum Verstehen von Kulturphänomenen doch ein Moment des Nachempfindens.

Dilthey empirisiert Schleiermachers Theorie des Verstehens als Nachschöpfens stärker und stellt sich die Frage, was der Ursprung kultureller Gebilde, kultureller objektiver Formen der Ausdeutung und Darstellung von Sinn ist, aber er schließt durchaus an Schleiermacher an. Das ursprüngliche Phänomen der Kultur ist nach Dilthey das Erleben von Situationen, von Herausforderungen, von Problemlagen. Exemplarisch ist hier das Modell des Erlebens des Künstlers.[6] Der Künstler erlebt eine Situation als Aufforderung zum schöpferischen Tun, er gibt seinem Erleben Ausdruck, er objektiviert dieses Erleben und seinen Ausdruck zu einer Bedeutung, zu einem kulturell bedeutungsvollen Gehalt und bietet diese objektivierte Form des Erlebens dem Betrachter oder Rezipienten zum Verstehen und zum Nacherleben an. Das Ergebnis des Verstehens des Rezipienten ist daher ein Nacherleben des ursprünglichen Erlebens des Künstlers.

Dilthey überträgt die künstlerische Form des Erlebens auf alle Formen des kulturellen Verstehens. Die Form des Nacherlebens des künstlerischen Erlebens ist das Modell jedes kulturellen Nacherlebens des Erlebens, das den objektiven Formen der Kultur zugrunde legt. Man könnte kritisieren, daß Diltheys Theorie des Verstehens von Kulturphänomenen zu kunstorientiert sei. Er ist jedoch der Überzeugung, dies sei das Grundmodell des Verstehens. Diltheys Hermeneutik ist in einer Weise überzeugender als spätere Formen

---

6 Schön dargestellt in SPRANGER (1965), S. 210. Vgl. auch KOSLOWSKI (1987, ^{2}1988), S. 32ff.

der Existenzialhermeneutik wie bei Heidegger. Für das Verstehen objektiver Formen der Kultur ist die Analogie der Kunst besser als die Form der Existenzialanalyse oder des Verstehens von Existenzialien der menschlichen Existenz, weil sie auf objektive Inhalte der Kultur über die Existenzerfahrung hinaus zielt. Zentrale Methodik ist der Kreislauf des Verstehens, der aus der Bedeutung der künstlerischen Produktion genommen wird, wobei natürlich die Schwierigkeit besteht, daß viele kulturelle Phänomene nicht einer bewußten schöpferischen Produktion entspringen. Dilthey würde jedoch einwenden, daß selbst unbewußte Formen des Erlebens sich ihren Ausdruck in der Kultur suchen und dann objektiv und relevant werden.

Für die Wirtschaft ist von Bedeutung, daß die Analogie der künstlerischen Produktion besonders im Bereich der Wirtschaft nützlich sein kann, weil die Wirtschaft auch eine Sphäre des Hervorbringens und der Produktion ist. Produktion, Poiesis, ist zentral für die Wirtschaft und die Kunst. Die Wirtschaft ist der Bereich des Produzierens von Gütern, und diese Art der Poiesis oder Produktion weist Analogien zur künstlerischen Produktion auf, weil in der Wirtschaft wie in der Kunst das Produkt im Zentrum steht, und nicht wie in der Praxis etwa – um den Aristotelischen Gegenbegriff zu nehmen – die Form des sich Beratens oder wie in der Theorie die Form des Betrachtens. Das Gut, das Produkt steht in Wirtschaft und Kunst im Zentrum. Der wirtschaftliche Produzent hat das ja mit dem Künstler gemein, daß auch er eine Bedürfnissituation als Aufforderung zur Produktion erlebt. Wie der Künstler macht auch der wirtschaftliche Produzent in seinem Erleben einer Bedürfnissituation deren Befriedigung zum Zweck seines Produkts und antwortet auf sie mit einem Gut. Er muß wie der Künstler in der Lage sein, sein eigenes Erleben in ein objektives Produkt so umzusetzen, daß auch der Konsument sich selbst wiederfindet in seinem Erleben dieses Produktes.

In einer fortgeschrittenen Wirtschaft geht es nicht mehr um die Befriedigung von Grundbedürfnissen, sondern um die Befriedigung hoch kulturell vermittelter Bedürfnisse wie superiore Güter mit hohem kulturellen Zusatznutzen. In einer solchen Wirtschaft ist die Theorie des Kreislaufs des Verstehens von besonderer Bedeutung, weil der Produzent nur dann mit seinem Produkt erfolgreich ist, wenn er eine Bedürfnissituation so erlebt, wie sie dann auch der Konsument seines Produkts nacherlebt, wenn er dieses Produkt kauft. Das Produktionsproblem ist zu einem geworden, das nicht mehr nur darin besteht, möglichst billig im Sinne der Produktionskosten einen gegebenen Bedarf zu befriedigen. Das war vielleicht das ältere wirtschaftliche Problem oder die klassische Aufgabe des Unternehmers. Heute besteht das Problem eigentlich darin, ein Gut zu erfinden oder zu entdecken, dessen Ausdruckserleben vom Konsumenten so empfunden wird, daß er sich selbst in dem Erleben, welches das Gut oder Produkt hervorruft, so wiedererkennt, wie der Produzent dieses Gut konzipiert hat. Das zeigt, welche erhebliche hermeneutische Dimension die wirtschaftliche Produktion in unserer Zeit aufweist. In gewisser Weise unterscheidet sich die wirtschaftliche Produktion von der künstlerischen dadurch, daß der Künstler die Freiheit – aber auch die Last dieser Freiheit – hat, daß er seinem Erleben im Werk einen Ausdruck gibt, bei dem es ihm zunächst gleichgültig ist, ob der Rezipient seines Werkes dieses Erleben nacherleben und den Ausdruck verstehen kann oder nicht, während der wirtschaftliche Produzent sich diesen Luxus nicht erlauben kann, weil er sonst sehr schnell vom Markt verdrängt ist. Er muß einen Ausdruck seines Erlebens – im weitesten Sinn eines dinglichen Bedürfnisses, einer Problemlage für eine Dienstleistung oder eines Unterhaltungsbedürfnisses oder eines kulturellen Zusatznutzens eines Produktes – in seinem Produkt oder seiner Dienstleistung so antizipieren, daß sich der Nachfrager in ihm wiedererkennt und das Erleben des Produzenten als sein Erleben nacherlebt.

Wirtschaft als Kultur bedeutet, daß es um einen Prozeß der Vermittlung des Erlebens des Produzenten und des Rezipienten einerseits geht, aber auch um eine Antizipation des Erlebens des Rezipienten in der ursprünglichen Produktion des Produzenten. Der Kreislauf des Verstehens und Erlebens ist für die Rolle des Unternehmers als ganze und nicht nur für das Marketing von Produkten relevant. Seine Relevanz reicht bis in die Planung der Produkte aus dem Grunde hinein, weil die Grundbedürfnisse im allgemeinen ja befriedigt sind, so daß neue Bedürfnisse und Erlebenssituationen vom Unternehmen gefunden werden müssen. Die Märkte für bekannte Bedürfnisse sind nicht die Wachstumsmärkte. In einer hochentwickelten Wirtschaft liegen die Wachstumsmärkte im Bereich der kulturell vermittelten Güter. In ihnen wird Wirtschaft selbst zur Kultur, und die Methodik des Entwurfs der Produktion gleicht sich derjenigen der künstlerischen an.

Literaturverzeichnis

BOCK, M., HOMANN, H., SCHIERA, P (Hrsg.) (1991): *Gustav Schmoller heute: die Entwicklung der Sozialwissenschaften in Deutschland und Italien*, Berlin (Duncker & Humblot) und Bologna (Società editrice il Mulino).

KOSLOWSKI, PETER (1987; ^{2}1988): *Die postmoderne Kultur. Gesellschaftlich-kulturelle Konsequenzen der technischen Entwicklung*, München (C.H. Beck) (= Perspektiven und Orientierungen. Schriftenreihe des Bundeskanzleramtes Bd. 2).

KOSLOWSKI, PETER (1988; ^{2}1994): *Prinzipien der Ethischen Ökonomie. Grundlegung der Wirtschaftsethik und der auf die Ökonomie bezogenen Ethik*, Tübingen (J.C.B. Mohr [Paul Siebeck]).

KOSLOWSKI, PETER (1991a): „Der ökonomische Zwischenbau. Volkswirtschaftslehre als Ethische und Kulturelle Ökonomie", in: M. BOCK, H. HOMANN, P SCHIERA (Hrsg.): *Gustav Schmoller heute: die Entwicklung der Sozialwissenschaften in Deutschland und Italien*, Berlin (Duncker & Humblot) und Bologna (Società editrice il Mulino) 1991, S. 185-221.

KOSLOWSKI, PETER (1991b): „Ethische Ökonomie als Synthese von ökonomischer und ethischer Theorie", *Jahrbücher für Nationalökonomie und Statistik*, 208 (1991), H. 2, S. 113-139.

KOSLOWSKI, PETER (1991c): *Gesellschaftliche Koordination. Eine ontologische und kulturwissenschaftliche Theorie der Marktwirtschaft*, Tübingen (J.C.B. Mohr [Paul Siebeck]) 1991.

KOSLOWSKI, PETER (Ed.) (1995; 1997): *The Theory of Ethical Economy in the Historical School. Wilhelm Roscher, Lorenz von Stein, Gustav Schmoller, Wilhelm Dilthey and Contemporary Theory*, Berlin, Heidelberg, New York, Tokyo (Springer) (= Studies in Economic Ethics and Philosophy Vol. 7).

KOSLOWSKI, PETER (Ed.) (1997): *Methodology of the Social Sciences, Ethics, and Economics in the Newer Historical School. From Max Weber and Rickert to Sombart and Rothacker*, Berlin, Heidelberg, New York, Tokyo (Springer) (= Studies in Economic Ethics and Philosophy Vol. 16).

KOSLOWSKI, PETER (1998): „Culture as the Intermediate Structure of the Economy", in: H. LANGE, A. LÖHR, H. STEINMANN (Eds.): *Working Across Cultures. Ethical Perspectives for Intercultural Management*, Dordrecht, Boston, London (Kluwer), S. 287-304.

KOSLOWSKI, PETER (Ed.) (2000): *The Theory of Capitalism in the German Economic Tradition: Historism, Ordo-Liberalism, Critical Theory, Solidarism*, Berlin, Heidelberg, New York, Tokyo (Springer) (= Studies in Economic Ethics and Philosophy Vol. 22).

SPRANGER, EDUARD (1965): „W. Dilthey. Gedächtnisrede", in: E. SPRANGER: *Vom pädagogischen Genius. Lebensbilder und Grundgedanken großer Erzieher*, Heidelberg (Quelle und Meyer).

Kapitel 5

Modernisierung einer Relation: Ökonomie/Moral

BIRGER P. PRIDDAT

I. Von der Tugend zur wechselseitigen Vorteilsnahme. Aspekte der Verwandlung der Moral in Ökonomie

In der abendländischen Tradition war die Ethik ermächtigt, die Qualität ökonomischer Handlungen nach einem der Ökonomie fremden Maßstab zu bewerten, z. B. danach, ob sie ‚gut' sei. Was ökonomisch ‚gut' war, hatte sich gesondert noch vor dem Gerichtshof moralischer Urteilskraft zu verantworten, mit der Folge, daß bestimmte wirtschaftliche Operationen ethisch unerwünscht blieben, z. B. bei Aristoteles – mit andauernden Folgen für die mittelalterliche und frühneuzeitliche Ökonomie – der Wucher, aber auch jeder nicht-natürliche Handel.[1] Das ökonomisch ‚Gute', die Effizienz der wirtschaftlichen Handlungen, die bei Aristoteles dem ‚bloßen Leben' zugeschlagen ward, war nach dem Kriterium des ethisch ‚Guten', das durch das Telos des zu ‚vervollkommenden Lebens' charakterisiert war, minderen Ranges.[2]

In der Geschichte allerdings haben sich die ethischen Maßstäbe verschoben. Für eine Rekonstruktion des Verhältnisses von Ethik und Ökonomie wä-

---

1 Vgl. LANGHOLM (1998); zur aristotelischen Ökonomik vgl. KOSLOWSKI (1979), PRIDDAT (1989), zum Kontext WIELAND (1989).

2 SEEL (1981).

re es höchst aufschlußreich, z. B. für die Epoche des Mittelalters, zu zeigen, daß mit den Bedürfnissen des Handels und Geldverkehrs eine zunehmende Akzeptanz ehemals rigoros verworfener ökonomischer Vertragsformen zu verzeichnen war.[3] Die ältere Auffassung des Primats der Ethik vor der Ökonomie wandelt sich historisch in eine neue, bis dato unbekannte Gleichrangigkeit. Und damit verwandelt sich die Ethik selbst in die Richtung der legitimierten Ausweitung wirtschaftlich zweckmäßiger Handlungsmöglichkeiten.

Damit gewinnen wir einen ersten Hinweis auf die Funktion der Ethik in bezug auf die Wirtschaft: Sie begrenzt die ökonomischen Handlungsmöglichkeiten. Darin kollidiert sie systematisch mit der modernen Ökonomie, die als System der produktiven Erweiterung von Handlungsoptionen konzipiert ist. Solange die Ökonomie als eine potentiell unsittliche Veranstaltung betrachtet werden konnte – weil sie den individuellen (Erwerbs- oder Einkommens-) Vorteil vor die Standesordnung zu stellen vermochte –, konnte der Sphäre der Wirtschaft keine Autonomie zugestanden werden. Sie war dem Kriterium der Aufrechterhaltung bestimmter gesellschaftlicher und politischer Ordnungen unterstellt, d. h. eine Versorgungsveranstaltung, deren Erwerbscharakter die Hybris einer wirtschaftlichen Potenz und Macht heraufbeschwor, die den (aristokratischen) Tugenden der Ehre und Würde auf unwürdige Art Konkurrenz zu machen drohen konnte. Daß der Gelderwerb ‚unwürdig' sei, ist eine Interpretation aus der Sicht der älteren Adelsethik, die die Tugendmotive mit ihrem Herrschaftshabitus verband.[4]

3 Vgl. KNOLL (1967).

4 Bei Aristoteles läßt sich zeigen, daß das Motiv des Gelderwerbs vornehmlich den Fern- bzw. Seehändlern zugesprochen wurde, d. h. mehrstenteils den ‚Fremden', die der eigenen Polis eher nur zufällig zugeordnet erschienen. Zudem nivellierte der Seehandel die Konkurrenz der Städte und damit die militärischen Möglichkeiten, in der Arbeit des Krieges Ruhm zu gewinnen. Handel braucht Frieden; Geld und Ruhm stehen in systematischem Konflikt. Doch das stärkste Argument gegen den Gelderwerb, dem jedwelche Tugendhaftigkeit abgesprochen wurde, war die Infinalität des Erwerbs, die ‚schlechte Unendlichkeit', die keiner Tugendvervollkommnung fähig schien. Wer eine Tat nach dem älteren tugendethischen Kanon vollbracht hatte, war durch die Tat definiert und der Ehre oder des Ruhmes sicher, d. h. ‚den Göttern gleich', nämlich in gewisser Weise unsterblich. Ähnliches ließ sich für den Gelderwerb – nach den Kriterien der älteren Adelstugend – nicht behaupten, da es kein absehbares Ende der Reichtumsvermehrung gab. Der Händler war in seinem Tugendstatus nicht feststellbar. Wer Vermögen angesammelt hatte, konnte noch mehr ansammeln, ohne daß er durch diese virtuell unendliche Operation qualitativ in seinen Tugenden fixiert werden

Der Ökonomie haftete – seit sie bei Aristoteles zum ersten Male systematisch erörtert wurde – der Ruch der Vergleichung von Ungleichem an, d. h. eine egalisierende Tendenz, die es auch den in ihrem sozialen Status ‚Unwürdigen' erlaubte, Macht zu bekommen. Sie durchbrach das adelige Prinzip der familialen Abstammung und des ‚ritterlichen' Kompetenzerwerbs durch militärische Ehren. Nicht mehr die Singularität der adeligen Individualität, ihre thymotische, auf Anerkennung und besondere Achtung angelegte Qualität stand im Vordergrund, sondern die Erwerbskompetenz der Bürger. Diese hatten ihren Stand nicht von Geburt an oder durch unvergänglich erworbenen Ruhm aus militärischer Arbeit, sondern konnten ihn nur durch perennierende Leistung erwerben und behalten: durch ‚Handeln und Wandel'.

Daß dem Handel der Wandel konnotiert wurde, weist auf den instabilen Status der Bürger, die ihren Stand nicht ständig machen, sondern durch wechselseitige Vorteilsnahme klug bewahren und mehren konnten. Ihr Status war nicht durch die Anerkennung der Gleichgeborenen und ihres Mutes, ihrer Würde etc., sondern nur im Geschäft zu erlangen, d. h. durch individuelle Operationen im gesellschaftlichen Feld der Wechselseitigkeit von Verträgen.

In der Neuzeit wandelt sich das Ethos. Anstelle der ‚ritterlichen' Konkurrenz um Anerkennung der Ehre und Würde trat die Tugend der Vertragstreue, der Ehrbarkeit etc., d. h. soziale Kompetenzen, die eine andere Ethik erforderlich machten. Zugleich bescherten sie andere Konkurrenzen: Nicht mehr innerhalb eines Standes, sondern zwischen den, früher inkomparablen, Ständen. Die Tugenden wandelten sich, mit ihnen aber auch die ‚Erwerbsformen' der Tugenden. Denn vertragstreu zu sein, ist eine Verantwortlichkeit nicht nur sich selbst gegenüber (nämlich der, das ‚Beste' zu tun), sondern vornehmlich gegenüber den anderen, um seinen eigenen Zwecken gerecht werden zu können.

Die bürgerliche Form der Autokratie, die – aus der Sicht der adeligen Ethik – als ‚Selbstsucht' und ‚Egoismus' denunziert wurde, war aus der bürgerlichen Sicht selbst nur möglich, wenn sie gesellschaftliche Vereinbarun-

---

konnte. Gelderwerb blieb eine immerwährende, steigerbare Möglichkeit des menschlichen Seins, also kein Sein, das sein Telos vollenden könnte. Diese Kritik des ontologisch instabilen Status des menschlichen Lebens durch Gelderwerb war eine metaphysisch aufgeladene Beschreibung der potentiellen Bedrohung der ständischen Ordnung der Polis, die auf der Befürchtung (und Erfahrung) beruhte, daß durch den ‚Handel und Wandel' die Machtproportionen ständig verschoben werden würden (vgl. zum Verhältnis von Ökonomie und Politik bei Aristoteles PRIDDAT [1989]).

gen einhielt, z. B. vertragsrechtliche und proto- bzw. para-rechtliche Verläßlichkeiten. Der gescholtene ‚Egoismus' beruhte auf einer vorgängigen Handlungsverfassung, die bestimmte Verabredungen und ihre Einhaltung erfordert. Dies aber ist eine (neue) moralische Basis der Ökonomie, die um so stärker werden mußte, je weniger die alte Adels-Tugend-Ethik ihre – nunmehr ‚sachfremden' – Direktiven geltend machen konnte.

Doch ist die moralische Basis der Ökonomie eine der neuen Geltung der Wirtschaft angepaßte Moral, was nichts anderes heißen kann, als daß die Moral auch mit ökonomischen Gründen rechtfertigbar sein muß. Von der Illusion einer allgemeinen Moral befreit – d. h. von der Illusion, daß die Adels-Tugend-Ethik eine allgemeine Verhaltensanleitung biete, wo sie doch die einer spezifischen ‚Klasse' war[5] –, konnte die Differenzierung der Verhaltensweisen der verschiedenen ‚Klassen' der Gesellschaft nach ‚objektiven' Kriterien versucht werden: nach den Einkommensinteressen und den dazu gehörigen verschiedenen wirtschaftlichen Handlungspotentialen.

Die moderne Ökonomie beginnt – im 18. Jahrhundert – nicht zufällig als ‚Political Economy' Aufmerksamkeit zu erregen, d. h. als eine neue Einteilung der politischen Gesellschaft nach ihren Einkommensklassen, um einerseits die fortbestehende ständische Ordnung ökonomisch abzubilden, um aber andererseits die traditionellen Gründe für diese Ordnung aufzuheben. Der ‚Herrschaftsstand' des Adels verliert – aus der neuen ökonomischen Perspektive – seine Privilegien, da er nach seinen wirtschaftlichen Leistungspotentialen eingeschätzt wird. Er erweist sich als ‚unproduktiver' Stand, der nur aufgrund seines Grundbesitzes und seiner privilegierten Machtposition Renten beziehen kann, während der bürgerliche Stand sich dadurch auszeichnet, daß er – unabhängig von seiner politischen Eigentumszuweisung – durch eigene ‚produktive' Leistungen Vermögen erwerben und Kapital bilden kann.

Indem die ‚produktiven' Klassen als die eigentlich wertbildenen Instanzen der Gesellschaft identifiziert werden, geraten die adeligen Klassen in den Ruch des Parasitären.[6] Ihr Tugendkorpus erscheint als – illegitimer – Herr-

5 Dieser Wechsel war wesentlich durch die christliche Moral bedingt, die die moralische Gleichheit aller Menschen vor Gott postulierte und deshalb ein – am Gemeinde-Gedanken geschultes – tendenziell ‚republikanisches Potential' in die Welt setzte.

6 Weil sie diese, ökonomisch begründete, Umwandlung der traditionellen Statusbewertungen betrieb, geriet die Physiokratie im 18. Jahrhundert in Verdacht, die französische ‚Revolution' vorbereitet zu haben. Bei Adam Smith ist die Unterscheidung der ‚produktiven' von den ‚unproduktiven' Klassen noch schärfer aus-

schaftshabitus, dem die bürgerlichen Klassen ihre Erwerbskompetenz gegenüberstellen, der die Tugend der Vertragstreue, bald aber auch die abstraktere Tugend der Freiheit und Unabhängigkeit zugeordnet werden.

Die neue (bürgerliche) Moral hat völlig andere Probleme als die ältere adelige: Sie muß die Grenzen der Freiheit so festlegen, daß die Möglichkeit, frei und unabhängig zu handeln, nicht zum Nachteil der Freiheit und Unabhängigkeit der Anderen gerät.

Die ältere thymotische Konkurrenz der Adelsethik wird in eine neue Moral der Interessenkonkurrenz transformiert, die aber strukturell nicht egoistisch formiert ist, sondern den christlichen Impetus der ‚Nächstenliebe', wenn auch funktional verwandelt, in ihr Kalkül hereingenommen hat: Die Realisation des eigenen Vorteils bzw. des Interesses kann in der bürgerlichen Moral der Wirtschaft nicht unabhängig davon postuliert werden, daß die anderen ebenso ihre Interessen realisieren können.[7]

Moralisch daran ist die unbedingte Voraussetzung des gemeinschaftlichen Interesses an der Realisierbarkeit der individuellen Interessen (die im ausgestalteten Rechtsraum ins soziale Unbewußte bzw. in die Informalität ‚verschwindet').

---

gebildet; seine Political Economy kehrt die tradierte Standesordnung völlig um, da sie den kapitalinvestierenden Bürgern den (ökonomischen) Vorrang vor dem Adel, dem Militär und allen Dienstleistungen gewährte.

7 Wir haben es mit einer ‚heruntergekommenen' Form der christlichen ‚agape', der Nächstenliebe zu tun. Der bürgerliche Markthandlungsnexus simuliert die Nächstenliebe in jener Form des Altruismus, der für die anderen arbeitet, um seinen eigenen Vorteil gesichert zu wissen. Dabei ist man sich eines (naturrechtlich formulierten) Realismus gewiß, demnach nur derjenige den (‚armen') Anderen ‚geben' kann, der für seinen ‚Selbsterhaltung' bereits gesorgt hat. Alle asketischen Motive der ‚caritas' werden gelöscht. Die Nächstenliebe wird nicht mehr aus dem ‚Opfer', sondern aus dem ‚Überschuß' (‚surplus') geleistet (vgl. PRIDDAT [1990]). Der neue Realismus der Nächstenliebe besteht darin, die Kompetenz der ‚Geber' zu überprüfen: Nur wer für sich selbst (und seine ‚familia') zu wirtschaften verstand, ist in der Lage, den ‚Armen' zu ‚geben'. Wer seine eigene Lebenssituation für die anderen schmälert, gehört zu den potentiell asozialen Gesellschaftsmitgliedern, denn er verhindert, daß der unmittelbar fürsorgliche Akt in der Zukunft wiederholt werden kann. Wer – aus Selbstlosigkeit – für sich selbst nicht sorgen kann, ist auf die Dauer auch nicht in der Lage, für Andere zu sorgen. Der wohlmeinende Christ oder Moraliker, der seine Lebensmöglichkeiten caritativ schmälert, schmälert à la longue die Gesellschaft insgesamt.

Ökonomisch ist daran die Tatsache, daß die gemeinschaftliche Voraussetzung einer Marktverfassung nur die Bedingung der individuellen Zweckrealisationen darstellt, ohne deren Vollzug die Moral abstrakt bleibt. Nur die ökonomische Handlung aktiviert die Moral der Marktverfassung. Ohne die Ökonomie gibt es keine Moral der Ökonomie.

Die Moral – und das ist die signifikante Wende in der Aufklärung, dem historischen Entstehungsraum der modernen Ökonomie – gibt ihre motivationale Kompetenz ab an die Ökonomie, die als System individueller Anreize eine historisch völlig neue Qualität der Leistungserstellung in die Welt bringt.

Was die traditionellen Tugenden auszeichnete, war ihr unmittelbar motivierender Charakter, so und nicht anders zu handeln in der Absicht der Vollendung des ‚guten' Lebens. Die ökonomische Moral der Political Economy dagegen enthebt die Individuen der direkten moralischen Reflexion (der ‚Gewissenprüfung') ihrer wirtschaftlichen Aktionen, *ohne daß sie in toto amoralisch handeln.* Die Moral, die in der Tugendethik an persönliche ethische Leistungen geknüpft war, wird in das (Rechts-)System der Marktverfassung aufgehoben: Es genügt fortan, sein individuelles, interessegeleitetes Handeln nach den Regeln des Marktsystems auszuüben.

Dieses System ist moralisch konfundiert, ohne auf die Moral der einzelnen bauen zu müssen, wenn sie die Regeln des marktlichen Interaktionssystems einhalten und internalisieren. Damit wird ein moralischer Habitus erzeugt, der nicht mehr reflexiv ist, sondern eine allgemeine, alltägliche Handlungsklugheit entfaltet, die sich einer moralisch konstruierten Verfassung so gewiß sein kann, daß sie sie als konstante Handlungsumgebung mit wahrnimmt.

Die Moral der Ökonomie ist ins ‚kollektive Unbewußte' einer Marktverfassung gerutscht, die den Plafond bildet für das ‚freie Spiel der Marktkräfte', ohne daß man sich dieses Plafonds noch bewußt werden müßte.[8] Diese Voraussetzung erzeugt den Anschein der Amoralität der marktlichen Handlungskonkurrenz, so daß – im 19. Jahrhundert – der Staat als Garant der Marktverfassung und ihrer wohlfahrtsgeleiteten Reform in Erscheinung tritt. Er zeigt sich als offizielles Versicherungsinstitut der Gewährleistung der Marktverfassung (und konstruiert besondere Sozial-Versicherungsinstitute zur Etablierung von marktähnlichen Verhaltensmöglichkeiten in noch nicht vom Markt selbst besiedelten Terrains). Der Grund für die Auffassung, daß das ökono-

8 Nur an den Grenzen gibt es Irritationen, die als Auseinandersetzung über die Gültigkeit von Verträgen vom Rechtssystem behandelt werden.

mische System der Marktkonkurrenz amoralisch sei, wird im 19. Jahrhundert nicht mehr darin gesehen, daß es der Wohlfahrt abträglich sei, sondern vornehmlich darin, daß nicht alle Mitglieder der Gesellschaft als wirtschaftliche Leistungsträger auftreten können.

Wenn die Menge der Staatsbürger (citoyens) größer ist als die Menge der Wirtschaftsbürger (bourgeois), tritt die Moral in zwei Funktionen auf:

1. entweder als Bildungsgedanke, der es den bloßen oder Staatsbürgern erlaubt, Wirtschaftsbürger zu werden, oder
2. in der staatspaternalistischen Variante, denen, die es nicht von selbst können, ‚Wohlfahrt' durch Umverteilung der Einkommen zukommen zu lassen.

In beiden Fällen bekommt der Staat eine ‚sittliche' Funktion zugeschrieben, der sich in Fall (1) als Investitionsidee (in ‚human capital'), in Fall (2) als Transfer- bzw. Fürsorgeidee manifestiert – nun aber, anstelle individueller ‚caritas', als öffentliches Gut, integriert in eine reformulierte bonum-commune-Konzeption.

Beide Ideen sind ‚sozialethisch' motiviert. Der ‚Individualethik' oder Privatmoral gibt man im 19. Jahrhundert wenig Chancen, da sie nicht in der Lage zu sein scheint, die Anfangsausstattung zu beschaffen, die nötig ist, um Teilnehmer am System der marktwirtschaftlichen Konkurrenz zu werden. Privatmoral wird ein Luxus der ‚Reichen', die es sich erlauben können, caritativ zu sein bzw. auf bestimmte Handlungsoptionen verzichten zu können (und damit, als ‚Reiche', ihr ‚Gewissen' beruhigen können, indem sie, tugendhaft, die ältere Adelsmoral, d. h. Status kopieren).

II. Ökonomie der Moral

In der modernen Ökonomie kann man sich kaum noch vorstellen, daß früher die Ökonomie insgesamt verdächtigt werden konnte, eine unmoralische Sache zu sein. Wenn wir heute innerhalb der Ökonomie von Moral reden, dann aus einem entgegengesetzten Grund: Wir betrachten die Moral als einen Faktor wirtschaftlichen Funktionierens.

„The morality of economic agents influences their behavior and hence influences economic outcomes. Moreover, economist's own moral views may influence the morality and the behavior of others in both intended and unintended ways. Because economists are interested in the outcomes, they must be interested in morality".[9]

Indem die Moral ein *agens movens* des Wirtschaftens wird, ändert sich notwendigerweise die Auffassung von Moral selbst. Für das Verhältnis von Moral und Ökonomie wird

1. weiterhin – im Sinne der Tradition der praktischen Philosophie – anerkannt, daß die Moral *Verhaltensbeschränkungen* auferlegt, aber es wird zugleich
2. umgekehrt zu fragen gestattet nach der dadurch zu erlangenden *Ausweitung der Handlungsoptionen.*

Daraus entsteht

3. ein neues oder Effektivitätskriterium der Moral: *Nur diejenigen Restriktionen des ökonomischen Handelns sind moralisch legitimiert, die den Raum der Handlungsoptionen effektiv erweitern.*[10]

Wenn man moralische Normen früher als Verhaltensstandards betrachtete, die die Ordnung der Gesellschaft und ihrer Wirtschaft aufrechterhalten, dann war es nur angemessen, dann, wenn die Wirtschaft als Selbstorganisation identifiziert werden konnte, zwischen alten moralischen Normen und der Wirtschaft als System inhärenter Ordnungen zu unterscheiden. Die alten Normen, früher die einzige Form der Ordnung von Gesellschaft und Wirtschaft, erscheinen nun als externe, die Selbstordnung des Marktes störende Restriktionen. Seit Smith kennt die Ökonomie ihre eigenen Normen, die Marktordnung sui generis, gleichsam eine ökonomische Moral, gegen die die alte Moral als fremde Ordnung erscheint. Man muß sie nicht verdammen, aber als zusätzliche Restriktion der Marktwirtschaft notieren, und ihre besonderen Kosten vermerken.

Zwei Standards bilden sich heraus. Die radikale – liberale – Variante betont, daß es außerhalb der Marktordnung keine Moral zu geben braucht. Die andere Variante betont, daß dann, wenn die Marktordnung versagt, externe Ordnungen greifen müssen.

Wir können es – um den ökonomischen Charakter dieser Moral der Ökonomie herauszuheben – eine ‚incentive'-Moral nennen.[11] Der nur-restriktive Ge- und Verbotscharakter der älteren Moral wird in eine *relationale Restrik-*

---

9 HAUSMAN u. MCPHERSON (1993), S. 671.

10 Unter folgender Nebenbedingung: daß der bestehende Handlungsraum unangetastet bleibt. Vor allem soll die Erweiterung der Handlungsoptionen nicht auf Kosten der Handlungsoptionen anderer gehen (Pareto-Superiorität).

11 Vgl. HOMANN u. PIES (1993), Abschn. 43.

tion verwandelt, die rational erwägen lassen kann, ob der ,Nutzen' der Erweiterung des Raumes der Handlungsoptionen die ,Kosten' der Handlungsbeschränkung überwiegt.

Eine solche Betrachtungsweise ist innerhalb der moralphilosophischen Tradition unüblich; man betrachtet die Moral gemeinhin als gegeben, allgemein gültig und nicht unter Zweckmäßigkeitserwägungen. Zweckmäßigkeitserwägungen zur Moral bedeuten nichts anderes, als daß sie nur dann als gültig anerkannt wird, wenn sie nützlich ist. Es kommt vornehmlich nicht auf das moralische Prinzip an und die daraus sich ergebende Haltung, sondern auf die Fähigkeit, die prinzipiell begründete Moral auch tatsächlich ,lokal' anzuwenden. In diesem Sinne ist der ökonomische Umgang mit der Moral eine *Erweiterung* der traditionellen Verhältnisbestimmung von Ökonomie und Moral.

Die moderne Inversion der älteren, *die Ökonomie subordinierenden Moral* in eine *Moral der Ökonomie* entlastet den abendländischen moralphilosophischen Diskurs von der Vorstellung, daß die politisch-ökonomische Ordnung einzig und allein durch Vorschriften über normativ zugelassene Handlungsmöglichkeiten Bestand haben würde.

Die ökonomische Perspektive der Moral betrachtet die moralischen Standards oder Normen als kollektive Vereinbarungen über Handlungsmöglichkeiten zum wechselseitigen Vorteil. Dabei ist es unerheblich, ob die moralischen Standards bewußt vereinbart wurden[12] oder ob sie das Ergebnis einer andauernden Einübung faktischer Interaktionen sind.

Als – bewußte/ formelle oder unbewußte/ informelle – kollektive Regelungen bilden sie bestimmte Muster an Verhaltenskonformität, die nicht einzuhalten den ,free-riders' Nachteile erbringt, die sie kalkulieren können. Wenn allerdings die Vorteile der Nichteinhaltung der kollektiven Regeln anwachsen, verliert die Regel ihre Legitimation.

„Normativität, die die Gestaltung gesellschaftlicher Institutionen anleitet, geht schließlich in die Regeln des menschlichen Zusammenlebens ein, wird zur Struktur, gewinnt Selbstverständlichkeit und verliert mit der Zeit ihre Kenntlichkeit als Normativität. Im gesellschaftlichen Entwicklungsprozeß wird Normativität also positiv abgearbeitet: durch Institutionalisierung. Aus dieser Perspektive erscheinen Regeln als sedimentierte Moral. Ihre Befolgung entlastet die Individuen von der Notwendigkeit, jede einzelne ihrer Handlungen einer Kompatibilitätsprobe mit moralischen Imperativen zu unterziehen.

12 Vgl. z. B. die moralphilosophischen Erörterungen des ,Konsenses' (resümierend: GIEGEL [1992]).

Dadurch läßt sich die Komplexitätsbearbeitungsfähigkeit einer Gesellschaft erheblich steigern. Die Entwicklungslogik lautet: *Moralische Handlungsintentionen werden durch Regeln substituiert.*[13]

Eine solche Interdependenz ist nicht von vornherein transparent. Da der dynamische Markt ein offenes System ist, kann die Dimension der Geltung wechselhafter Vorteilhaftigkeit nicht aus den faktisch abschließbaren (Tausch-)Verträgen bestimmt werden, sondern hat einen Investitions-Tensor, der künftige Vertragsmöglichkeiten avisiert. Der Aktualmarkt ist ein Nexus von faktischen und erwarteten Verträgen; viele der faktischen Verträge werden nur in Hinblick auf erwartete Verträge, d. h. auf zukünftigen Profit aus zukünftiger Nachfrage auf zukünftiges Angebot, geschlossen. Investitionen sind Optionen auf zukünftige erweiterte Handlungsmöglichkeiten. Dafür ist nicht nur die individuelle Investition vonnöten, sondern auch die Ermöglichung von Handlungen anderer aus der Erwartung der Investition der einen.

Nicht die singuläre, durch den individuellen Vorteil angereizte Handlung ist der entscheidende Operator der Marktwirtschaft, sondern die Tatsache, daß parallel mannigfaltige Handlungen dieses Typus stattfinden, die die Möglichkeit vertraglicher Konnotationen (und damit der ‚wechselseitigen Vorteilnahme') erhöhen. Zudem produzieren die individuellen Operationen positive externe Effekte, d. h. sie zeigen den anderen Akteuren Handlungsmöglichkeiten, die sie vorher nicht wahrgenommen hatten.[14]

Die Ausweitung von Handlungsmöglichkeiten ist ein modernes Telos, das die Anforderungen an die Moral signifikant ändert. Zwar wird der Charakter der ‚Moral als qualifizierter Restriktion' beibehalten, aber nicht mehr ‚parametrisch' an der Ökonomie externen Ordnungsschemata orientiert, sondern ‚variabel' auf die Prozeßgestalt der Wirtschaft bezogen.

Die moralischen Restriktionen, d. h. die Einschränkungen oder Festlegungen von Handlungsmöglichkeiten, werden nunmehr selbst zum Objekt

13 PIES (1993), S. 66; vgl. ebenso HOMANN u. PIES (1993).

14 Jede erfolgreiche Handlung ist gleichsam eine Information für Andere, das Gleiche oder etwas Ähnliches tun zu können. Es reicht nicht, über eine Situation ‚vollständig informiert' zu sein – eine sowieso idealische Annahme –, wenn nicht auch das Vertrauen dazukommt, die Situation auch tatsächlich nutzen zu können – ein Problem, das vornehmlich dann entsteht, wenn es eine neue Situation ist. Die Kenntnis aller relevanten Daten muß für die gewöhnliche *rational choice* ausreichen, um hinreichende Handlungsmotivation zu erzeugen. Oft reicht das aber nicht: Es fehlt das soziale Vertrauen, etwas zu tun, was andere anerkennen. Dieses Vertrauen wird dadurch hergestellt, daß andere in solchen Situationen als Handlungsvorbilder agieren.

ökonomischer Entscheidungen, die beurteilen, welche ,moral restriction' oder ,moral obligation' den Vorteil erbringt, die Menge der Handlungsmöglichkeiten entweder zu erhöhen oder ihren Bestand zu erhalten.

Diese Typusänderung der Moral in wirtschaftlichen Angelegenheiten faßt die ,moral restriction' nicht limitational eingrenzend auf, sondern ,produktiv'.[15]

Die ökonomische Moral – wenn wir für die Typusänderung der Moral diesen Begriff einführen wollen – dient dazu, bestimmte ,incentives' zu setzen, um Handlungsmöglichkeiten ergreifen zu lassen, die bisher außerhalb des Wahrnehmungshorizontes und der Kompetenz der Wirtschaftssubjekte lagen.

Im erweiterten Handlungsraum der modernen Ökonomie operiert die ältere Moral, die weiterhin gilt oder in Anspruch genommen wird (weil sie unsere gewöhnlichen Vorstellungen von ,Moral' bestimmt), unqualifiziert restriktiv. Drei neue Aspekte sind auffällig:

1. Die Realisation individueller ökonomischer Handlungen ist keine unmoralische Operation, sondern erfordert Regeln, die die Legitimität der jeweiligen individuellen ökonomischen Handlung gewährleisten – die einzige Garantie für deren Fortsetzbarkeit, d. h. für die Möglichkeit, im Geschäft zu bleiben.

Würden die individuellen ökonomischen Handlungen allein darauf ausgerichtet sein, aktuelle Vorteile zu nutzen, würden sie sich nicht von Situationen einseitiger Willkür und machtförmiger Usurpation unterscheiden. Da ihre Macht aber abhängt von der wechselseitigen Gewährleistungskompetenz, bleibt den bürgerlichen oder wirtschaftlichen Handlungssubjekten nichts anderes, als ihre aktuelle Position in der nächsten Marktlage wieder zur Disposition zu stellen, d. h. ihr aktuelles Handeln in Hinblick auf die Möglichkeit zukünftiger Handlungen zu reflektieren.

2. Das marktliche Allokationssystem selektiert aus der Menge vieler Handlungsmöglichkeiten diejenigen aus, die tatsächlich realisiert werden können. Die Preise sind Zeichen für die Begrenztheit des jeweiligen Handelnkönnens – im doppelten Sinne: Zeichen für die Knappheit des Ange-

15 Vgl. dazu I. Pies' ähnliche Argumentation für eine neue Begründung des modernen Freiheitsbegriffes (PIES [1993], Kap. 5.4, bes. S. 222f.). Vgl. ebenso J. Rawls' Konstruktion der Bedingungen von Freiheit und Gleichheit im moralischen Urzustand hinter dem ,Schleier der Ungewißheit', der die „Idee einer rationalen, angemessenen Einschränkungen unterworfenen Entscheidung" (RAWLS [1992], S. 157) formuliert.

bots und Zeichen für die Knappheit der eigenen Budgets. Zwischen beiden Knappheiten bildet sich der Anreiz für die Steigerung der Leistungsfähigkeiten: der Herstellung von zusätzlichem Angebot und der Einkommensvermehrung, um das zusätzliche Angebot auch nutzen zu können.

3. In diesem Sinne ist das ‚Marktversagen' ein Zustand der moralischen Überforderung der Einzelnen, die aus der mannigfaltigen Menge intransparenter Handlungsfolgen verantwortlich diejenigen aussuchen sollen, die nicht nur ihren eigenen Vorteil wahren, sondern zugleich auch die perennierende Möglichkeit der weiteren Vorteilsnahme gewährleisten.

Im ‚Marktversagen' fällt die Ökonomie wieder in einen Zustand vorbürgerlicher Verhältnisse, in der die Macht der einen die Unterordnung der anderen erzwingen kann. Das System ‚wechselseitiger Vorteilnahme' zerfällt in diverse Systeme ‚einseitiger Vorteilnahme', die wiederum nur durch eine (zentrale) Macht austariert werden können, die selber wiederum einen ‚einseitigen Vorteil' aus dieser ordnenden Aufgabe ziehen kann; z. B. die Stabilisation politischer Macht. Die Herstellung moralischer Ordnung geht auf Kosten der ‚Wechselseitigkeit' der individuellen Handlungsfreiheiten.

Dabei ist Folgendes zu unterscheiden: *Moral erzeugt immer Kosten, die als Einschränkung bestimmter Handlungsmöglichkeiten sichtbar werden.* Wenn die Einschränkung bestimmter individueller Handlungsmöglichkeiten aber zugunsten bestimmter gesellschaftlicher Machtzentren geschieht, wird die moralische Symmetrie durchbrochen, die die ‚moral restriction' virtuell für alle Beteiligten vorsieht. Wenn der durch die Moral erzeugte Nachteil aller zum Vorteil einzelner gereicht, ist der alteuropäische Moraltypus rekonstituiert, den die moderne ökonomische Moral überwinden wollte. Hier läßt sich – eine schwach definierte – ‚golden rule' einführen, die nur diejenigen Vorteile einzelner legitimiert, die nicht auf Kosten der Handlungsmöglichkeiten aller gehen.

Diese – in der Wohlfahrtsökonomie als Pareto-Kriterium reüssierte und präzisierte Regel – wird der marktlichen Dynamik einer Kapitalwirtschaft gerecht, in der einzelne systematisch Vorteile vor anderen erwirtschaften, ohne daß dies aber zum Nachteil der anderen geschehen muß, wenn die gelungenen Investitionen das Einkommen anderer heben bzw. insgesamt das Sozialprodukt.[16]

16 Darin ist mitgedacht, daß im Fall des Nichtgelingens der singulären Handlung der dadurch entstehende Nachteil nur das ‚wagende' Subjekt trifft, nicht aber die anderen.

Doch ist die Redeweise vom allgemeinen, wohlfahrtsgenerierenden Vorteil erwerbswirtschaftlichen Handels in der Tradition Adam Smiths zu einseitig auf die kapitalökonomische Generierung von Einkommen ausgerichtet; sie interpretiert die Leistung der marktwirtschaftlichen Ordnung als Erfüllung einer spezifischen moralischen Funktion, ohne daß dadurch aber die Ökonomie der Moral selbst ins Blickfeld kommt.[17]

Die Ökonomie der Moral erfassen wir erst, wenn wir die Moral zum einen selbst als kostenträchtige Handlungsvorschrift betrachten, zum anderen aber ihren spezifischen Nutzen herausstellen, der es dann erlaubt, Situationen zu identifizieren, in denen es ökonomisch klüger ist, moralisch zu handeln.[18]

„Moral erzeugt Kosten. Aber diese Kosten sind Investitionen in ein Vertrauenskapital, dessen Rendite in der Schaffung stabiler Handlungserwartungen, und das heißt sinkender Transaktionskosten, besteht".[19]

Stabile Handlungserwartungen sind hier definiert über sinkende Transaktionskosten. Diese Definition ist etwas ungenau, da die sinkenden Transakti-

---

17 Diese in der Marktökonomie erblickte *Moral ohne Moral* ist Adam Smith's spezifische theoretische Leistung, wenn er vom Wirken der ‚invisible hand' redet (vgl. PRIDDAT [1997]). Dabei entlastet er die Handlungssubjekte von der Befolgung moralischer Maximen, ohne daß ihre Handlungsergebnisse letzthin unmoralisch sind. Die Kritik dieser genialen Idee der Aufklärung berief sich auf das nicht von der Hand zu weisende Argument, daß jemand, der nicht-moralisch handle, zwar durchaus moralische Ergebnisse produzieren könne, aber nicht als moralisches Wesen, sondern als Wirtschaftssubjekt, Mensch etc. In einem solchen Prozeß könne sich das Subjekt aber nicht als moralisches ausbilden, d. h. keine Tugenden erwerben. Fortan schied sich eine System-Moral von der älteren Tugend-Moral. Es war somit gesichert, daß das ökonomische Geschehen kein a priori unmoralisches war, sondern daß allein die Tugenden auf der Strecke blieben (vgl. dazu die Ausführungen über A. Smith in PRIDDAT [1990], S. 157ff. und in PRIDDAT [1992], Abschnitt 4). Wer aber garantierte, war die Sorge, die Fortdauer des moralischen Systems? – eine Frage, die als ‚soziale' das 19. Jahrhundert beherrschte, mit der Antwort, daß bei dem modernen Mangel an individueller Moral der Staat einspringen müsse mit einer präventiven Moral – der Sittlichkeit. Der Terminus ist deutsch und unwichtig, aber in der Sache ist eine allgemeine Norm gemeint, der jeder folgen muß, selbst dann, wenn er meint, ihr – als freier Mensch – nicht folgen zu brauchen. Es ist die institutionalisierte Norm des Rechtes – ein auch bei Smith unhintergehbares Institut, über das nur noch insofern gestritten wird, ob das Privatrecht ausreiche oder durch ein öffentliches ergänzt werden müsse.

18 HEGSELMANN, RAUB u. VOSS (1986); MERAN (1990).

19 WIELAND (1992), S. 17.

onskosten – genauer gesagt – nicht von vornherein stabile Handlungserwartungen schaffen, sondern überhaupt erst Handlungsmöglichkeiten kreieren, wo bisher keine Optionen möglich waren. Sinkende Transaktionskosten sind ‚incentives', bestimmte Handlungen überhaupt erstmalig zu wagen, indem sie die ‚Eintrittskosten' senken, d. h. indem sie bestimmte Operationen allgemein verfügbar machen. Inwieweit diese Handlungsmöglichkeiten ‚stabil' genannt werden können, bleibt ungewiß, da das ‚Vertrauenskapital' eine von der Geltung der Moral abhängige Variable ist. Wenn es die Absicht der ökonomischen Moral ist, „stabile Handlungserwartungen dadurch zu schaffen, daß man sich selbst festlegt und damit Anreize für Andere schafft, sich auch festzulegen"[20], dann bleibt die ‚moral institution', die hier benannt ist, eine kontingente Angelegenheit, deren Gelingen von der Akzeptanz der eigenen ‚moral action' durch die anderen abhängt. Dieser ‚commitment-effect' bleibt prima facie auf Situationen begrenzt, in denen keine eindeutigen Marktrelationen existieren, nämlich auf Proto-Märkte oder aber – bedeutsamer – innerhalb von Organisationen.[21] Doch wird in der neueren Institutionenökonomie der Umstand erörtert, daß die Markttransaktionen selber auf formellen (rechtlichen) und informellen Regeln basieren. D. h. nichts anderes, als daß der ‚commitment-effect' so selbstverständlich geworden ist, daß er nicht mehr als besondere Erwartungsstruktur reflektiert wird; die Marktakteure haben ihn konventionalisiert. Nur in der Enttäuschung des Betrugs taucht er als rechtlich zu korrigierender Tatbestand wieder auf.

Daran zeigt sich, daß möglicherweise der Markt eine historisch konventionalisierte ‚commitment'-Struktur hat, d. h. eine *built-in-morality*, die so selbstverständlich geworden ist, daß sie nicht mehr exklusiv als Moral der Ökonomie thematisiert wird. Folglich bezieht sich die Moral, die innerhalb der Ökonomie zum Problem wird, auf neue, noch nicht konventionalisierte Marktbereiche, in denen noch keine spezifischen Erwartungsstrukturen habitualisiert worden sind.

---

20 WIELAND (1992), S. 24.

21 Darin gewinnt die Moral innerhalb der Ökonomie ihre Bedeutung, daß sie Handlungsoptionen dort schafft, wo die ökonomischen ‚incentives' versagen. Das mag innerhalb von Unternehmen eine große Rolle spielen (hier gewinnt die ‚Unternehmensethik' praktische Relevanz; vgl. besonders WIELAND [1994], aber auch vor allem WIELAND [1999]), aber auch in der Volkswirtschaft, wenn die Moral entweder in neue (z. B. ‚ökologische') Märkte einzuüben beginnt oder aber nicht-marktfähige Handlungssphären kreiert, seien es ‚non-governmental institutions', ‚intermediäre Organisationen', kommunale Selbstorganisationen etc.

Gelingt die moralische Verpflichtung auf Wechselseitigkeit[22], ist ein institutionelles Arrangement getroffen worden, das unterhalb der eindeutigen Interaktionsmodalität von Märkten funktioniert, aber deren Versprechen auf ‚wechselseitige Vorteilhaftigkeit' so simulieren kann, daß man sich quasimarktlich zu verhalten traut. Solche ‚moral markets' sind ökonomische Proto-Märkte, deren moralisch verpflichtete Zusicherung von Leistung und Gegenleistung über die Zeit preisfähig werden kann.

Doch ist gleichzeitig die moralische Kommunikation, die in der Terminologie von ‚Vertrauen' und ‚Verpflichtung' vonstattengeht, höchst anfällig für Mißinterpretationen (durchaus auch strategischer Art, im Sinne eines ‚free-riding'), da die Rigidität des Preissystems fehlt, die „normative Unschuld des Marktgleichgewichts".[23] Der Vorteil des Marktsystems, dessen Funktionieren auf einer „minimale[n] Kooperationsbereitwilligkeit der beteiligten Gesellschaftsmitglieder" beruht, d. h. „auf einer Verdünnung des gegenseitigen Bekanntheitsgrades"[24], verliert seine Signifikanz dort, wo das Vertrauen in die eigene Handlungs- und Wagniskompetenz nachläßt.

Hier bekommt die Moral funktionale Bedeutung, indem sie „trust groups" bildet, die in kollektiver Kooperation Handlungsmöglichkeiten erschließen, die sie individuell nicht zur Verfügung hatten oder zu haben meinten. Der Vorteil der sich einer Regel unterstellenden kollektiven Kooperation läßt sich mit ‚Bekannten' eher erreichen als mit ‚Fremden'. Die in Hinblick auf das Ferngleichgewicht der Marktallokation als unzulänglich erfahrenen ‚incentives' werden im Nahgleichgewicht der Kooperationsgenossenschaft reetabliert.

Es liegt nahe, diese allgemeine Fassung einer moralischen Ökonomie nicht nur auf die besonderen Fälle der ‚non-markets' zu beschränken – dort

---

22 Z. B. als ‚impliziter Kontrakt' (OKUN [1980]): „Unter ‚impliziten Kontrakten' werden wechselseitige Versprechen zwischen Unternehmung und Belegschaft verstanden, die, obwohl sie nicht schriftlich niedergelegt sind, gleichwohl beide Seiten binden" (BERGER [1992], S. 193). Okun schränkt die Geltung ‚impliziter Kontrakte' ein auf eine Handlungssphäre, „that incorporates a sense of mutual respect and a consensus on principles of fair play and good faith" (OKUN [1980], S. 8). Dic Analyse der ‚impliziten Moral' der ‚impliziten Kontrakte' muß die konkreten Bedingungen ihrer Geltung herausfinden, d. h. unter welchen Bedingungen Vertrauen sich längerfristig auszahlt. Wir haben es mit einem Beispiel *relationaler Moral* zu tun, deren Prinzip – ohne Analyse der Handlungssituation – nichts aussagt.

23 BERGER (1992), S. 174.

24 STREISSLER (1980), S. 4.

wird ein moralisches ‚commitment' als gesondertes Verfahren oder institutionelles Arrangement etabliert –, sondern auch als Grundlage des Markthandelns zu nehmen, nur daß die Preis-Terminologie der Marktsprache dieses Procedere gleichsam internalisiert und die Kommunikation auf spezifische, eindeutige Codes gebracht hat.

Definitive Angebote erzeugen definitive Nachfragen (in einer Preis/Mengen-Terminologie), d. h. stabile Handlungswartungen, ohne daß diese Erwartungen sich decken müssen. Aber darauf kommt es hier vorerst weniger an, sondern auf die Tatsache der wechselseitigen Festlegung, die einen spezifischen Raum der Handlungsmöglichkeiten überhaupt erst eröffnet.

Doch täuscht diese Verallgemeinerung. Das ‚moral commitment' ist den Markthandlungen zwar implizite unterlegt, aber die Markthandlungen sind explizite keine ‚moral actions'[25], da die Gewährleistung der wechselseitigen Stabilisierung von Handlungserwartungen durch das Rechtssystem übernommen wird, dessen Regeln die Marktteilnehmer habitualisiert haben. Neben den formellen Regeln des (Privat-)Rechtssystems, das die Vertragspflichten ordiniert, existieren noch informelle Regeln des Marktverhaltens, die allerdings nur so lange sanktionierbar sind, bis sie – um eines größeren Nutzens willen – durchbrochen werden.[26]

Das Marktsystem beruht zwar auf einer Handlungsverfassung, die rechtlich und z. T. informell sanktioniert werden kann; was aber in der theoretischen Analyse getrennt gehalten werden kann, fällt in der ökonomischen Handlung *uno actu* zusammen. Zwar kann die moralische Absicht, die aktuelle individuelle Handlung so auszuführen, daß sie noch weitere Handlungen vertrauensvoll wird folgen lassen können, bewußt gewollt werden, aber der normative Impetus dieser Absicht kann in jeder Situation fallengelassen werden, wenn der Nutzen des Verstoßes größer zu sein scheint als der seiner Befolgung.

Die Moral des ‚moral commitment' hat solange ihre Geltung, solange sie allen Beteiligten Vorteile bietet, die sie ohne das moralische Arrangement nicht erlangen könnten. Dabei nützt es wenig, darauf zu verweisen, daß die Moral ausdrücklich die Aufgabe habe, das eigene Handeln in Hinblick auf die Wirkungen auf das Handeln der anderen zu reflektieren. Moralische Handlungen werden nur solange für sinnvoll erachtet und ausgeführt, solange sie bei der Beachtung der Handlungen der anderen Rücksicht nehmen auf die eigenen Handlungsinteressen. Eine Moral, die systematisch Opfer bringt für

25 Vgl. HAUSMAN (1989).

26 Vgl. dazu NORTH (1990).

die anderen, devaluiert längerfristig die moralische Intention (bzw. die ‚gute' Absicht), da moralisch zu handeln bedeutet, die eigene Kompetenz, moralisch handeln zu können, aufrechtzuerhalten.[27]

Folglich ist die Institution moralischer Arrangements ‚instabil', da jeder der (freiwillig) Beteiligten virtuell einen Vorteil in der Nichtbefolgung der anerkannten Regel finden kann, der den ursprünglichen Anreiz, am ‚commitment' beteiligt zu sein, in sein Gegenteil verwandeln kann. Der ‚wechselseitige Vorteil' besteht solange, solange eine hinreichende Zahl der Beteiligten ihn wahrnimmt. Jede ‚moral institution' steht in Konkurrenz zu den Marktprozessen, die für manche der moralisch Beteiligten in bestimmten Situationen Substitutiva bieten kann, die die moralische Vereinbarung dann hinfällig werden lassen.

Die Chance des ‚moral commitment' besteht allein in dem Umstand, daß in bestimmten Situationen keine Marktsubstitutiva existieren und daß die Transaktionskosten für die Bildung alternativer ‚moral institutions' höher sind als die Kosten der Beibehaltung vorhandener ‚moral institutions'. Entscheidend für diesen spezifischen Mangel an moralischen Alternativen ist, neben den prohibitiv hohen Kosten der Neubildung, die notorische Ungewißheit des Gelingens der moralischen Wechselseitigkeit. Deshalb haben ‚moral institutions' einen hohen Persistenzwert: Effizient wirksame ‚moral institutions' sind relativ selten, so daß ihre Existenz allein schon hinreichend sein kann, um ihre Geltung anzuerkennen.

Dieser ‚Strukturkonservatismus' moralischer Institutionen beruht allerdings auf noch nicht erörterten Gründen, die mit der oben erwähnten Funktion der Stabilisierung von Handlungserwartungen zusammenhängen. Gelingen (die relativ unwahrscheinlichen) ‚moral institutions', bilden sie eine relativ stabile Handlungssituation, die sich vor allem durch Persistenz auszeichnet.

‚Moral institutions' werden zu stabilisierten Handlungsumwelten innerhalb eines flottierenden Systems changierender Situationen. Ihre spezifische Trägheit und normative Imprägnation der Handlungserwartungen, d. h. ihre spezifische Ineffizienz im Verhältnis zu den flottierenden Situationswechseln macht sie zu einem Faktor der Entlastung rationalen Handelns. Als definitive und zeitüberbrückende Situationsbestimmung bietet die ‚moral institution' für die Individuen den Vorteil, sich nicht ständig neu entscheiden zu müssen.

27 „Um herauszufinden, welche moralischen Forderungen wir vernünftigerweise akzeptieren können, müssen wir moralische Forderungen letztlich auf ihre lebenserhaltende Funktion hin befragen" (MERAN [1990], S. 70; vgl. auch S. 69).

Diese Aussage scheint nicht in eine Theorie rationalen Handelns zu passen, die zu den Voraussetzungen ökonomischer Theorie gehört[28], aber sie erklärt etliche empirische Phänomene wirtschaftlichen Verhaltens, vor allem die Existenz ineffizienter Institutionen.[29] Die Aussage, daß ‚moral institutions' für die Individuen den Vorteil haben, sich nicht ständig neu entscheiden zu müssen, läßt sich wie folgt präzisieren:

Moralische Arrangements bilden sich vornehmlich in Situationen rationaler Indifferenz.

Das Phänomen rationaler Indifferenz entsteht in rationalen Handlungswelten, deren Telos permanente Entscheidbarkeit lautet. Sich nicht entscheiden zu können, ist unter der Perspektive rationaler Handlungsgewohnheiten eine ‚Untugend'. Hier wird die „moralfreie Zone" des Markthandelns[30] zu einem ‚social pattern', das normative Effekte erzeugen kann. Sich nicht zu entscheiden in einer durch rationale Wahlhandlungskompetenzen definierten Handlungswelt wird im Handlungssystemkontext automatisch zu einer Entscheidung, die allerdings nicht ‚getroffen', sondern dann hingenommen wird. Damit aber gerät das moderne Handlungsbewußtsein in Konflikt mit seinem Rationalitätsanspruch, den es *in situ* nicht erfüllen kann. Man unterschätzt gemeinhin die Krisis dieser Situation, die dann durch kontingente oder ad hoc Entscheidungen *pari passu* aufgelöst wird, aber mit ‚schlechtem Rationalitätsgewissen', d. h. mit einem Bewußtsein der individuellen Inkompetenz, das als Unsicherheit die weiteren Entscheidungen begleiten kann.

Wenn das der Fall ist, löst sich die scheinbar „unpersönliche Ordnung"[31] des Markthandelns in eine persönliche Enttäuschung über das ‚rational failure' auf, und die ‚moralfreie Zone' erweist sich in ihren Bedingungen der ‚freien, unabhängigen, rationalen' individuellen Handlung als normative Anforderung an die Entscheidungssubjekte, die ihnen – methodologisch unerwartet – ein ‚Gewissen' erzeugt, das die Disposition zum Beitritt in ‚moral arrangements' erhöht.

Entscheidungsindifferenzsituationen entstehen überall dort, wo die Kompetenz zur Substitution nicht ausgeprägt oder gar nicht vorhanden ist. Diese Fähigkeit zu erwerben, ist ein Zivilisationsakt, der voraussetzt, daß man die eigenen Wünsche, Bedürfnisse, Präferenzen abstrakter ansetzen muß, als der originäre Wunsch dem Individuum erscheint. Denn einen Wunsch zu haben,

---

28 Vgl. VILKS (1991), Kap. I. 1.

29 Vgl. NORTH (1990).

30 HAUSMAN (1989).

31 KOSLOWSKI (1982), S. 21.

der erfüllt werden soll, durch einen anderen zu ersetzen, wenn der erste nicht erfüllbar ist durch die Umstände der Handlungssituation, bedeutet eine Unterbrechung der libidinösen (und emotiven) Affekte, gegen die die geforderte Rationalität, den Umständen entsprechend umzudisponieren, oft schwach wird.

Wir vergessen die zivilisatorische Leistung rationalen Handelns, die im wesentlichen darauf beruht, den durch die Bedürfnissubstitution hervorgerufenen akuten Verzicht in ein äquivalentes anderes Begehren umzuleiten, ohne sich die Sentimentalität eines Bedauerns zu erlauben. Den emotiven Anteil vergißt die Theorie rationaler Entscheidungen; darin hat sie selber eine normative Tendenz des Ausschlusses der Motive des Handelns. Indem sie aber die emotive Komponente der Entscheidungen unterbewertet, muß sie jede Entscheidungssituation als ‚rational' interpretieren, d. h. Indifferenz ausschließen.

Dabei ist gerade die Indifferenz, d. h. die Unfähigkeit, *in situ* eine Entscheidung zu fällen, eine mögliche Ursache für moralische Entscheidungen, d. h. die in Indifferenz befindlichen Individuen entscheiden ‚konventionell' oder ‚konformistisch' normengeleitet. Damit ist ihre Handlung moralisch legitimiert, ohne rational entschieden worden zu sein. Die Individuen können sie vor sich selbst vertreten: Sie haben sich vor einem als normativ empfundenen Anspruch der Rationalität legitimiert, ohne ihn eingehalten haben zu brauchen.

Wenn dies gilt, ist die der Ökonomie inkorporierte Moralität explizit zu machen. Damit wird nicht der rationale Handlungstypus ausgesetzt, sondern in Fällen, in denen er keine Anwendung findet, rekonstituiert. *‚Moral arrangements' sind spezifische Institutionen, die indifferente oder dilemmatische Entscheidungssituationen kollektiv in rational entscheidbare transformieren lassen.*

Dabei ist es nicht so sehr von Bedeutung, ob die dadurch erlangte Entscheidbarkeit selber moralische Ergebnisse produziert, sondern die Fähigkeit, in indifferenten oder dilemmatischen Situationen überhaupt entscheiden zu können, ist bereits das moralische Resultat.

‚Moral institutions' bzw. moralische Arrangements bieten eine definitive Menge an Handlungsmöglichkeiten, die sie – über die Zeit – versichert anbieten können. Der Nachteil, keine effizienzorientierte Situationsadaptation zu leisten, wird durch den Vorteil, dies nicht ständig leisten zu müssen, kompensiert.

So sind die ‚moral institutions' ein residuales Areal alteuropäischer Handlungsmoral, das den Vorteil aufweist, keine Transaktionskosten mehr aufwenden zu brauchen (‚sunk costs'), indem man einfach der Regel folgt, der man immer schon gefolgt ist. Das heißt nicht, daß die ‚moral institutions' sich nicht in Konkurrenz zu anderen Handlungsmöglichkeitssystemen befinden, aber

1. sind die Transaktionskosten der Neugründung von ‚moral institutions' relativ hoch, und
2. sind die marktlichen Alternativen oft unzureichende Substitute für die ‚moral agreements'.

III. Die ‚moral dimension' der Ökonomie: Moral (Ö)

Der 2. Punkt zeigt eine eigene ‚moral dimension' innerhalb der Ökonomie an, nämlich dort Handlungsmöglichkeiten zu schaffen, wo der Markt unzureichend agiert (z. B. innerhalb der Unternehmen, im ökologischen Bereich etc.). Doch ist der Topos einer ‚moral dimension' innerhalb der Ökonomie genauer zu fassen. Es geht hierbei nicht um eine Rekonstitution moralischer Autonomie, sondern um den Anreiz, ‚moral institutions' bzw. ‚moral arrangements' zu schaffen, die durchaus eine eigene moralische Intention aufrechterhalten, aber ihre Geltung und besonders ihre Persistenz nur dem Umstand verdanken, daß sie ökonomische Effekte erzeugen:

„Die moralische Dimension muß als solche (also nicht selbst aus dem ökonomischen Kalkül folgend) präsent sein, damit der ökonomische Effekt der Kostensenkung eintreten kann".[32]

Innerhalb der ökonomischen Welt kann die Geltung von Moral nicht sinnvoll abgestritten werden, aber sie wird anders als in der alteuropäischen Tradition interpretiert: nach ihren ökonomischen Folgen. Wenn die Moral aber so interpretiert werden kann, kann sie auch nach Effizienzkriterien beurteilt werden; d. h. man wählt sich jene Moral, deren transaktionskostensenkende Effekte überwiegen.

Die Moral – so lautet dann die Konklusion – ist ein proto-ökonomisches Arrangement, das den Individuen den Zugang zu ökonomischen Handlungen erleichtert bzw. das ihnen – innerhalb eines restriktiven Markthandlungsraumes – neue Handlungsmöglichkeiten verschafft, die noch nicht marktlich präfiguriert sind. Moral ist eine Investition in potentielle Markthandlungen, ohne sie sicher oder notwendig zu erreichen oder auch nur vorzubereiten. Wenn

---

32 WIELAND (1992), S. 18.

die Investition sich ‚rentiert', sind neue Märkte in bisher marktlich unbesetzten Terrains geschaffen worden. Gelingt die Investition nicht, sind immerhin gewisse Verabredungen gültig, die neue Handlungsmöglichkeiten schaffen, ohne daß diese zugleich ökonomische wären. Doch gilt für die ‚commitments' eine Art ‚moral choice', nämlich nur jene Arrangements zu wählen, die einen hohen Grad an Zustimmung gewährleisten.

Unsere Analyse des Verhältnisses von Ethik und Ökonomie erbringt die bemerkenswerte Konklusion, daß Moral eine besondere Rolle innerhalb der Ökonomie spielen kann, aber nicht als moralische Legitimation der gewöhnlichen wirtschaftlichen Handlungen, sondern als Konstituante protoökonomischer Handlungsräume, die neue wirtschaftliche Handlungsräume erschließen.

Damit ist die Moral eindeutig unterschieden von der Ökonomie, ohne aber ihren (abendländisch traditionellen) Supervisionscharakter wiederzuerlangen. Sie begrenzt nicht die ökonomischen Handlungen (unter der Aufsicht höherer Werte), sondern erweitert die Voraussetzungen ihrer Geltung.

Diese neue Moral (Ö) beruht auf der schlichten Erkenntnis, daß restriktive moralische Arrangements Handlungspotentiale unterschlagen, deren Wohlfahrtseffekte folglich ungenutzt bleiben. Moralisch begründete Handlungsunterlassungen erscheinen zwar aus der Perspektive der älteren Moral als Chance, Verfehlungen zu vermeiden, doch begeben sie sich in die Gefahr – gegen ihre, moralisch ‚gute', Absicht – zur „Erosion moralischer Standards"[33] beizutragen. Denn in einer dynamischen Marktwelt sind (moralische) Handlungsverbote dysfunktional. Sie werden – weil die Moral nicht mehr kontextunabhängig absolut auftreten kann – auf ihre Vorteilhaftigkeit geprüft und nur dann übernommen, wenn ihre Restriktion als Investition in erweiterte Handlungsoptionen aufgefaßt werden kann.

Folglich kann die Moral – gleichgültig, was sie selber will – nurmehr noch als Entscheidung gedacht werden im Kontext aller anderen Entscheidungen, die ihr den Maßstab der Vorteilhaftigkeit andienen. Der ‚ethische Wille' bleibt kontingent. Was der eine moralisch für sich entscheidet, nicht zu tun, ist den anderen eine – dadurch vielleicht überhaupt erst bewirkte – Gelegenheit.

Umgekehrt kann Moral dann wirksam werden, wenn sie der Herstellung von Handlungsoptionen dient, die durch individuelles Handeln nicht erreicht werden könnte. Kollektive Aktionen bzw. Kooperationen gleich welcher Art sind strukturell moralisch angelegt, da in ihnen das singuläre Handeln den

---

33 PIES (1993), S. 131.

Vorteil erweiterter Handlungsmöglichkeiten nur dann erlangen kann, wenn andere den gleichen Zweck verfolgen.[34] Auch hier spielt die ‚wechselseitige Vorteilnahme' (in Form von Kooperationsrenten[35]) eine konstitutive Rolle, nun allerdings beschränkt auf die Herstellung von Handlungsbedingungen, noch nicht ihrer Realisation wie auf dem Markt.

Wer einer Moral folgt, muß darauf sinnen, daß andere ihr ebenfalls folgen, d. h. er muß ihnen die Vorteile anschaulich machen können, die die Moral bietet. Diese Argumentation ist nicht unmoralisch, sondern – im Gegenteil – die einzige Chance der Moral unter den Bedingungen moderner Handlungskomplexität. Denn der Verzicht auf moralische Kooperation ist längerfristig der Verzicht auf bestimmte Handlungsmöglichkeiten. *Es kann bei der Moral nicht generell um Handlungsverzicht gehen, sondern um eine Wahl von Handlungsrestriktionen, die die Freiheit der Wahl eingrenzen auf solche Fälle, die die Handlungskompetenz erhöhen – und zwar auch, und gerade, in ökonomisch schlecht definiablen Zuständen.*

Nicht die Ökonomie weitet sich ‚imperialistisch' aus auf das Feld aller sozialen Handlungen (inklusive der moralischen), wie man heute zu sagen gewohnt ist (in kritischer wie in positiver Bedeutung), sondern die Moral ändert ihren Bestimmungsbereich, indem sie dort, wo Grenzen des ökonomischen Handelns sichtbar werden, neue Handlungsoptionen schafft oder vorbereitet. Sie reflektiert das Problem der Grenze, dessen besonderer Ausdruck sie in der Tradition war, auf eine neuartige Weise, indem sie sie verschiebt.

IV. Der neue Aspekt: ‚ökonomische Moral'

Damit ist die Moral nicht zur (apologetischen) Legitimation wirtschaftlicher Handlungen angetreten, sondern als ‚ökonomische Moral' ein eigenständiger Untersuchungsbereich geworden. Sie reflektiert die Bedingungen ökonomischen Handelns:

Indem die Moral die abstrakte Freiheit der Individuen begrenzt (der traditionelle Aspekt der Moral als Handlungsrestriktion), erlaubt sie kollektiv

---

34 Dabei ist unterstellt, daß sinnvollerweise eine Handlung ‚moralisch' nur dann genannt werden kann, wenn sie die Handlungsmöglichkeiten anderer mit reflektiert (und realisiert).

35 GAUTHIER (1986), S. 140ff. und S. 152ff.; vgl. dazu auch ARNI (1989), S. 161f.

arrangierte Handlungsoptionen (der neue ,incentive'-Aspekt der Moral), die keinem Individuum alleine zur Verfügung stehen.

Wenn wir diese Aussage zu einer ,Wirtschaftsethik' verallgemeinern wollten, heißt sie nichts anderes, als daß die Moral nicht-marktliche Arrangements veranlaßt, die soziale Interaktionen in preislosen Handlungsräumen ermöglichen und ordnen. Der Vorteil moralischer Arrangements – gleich in welcher Form sie auftreten: ob formell institutionalisiert oder informell befolgt – besteht dann darin, relativ eindeutige, stabilisierte Handlungserwartungen zu schaffen.

Das Vertrauen in wechselseitige Handlungserwartungen kann als strategische Rationalität interpretiert werden, aber man muß sich im klaren darüber sein, daß eine solche Interpretation Motive unterschiebt, die ex post einsichtig sind, ex ante aber gar nicht gegolten haben mußten. Es reicht bereits aus, anstelle eines Motives der strategischen Rationalität (d. h. der längerfristig berechneten Vorteilnahme) das Motiv einer gewissen Handlungsverläßlichkeit anzunehmen, um den Vorteil moralischer Arrangements herauszustellen.

Die Ökonomie der Moral hat ihren eigenen Effizienzbegriff. Es reicht ihr, in gewisser Hinsicht, aus, bestimmte Handlungsoptionen zu schaffen, die vorher nicht bestanden.[36] Damit erweitert sich bereits der rationale Entscheidungsraum der Individuen, indem sie die Chance haben, ein potentielles ,Bestes' mehr zur Wahl zu bekommen. Von den heute so bedeutsamen Innovationen hebt sie sich ab durch ihren *modus collectivus*: Es geht nicht um individuelle Innovationen, sondern solche, die institutional arrangiert werden können, unter Zustimmung vieler.

Der Ökonomie der Moral kommt es – im Gegensatz zur Ökonomie selbst – nicht auf eine effiziente Wahl von Handlungsalternativen an, sondern auf deren Präsenz. Sie sorgt für eine gewisse Gewißheit an Alternität, nicht für deren konkrete rationale Auswahl. Ihr Prinzip lautet, jedem, der einer Handlungsrestriktion unterworfen ist, Alternativen aufzuzeigen, die er bisher nicht beachtet hat oder nicht wahrzunehmen in der Lage war.

Diese Definition hat den Vorteil, nur solche Moral zuzulassen, die es den Individuen erlaubt, eigene Lösungen zu realisieren. Die Moral tritt in diesem Fall nicht als externe Restriktion ökonomischer Handlungsmöglichkeiten auf, sondern umgekehrt: *Sie löst die ökonomischen Restriktionen ökonomischer Handlungsmöglichkeiten moralisch auf, indem sie Alternativen anbietet, die die Ökonomie selbst (noch) nicht zur Verfügung stellen konnte.* Die Moral gewinnt dadurch Kontur, daß sie das ,Marktversagen' zum Anlaß nicht-

36 Vgl. auch den Schlußabschnitt von PRIDDAT (2001b).

marktlicher Arrangements nimmt, die aus ökonomischen Gründen nicht eingegangen worden wären.

Die neue ökonomische Moral hat nicht das – alteuropäische – anmaßende Bewußtsein, bereits immer schon zu wissen, was ‚gut' sei, d. h. nicht bereits immer schon zu wissen, welche Handlungen erlaubt und welche verboten sind. Die neue ökonomische Moral definiert die Frage der Handlungsbegrenzung neu: *Sie sieht die Grenze des (ökonomischen) Handelns dort erreicht, wo es keine Alternativen mehr gibt.* Folglich ist es die *Aufgabe der neuen Moral, Alternität zu produzieren, d. h. Alternativen möglich zu machen, die bisher nicht existierten.* Die neue ökonomische Moral befragt die Ökonomie auf ihren konventionelle Tendenz.

Sie greift nicht ein in deren Terrain: Was wäre das auch für eine Moral, die der Ökonomie, gegen deren Einsicht, limitierende Vorschriften machen wollte? Diese Frage klingt fremd, tendenziell amoralisch. Aber sie fragt – in moderner Konsequenz – das Richtige: Ob die Ökonomie in der Lage ist, die geforderten Alternativen tatsächlich bereitzustellen?

Die Moral ist von der Ökonomie nicht verdrängt, sondern geändert worden, und zwar in die Frage nach dem Nutzen der Moral. Dagegen ist der Aufweis, daß Moral existiere und das Handeln der Menschen bestimme, kein Gegenargument; die ‚rational choice' untersucht nicht, ob Moral sinnvoll sei, sondern untersucht, wenn es sie gibt, in welchem Maße und Grad sie wirksam werden kann innerhalb des Kontextes der Allokation aller Ressourcen, nicht nur der moralischen allein.

Moral hat nur eine Bedeutung innerhalb eines nicht-moralischen Handlungszusammenhanges, dem sie Grenzen weisen will – was nicht a priori eine Restriktion anzeigt, sondern auch die Möglichkeit der Erschließung neuer Handlungsareale, d. h. einer Öffnung von Grenzen. Die Bestimmung der Moral bzw. ihrer ‚Grenzleistungsfähigkeit' in Bezug auf die Restriktion anderer Handlungen kann aber nicht mehr – wie in der Tradition – einem irgendwie gewonnenen apriorischen Prinzip entstammen, sondern erweist sich selbst als eine gewählte Handlungsstrategie, die irgendwelchen Interessen folgt. Die Unterstellung, daß es gemeinsame oder gemeinschaftliche Interessen geben könne, erspart sich das Verfahren, diese Interessen festzustellen (insbesondere ihre Abwägung gegen andere, nicht-moralische Interessen). Indem man darauf verweist, daß Moral faktisch existiert, hat man noch nicht die Dimension ihrer Geltung bestimmt, d. h. ihre relative Position im Feld aller Interessen.

Vor allem aber hat man nicht die Frage beantwortet, wie man Individuen, die eine Risikoneigung haben, dazu bringen will, moralischen Arrangements zuzustimmen oder verpflichtend beizutreten, da ihnen – im Gegensatz zu den risikoaversiven Anderen, die in der Moral eine Versicherungsinstanz erblikken – die Moral Handlungsmöglichkeiten verwehrt, die nicht nur sie für sich selbst, sondern auch für andere erlangt haben könnten.

Möglicherweise kommt die Moral historisch zu spät, wenn sie sich – wie bei den ‚communitarians' – als das bessere Substitut der ‚rational choice' wähnt. Denn wo die Handlungen – im gewissen Sinne – rational gewählt werden, kann auch die Moral nicht die Ausnahme machen, für die sie vorgesehen ist, da sie selber dieser rationalen Wahl unterstellt wird. Jede andere Behauptung würde unterstellen müssen, daß die Moral unabhängig (und vorgängig) von rationalen Erwägungen über Handlungsfolgen eingesetzt werden könnte. Man kann sich solche Arrangements vorstellen, vergißt aber leichthin die Kosten dieses Arrangements, die durch die Einengung der Handlungsspielräume entstehen. Vor allem vergißt man, daß die moralische Einengung von Handlungsspielräumen auch jene Handlungsmöglichkeiten restringiert bzw. gar nicht eruieren läßt, die die zur Moral führende Ausgangssituation so verändern könnten, daß das moralische Prärogativ überflüssig würde.

Die Ökonomie der Moral hat ein grundlegend neues, aber einfaches Schema: *Wenn ‚moral arrangements' der Wiedergewinnung an rationaler Handlungskompetenz durch kollektiv vereinbarte Ausweitung der Handlungsmöglichkeiten dienen, hat die kollektive vereinbarte, handlungsleitende oder ‚moralische' Regel ihren Zweck erfüllt, wenn sie die beteiligten Individuen instand gesetzt hat, neue Handlungsräume zu betreten.* Die ökonomische Moral kann dann systematisch als ein *vorübergehendes oder temporäres Prärogativ-Institut* beschrieben werden, das kollektiv Handlungskompetenzen fokussiert und kreiert, *ohne daraus Verfügungsrechte herzuleiten.*

Denn in dem Moment, wo die Moral ein Recht (z. B. über Andere, wenn auch ‚nur' moralisch, zu verfügen) zu werden droht, hat sie ihre Funktion verfehlt, wenn sie den Individuen Handlungsmöglichkeiten erschließen will, die diese als ‚Verfügungsrechte' mißinterpretieren. Moral gibt kein Recht – Recht ist ein anderes normatives Institut –, aber auch keinen Nutzen i. e. S. – Ökonomie ist ein nicht-normatives Institut –, sondern eine Chance, Nutzen oder Recht zu erlangen. Wer die Chance nicht nutzt, postuliert sie zur Norm, die allgemein gelten soll, d. h. bedroht die Chancen anderer – eine Mißweisung der Moral, wie sie abendländisch häufig genug aufgetreten ist als illegitime Machtförmigkeit, die das Handeln aller leiten will.

Doch bleiben die ‚moral arrangements' gerade in diesem Punkt ambivalent: Indem sie ein Verfahren der Regelbindung und der moralischen Verpflichtung der Einhaltung dieser Bindung verwenden, schaffen sie spezifische Handlungsbedingungen, die beizubehalten den beteiligten Individuen vorteilhaft erscheinen mag, da sie sich dadurch der Anstrengung entziehen können, selbständig neue Handlungsmöglichkeiten zu eruieren. Die Moral wird zur gesellschaftlichen Infrastruktur, die eigene ‚Besitzstände' ausbildet und Erwartungshaltungen, die sich nicht mehr in rationale Komparation stellen, d. h. nicht mehr die relativen Vor- und Nachteile zu den gewöhnlichen Rationalhandlungen erwägen.

In diesem Prozeß gerät die Moral in den Zustand eines ungeklärten ‚Guten', das kraft Geltung Priorität annimmt. Die Moral fällt in ihren alteuropäischen Zustand zurück. Indem sie aber ihre produktive Funktion verliert, verliert sie zugleich die modern erworbene Kompetenz, Lösungen herbeizuführen, die die Märkte nicht bieten. Sie wird – z. B. als Verteilungsmoral zur Aufrechterhaltung kollektiver ‚Besitzstandsrechte' – abhängig von den Leistungen der Wirtschaft, die sie moralisch ausbeuten möchte. Sie verliert ihre Autonomie, *ihre innovative Kompetenz der Schaffung neuer Handlungsmöglichkeiten.*

Wenn wir diese Aussage einfach stehen lassen, unterscheidet sie sich kaum von F. A. Hayeks Intentionen, den Markt als einen Entdeckungszusammenhang neuer Handlungsoptionen zu beschreiben. Doch ist der moralische Impetus sogleich sichtbar: Indem jemand neue Handlungsmöglichkeiten erschließt, eröffnet er sie sogleich auch anderen. In einer Wissensgesellschaft, die die Nutzungsrechte an Ideen ihrer Überfülle und freien Zugänglichkeit wegen kaum sichern kann, ist dieser Vorgang normal. Damit ist formell die Reflexion des eigenen Handelns auf andere erfüllt. Vordringlich aber ist die Reflexion auf andere, neue Handlungsmöglichkeiten das *proprium* der neuen Moral (Ö).

Es zeigt eine Verschiebung innerhalb der Richtung, die Moral immer schon anzeigte: In der Reflexion auf die Folgen des eigenen Handelns für Andere liegt ein Tensor, den die ‚Ökonomie der Moral' aufnimmt, indem sie eine doppelte Bewegung vollzieht, in der die Rücksicht auf andere nicht als Restriktion der eigenen Handlungen, sondern als Repositionierung aller in Hinblick auf neue Optionen betrachtet wird. Indem der Kontext der individuellen Handlung durch die *moral reflection* revidiert wird, ändert sich die Ausgangslage der individuellen Handlung, die die Restriktion als Option neu auffassen kann.

Literaturverzeichnis

ARNI, J.-L. (1989): „Das Verhältnis von Moral und Rationalität: Eine Auseinandersetzung mit David Gauthiers 'Morals by Agreement'", *Analyse & Kritik. Zeitschrift für Sozialwissenschaften*, 11, S. 154ff.

BERGER, J. (1992): „Der Konsensbedarf der Wirtschaft", in: H.-J. GIEGEL (Hrsg.): *Kommunikation und Konsens in modernen Gesellschaften*, Frankfurt a. M. (Suhrkamp), S. 151ff.

BUCHANAN, J. M. (1987): "Constitutional economics", in: J. EATWELL u. a. (Hrsg): *The New Palgrave*, Bd. 1, New York (Stockton Press), S. 585ff.

GAUTHIER, D. (1986): *Morals by Agreement*, Oxford (Clarendon).

GIEGEL, H.-J. (1992) (Hrsg.): *Kommunikation und Konsens in modernen Gesellschaften*, Frankfurt a. M. (Suhrkamp).

HAUSMAN, D. M (1989): "Are Markets Morally Free Zones?", *Philosophy and Public Affairs*, 18, 4, S. 317-333.

HAUSMAN, D. M. u. MCPHERSON, M. (1993): "Taking ethics seriously: economics and temporary moral philosophy", *Journal of Economic Literature*, 31, S. 671-731.

HEGSELMANN, R., RAUB, W. u. VOSS, TH. (1986): „Zur Entstehung der Moral aus natürlichen Neigungen. Eine spieltheoretische Spekulation", *Analyse & Kritik. Zeitschrift für Sozialwissenschaften*, 2, S. 150ff.

HOMANN, K. u. PIES, I. (1993): „Liberalismus: Kollektive Entwicklung individueller Freiheit – Zu Programm und Methode einer liberalen Gesellschaftstheorie", *Homo Oeconomicus* X, 3/4, S. 279-347.

KERSTING, W. (2000) (Hrsg.): *Politische Philosophie des Sozialstaats*, Weilerwist (Velbrück Wiss.).

KETTNER, M. (2001): „Moralische Verantwortung in individueller und kollektiver Form", in: J. WIELAND (Hrsg.): *Die moralische Verantwortung kollektiver Akteure*, Heidelberg (Physica), S. 146-170.

KITTSTEINER, H. D. (1992): *Gewissen und Geschichte. Studien zur Entstehung des moralischen Bewußtseins*, Heidelberg (Manutius).

KNOLL, A. (1967): *Zins und Gnade*, Neuwied und Berlin (Luchterhand).

KOSLOWSKI, P. (1979): „Haus und Geld", *Philosophisches Jahrbuch*, Jg. 86, S. 60ff.

KOSLOWSKI, P. (1982): *Ethik des Kapitalismus*, Tübingen (Mohr).

KOSLOWSKI, P. (2001) (Hrsg.): *Wirtschaftsethik – Wo ist die Philosophie?* Heidelberg (Physica).

LANGHOLM, O. (1998): *The Legacy of Scholasticism in Economic Thought*, Cambridge (Cambridge University Press).

MERAN, J. (1990): „Ist es ökonomisch vernünftig, moralisch richtig zu handeln?", in: P. ULRICH (Hrsg.): *Auf der Suche nach einer modernen Wirtschaftsethik*, Bern und Stuttgart (Haupt), S. 53f.

NORTH, D. C. (1990): *Institutions, Institutional Change and economic Performance*, Cambridge (Cambridge University Press).

OKUN, A. (1980): "The Invisible Handshake and the Inflationary Process", *Challenge*, 70, 6, S. 5ff.

POOLE, R. (1991): *Morality and Modernity*, London und New York (Routledge).

PIES, I. (1993): *Normative Institutionenökonomik. Zur Rationalisierung des politischen Liberalismus*, Tübingen (Mohr).

PRIDDAT, B. P. (1989): „Die politische Struktur der Aristotelischen Ökonomie", *Politische Vierteljahresschrift*, 3, S. 395-419.

PRIDDAT, B. P. (1990): *Arm und reich. Zur Transformation der vorklassischen in die klassische Ökonomie. Zum 200. Todesjahr Adam Smiths. Beiträge und Berichte des Institutes für Wirtschaftsethik an der Hochschule St. Gallen*, Nr. 39, St. Gallen.

PRIDDAT, B. P. (1997): „Alternative Interpretationen einer ökonomischen Metapher: die ‚invisible hand' bei Adam Smith", *Ethik & Sozialwissenschaft*, 2, S. 195-204.

PRIDDAT, B. P. (2000a): „Ökonomie, Moral und Rationalität. Eine skeptische Betrachtung", in: H. HUNGENBERG u. B. SCHWETZLER (Hrsg.): *Unternehmung, Gesellschaft und Ethik*, Wiesbaden (Gabler) 2000, S. 1-14.

PRIDDAT, B. P. (2000b): „Fairness oder Gerechtigkeit. Der Staat in der Zivilgesellschaft", *Merkur, Sonderheft USA/Europa Nr. 617/618*, 9/10 (2000), S. 1026-1030.

PRIDDAT, B. P. (2001a): „Moral in ökonomischer Umgebung", in: P. KOSLOWSKI (Hrsg.): *Wirtschaftsethik – Wo ist die Philosophie?* Heidelberg (Physica) 2001, S. 23-54.

PRIDDAT, B. P. (2001b): „Moral: Restriktion, Metapräferenz: Adjustierung einer Ökonomie der Moral", in: J. WIELAND (Hrsg.): *Die moralische Verantwortung kollektiver Akteure*, Heidelberg (Physica), S. 41-78.

RAWLS, J. (1992): *Die Idee des politischen Liberalismus, Aufsätze 1978-1989*, Frankfurt a. M. (Suhrkamp).

SCHEFCZYK, M. u. PRIDDAT, B. P. (2000): „Effizienz und Gerechtigkeit", in: W. KERSTING (Hrsg.): *Politische Philosophie des Sozialstaats*, Weilerwist (Velbrück Wiss.), S. 428-466.

SEEL, G. (1981): „Wert und Rangordnung in der Aristotelischen Güterlehre", *Archiv für die Geschichte der Philosophie*, 63, S. 253ff.

STREISSLER, E. (1980): „Kritik des neoklassischen Gleichgewichtsansatzes als Rechtfertigung marktwirtschaftlicher Ordnungen", in: E. STREISSLER u. CH. WATRIN: *Zur Theorie marktwirtschaftlicher Ordnung*, Tübingen (Mohr) 1980.

VILKS, A. (1991): *Neoklassik, Gleichgewicht und Realität. Eine Untersuchung über die Grundlagen der Wirtschaftstheorie*, Heidelberg (Physica).

WEBER, M. (1976): *Wirtschaft und Gesellschaft*, Tübingen (Mohr).

WIELAND, J. (1989): *Die Entdeckung der Ökonomie*, Bern und Stuttgart (Haupt).

WIELAND, J. (1992): *Die Ethik der Wirtschaft als Problem lokaler und konstitutioneller Gerechtigkeit*, unveröffentlichtes Manuskript, Universität Münster.

WIELAND, J. (1999): *Die Ethik der Governance*, Marburg (Metropolis).

WIELAND, J. (2001a) (Hrsg.): *Die moralische Verantwortung kollektiver Akteure*, Heidelberg (Physica) 2001.

WIELAND, J. (2001b): „Die Tugend kollektiver Akteure“, in: J. WIELAND (Hrsg.): *Die moralische Verantwortung kollektiver Akteure*, Heidelberg (Physica) 2001, S. 22-40.

WILLIAMS, B. (1987): *Ethics and the Limits of Philosophy*, London (Fontana Press u. a.).

Kapitel 6

Die Governance kultureller Diversifität. Resultate einer empirischen Studie über die Bedeutung von Werten in deutsch-russischen Unternehmensbeziehungen[1]

JOSEF WIELAND

I. Die Fragestellungen

Der Zusammenbruch der Sowjetunion im Jahre 1991 und die Öffnung ihrer Ökonomie für Marktwirtschaft und Unternehmertum versetzten seinerzeit nicht unbeträchtliche Teile der westlichen Ökonomen – sowohl der theoretischen als auch der praktischen – in eine euphorische Stimmung. Während die ersteren die Chance sahen, die Leistungsfähigkeit der ökonomischen Standardtheorie in der Transformation sozialistischer Planwirtschaften zu freien Marktwirtschaften zu demonstrieren, interessierten die letzteren sich eher für die schiere Größe dieses neuen Marktes von etwa 150 Millionen potentiellen Konsumenten und für den Reichtum des Landes an natürlichen Ressourcen.

Nur wenige Jahre später hat sich die Szene vollständig gewandelt. Die Chicago-Schule der Ökonomie ist abgezogen aus Rußland, ohne daß sich, um

1 Das Projekt und die Publikation dieses Artikels wurden ermöglicht durch die großzügige Förderung der Körber-Stiftung in Hamburg; ihr und vor allem Herrn Christian Wriedt von der Körber-Stiftung sei an dieser Stelle herzlich für die Unterstützung gedankt.

es freundlich zu formulieren, ihre Erwartungen erfüllt hätten. Sie mußten lernen, daß es ohne einen kompatiblen Rahmen formaler und informaler Institutionen keine Entwicklung hin zu einer auf privatem Eigentum basierenden Marktwirtschaft geben kann. Vielmehr hat sich die Grundüberzeugung der Institutionenökonomie als richtig erwiesen, daß die Freisetzung von Marktkräften ohne einen analogen institutionellen Wandel zu Wohlfahrtsverlusten und politischer Instabilität führt. Aber auch die Unternehmen mußten erfahren, daß im Chaos des Übergangs und ohne verläßliche rechtliche Rahmenbedingungen die Anbahnung von langfristig angelegten Geschäftsbeziehungen unter einer schweren Hypothek steht. Entsprechend dieser Erfahrungen verlegte sich in der Folge der westliche Beobachtungspunkt der russischen Ökonomie auf die eher spektakulären Ereignisse: Mafia, Mord, Cowboy-Kapitalismus. Obgleich es sich dabei immer schon um einen, wenn auch nicht unwesentlichen, Randbereich der russischen Wirtschaft handelte und handelt[2], wurde er im Westen mehr oder weniger mit der neuen Ökonomie Rußlands gleichgesetzt. Ökonomische Kooperationen zwischen westlichen und russischen Unternehmen jenseits von hit and run-Geschäften, Vorkasse oder massiven staatlichen Garantien erschienen damit wenig aussichtsreich.

An genau dieser Situation setzte ein gemeinsames Projekt des Zentrums für Wirtschaftsethik, Konstanz, und der Civil Society European Academy, Moskau, dem Forschungsinstitut der Jabloko-Fraktion in der Duma, an. Das Projekt dauerte von 1998 bis 2000 und beschäftigte sich mit dem Thema „Die Rolle moralischer Werte in deutsch-russischen Wirtschaftsbeziehungen". Grob gesagt verband sich mit diesem Projekt die Einschätzung, daß neben dem Vakuum einer Transitionsperiode und den gravierenden ordnungspolitischen Defiziten Rußlands auch unterschiedliche Perspektiven auf wirtschaftliche Entscheidungen und Ereignisse aus unterschiedlichen ethischen Prämissen und kulturellen Hintergründen der Vertragspartner ein wesentlicher Aspekt der als problematisch eingeschätzten deutsch-russischen Wirtschaftsbeziehungen sind. Damit verband sich zugleich die Überzeugung, daß eine positive Veränderung der Situation nicht allein von der politischen und administrativen Ebene erwartet werden kann, sondern durch den Aufbau „von unten", also wesentlich durch das Engagement der Unternehmen auf beiden Seiten, gestaltet wird.

Diese beiden Grundideen wurden dann konzeptionell in vier forschungsleitende Thesen operationalisiert:

2 Vgl. hierzu IVANOV in WIELAND (2000), S. 78ff.

1. In der Phase wirtschaftlicher Transformation und unter der Bedingung nicht existierender, nicht erzwingbarer oder mit falschen Anreizen ausgestatteter konstitutioneller Regelsysteme in Rußland hängt der Erfolg deutsch-russischer Wirtschaftsbeziehungen entscheidend von der Stabilität, Effektivität und Effizienz bilateraler Unternehmensbeziehungen ab.

Stabilität, Effektivität und Effizienz sind dabei einerseits das Resultat aus der Existenz wechselseitiger Interessen und ökonomischer Nutzenerwartungen. Andererseits aber müssen die Tauschbeziehungen auf gemeinsamen oder komplementären Werten beruhen, die eine Art Pufferfunktion gegenüber den Kontingenzen der makroökonomischen und politischen Umwelt bilden. Wechselseitige Nutzenstiftung ist die Voraussetzung dafür, daß überhaupt ein Interesse an einer Kooperation besteht. Gemeinsame und komplementäre Werte sind die Voraussetzung dafür, daß es zum faktischen Aufbau von Vertrauen in diese Kooperationen kommen kann.

2. In der Konsequenz werden wirtschaftliche Transaktionen zu persönlichen und organisationalen Lernprozessen. Die jeweiligen Werthaltungen hinsichtlich der Anbahnung, Durchführung und Kontrolle ökonomischer Transaktionen müssen wechselseitig bekannt und hinsichtlich ihrer Inkompatibilität, Kompatibilität und Komplementarität spezifiziert sein.

3. Individuelle und kollektive Akteure aber müssen nicht nur Lernprozesse auf dem Gebiet der interkulturellen Kompetenz anstreben; diese Lernprozesse müssen durch organisatorische Arrangements flankiert werden, die sie stabilisieren und kontinuieren und ihre Kontrolle ermöglichen. Nach Lage der Dinge in Rußland mußten solche Regimes privater Natur sein.

Diese operationalisierten Ziele des Forschungsprojektes wurden methodisch umgesetzt durch ein Dialogprogramm, das deutsche und russische mittelständische Unternehmen zusammenbrachte. Die Wahl fiel deshalb auf mittelständische Unternehmen, um auch für Rußland die Staatsferne der involvierten Unternehmen sicherzustellen. Innerhalb der dreijährigen Laufzeit des Projekts wurden drei Treffen zwischen jeweils 10-15 deutschen und russischen Unternehmern und Managern vorbereitet, durchgeführt und ausgewertet, die allesamt der Bearbeitung der soeben entwickelten Fragestellungen dienten. Die Treffen fanden in Weingarten, Belgorod und Moskau statt und waren so konzipiert, daß sie dem Kennenlernen, der Erarbeitung von Differenzen und Gemeinsamkeiten im Hinblick auf Werte und der Entwicklung von Regimes zum Management dieser Wertediversifität dienten.

Im nächsten Abschnitt werde ich die theoretische Einordnung dieses empirischen Forschungsprojektes entwickeln. In Abschnitt 3 und 4 werde ich dann die wesentlichen Ergebnisse des Forschungsprojektes dokumentieren und erörtern.

II. Governanceethik und moralische Diversifität

Die theoretische Einordnung der empirisch angelegten Studie über die Bedeutung moralischer Werte in deutsch-russischen Tauschbeziehungen erfolgt über das institutionen- und organisationsökonomisch orientierte Forschungsprogramm einer „Ethik der Governance".[3]

Den Kern der Governanceethik bildet die Annahme, daß sich Fragen einer anwendungsorientierten Wirtschafts- und Unternehmensethik als moralische Dimensionen konkret abgrenzbarer wirtschaftlicher Transaktionen darstellen lassen können. Transaktionen ohne diese moralische Dimension können kein Gegenstand moralökonomischer Überlegungen in diesem Sinne sein. Weiterhin nimmt die Governanceethik an, daß die konkreten Ausprägungen der moralischen Dimension einer wirtschaftlichen Transaktion die Funktion individueller Selbstbindungen (IS) formaler (FI) und informaler Institutionen (IF) und der Beschaffenheit unternehmensspezifischer Koordinations- und Kooperationsmechanismen (OKK) sind. Formal ergibt sich damit folgender Zusammenhang:

$$Tm_i = f(aIS_i, bFI_{ij}, cIF_{ij}, dOKK_i), \text{ wobei gilt:}$$

i = spezifische Transaktion; j = spezifischer Ort und a ... d = -1, 0, 1. Dabei indizieren die Koeffizienten a bis d, ob das jeweilige Argument der Funktion den Wert -1 (negative Wirkung auf Tm), 0 (neutrale Wirkung auf Tm) oder 1 (positive Wirkung auf Tm) annimmt. Im gegenwärtigen Entwicklungsstand der Theorie sind diese Koeffizienten keine Schätzwerte, sondern lediglich auf Plausibilität beruhende Annahmen über die Wirksamkeit des jeweiligen Funktionsarguments.

Wenn wir dieses Modell auf Fragen der Governance moralischer Diversifität, und um eine solche Fragestellung handelte es sich bei dem hier zu diskutierenden Projekt, anwenden, ergeben sich die folgenden Präzisierungen der eingangs erwähnten Fragestellungen des Projekts.

1. Tm steht für die moralischen Ansprüche an wirtschaftliche Transaktionen, in unserem Fall also etwa für die Ehrlichkeit, Vertrauenswürdigkeit oder Integrität aller Tauschpartner. Es sollte offensichtlich sein, daß in strikt formal durchregulierten Ökonomien solche Werte kaum eine Rolle spielen dürften, während ihre Bedeutung steigt in dem Umfang, wie die Defizienz,

---

3 Vgl. WIELAND (1999) und (2001).

also die Unsicherheit und Kontingenz formaler Institutionen – wie das Verfassungs- und Rechtssystem – zunimmt. Moralische Werte wie Ehrlichkeit, Vertrauenswürdigkeit und Integrität sind demgegenüber informale Institutionen einer gegebenen Wirtschaftskultur, die nicht kodifiziert sind, sondern sich evolutionär entwickeln. Beide, formale und informale Institutionen, sind handlungserweiternder, aber eben auch handlungsbeschränkender Natur; sie können füreinander funktionale Äquivalente sein. Werden moralische Werte im interkulturellen Kontext nicht von allen beteiligten Tauschpartnern akzeptiert, anders gedeutet oder mit anderen Prioritäten versehen, sprechen wir von moralischer Diversifität mit ökonomischen Folgen. Darüber informiert das folgende Schaubild.

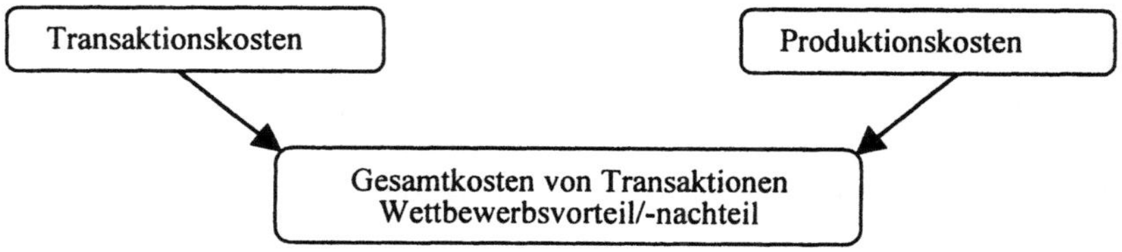

Abb. 1: Ökonomische Konsequenzen moralischer Diversifität

Ob in einer Kultur Ehrlichkeit oder Opportunismus, Arbeitsethos oder Freizeit präferiert werden, hat einen Einfluß auf die Governancestruktur, also die Steuerungsregimes zur Abwicklung von spezifischen Transaktionen. Präferenzen für Opportunismus und Freizeit führen zu aufwendigeren Kontroll- und Erzwingungsregimes, während solche für Ehrlichkeit und Arbeitsethos hier mit einem geringeren Aufwand operieren können. Mit anderen Worten: Die Kosten der Anbahnung, Durchführung und Sicherstellung der Transaktionen, also die Transaktionskosten, sind entweder hoch oder niedrig, steigend oder fallend. Da die Transaktionskosten mit den Produktionskosten die Gesamtkosten einer Transaktion ausmachen, sind hohe oder niedrige Transaktionskosten entweder ein Nachteil oder ein Vorteil im Wettbewerb. Moralische Werte, als informale Institutionen einer Gesellschaft, üben daher einen Einfluß auf die Höhe der Transaktionskosten eines Geschäfts, aber auch der Transaktionskosten in einem bestimmten Wirtschaftsraum, aus. Werden diese Kosten prohibitiv, etwa durch massive Formen der Wirtschaftskriminalität, dann kommt es zum Rückgang der wirtschaftlichen Tätigkeit und damit zu Wohlfahrtsverlusten. Der Transaktionskostenansatz erklärt demnach das zögerliche Engagement westlicher Investoren in Rußland und den Rückgang des Warenaustausches für solche Fälle, in denen von russischer Seite keine glaubwürdigen Sicherheiten für den Erfolg der angestrebten Transaktionen gegeben werden können. Was das praktisch und im Extrem bedeuten kann, zeigt ein Zitat aus einem Bericht der Financial Times vom 17. April 1997, wo es unter der Überschrift „The 'Invisible Hand' With Guns" zu einer Erläuterung der Krysha, einer Art privaten Armee russischer Unternehmer, heißt: „Businessmen say they need the krysha because the laws and court system that regulate economic activity in other countries are not functioning in Russia. Post-Soviet civil and criminal codes have been approved but are often ignored.

Many companies call their krysha a 'security department' and use it primarily to protect themselves from criminal extortion rackets. But experts say some companies use their security forces to intimidate competitors, enforce contracts, collect debts or take over new markets."

Der Transaktionskostenansatz hat sich in dem nachfolgend erläuterten Projekt als sehr fruchtbar erwiesen, weil er für die deutschen und russischen Unternehmer eine hohe Plausibilität und Erklärungskraft vor dem Hintergrund ihrer eigenen Erfahrungen hat. Im Theoriedesign dieses Projekts hingegen sorgt er dafür, die Relevanz des moralischen Faktors in deutsch-russischen Wirtschaftsbeziehungen begründen zu können.

2. Die Governanceethik verbindet einen hohen Grad theoretischer Abstraktion mit einer strikten empirischen Orientierung. Sie interessiert sich insbesondere für die mikroanalytischen und mikropolitischen Aspekte von Transaktionen, da deren Erfassung die Voraussetzung dafür ist, Steuerungsregimes für Transaktionen zu entwickeln, die präzise mit diesen mikropolitischen Zusammenhängen umgehen können. Auch hängt natürlich die Qualität eines Managements of Diversity im interkulturellen Kontext entscheidend davon ab, ob es gelingt, die entsprechenden Instrumente zur Operationalisierung theoretischer Erkenntnisse zu finden. In diesem Zusammenhang spielt das Instrument der Koeffizientenmatrix in der Governanceethik eine entscheidende Rolle.[4] In dieser Koeffizientenmatrix wird in einem ersten Schritt festgelegt, welche Wirksamkeit (a...d, -1, 0, 1) von den einzelnen Funktionsargumenten (IS, FI, IF, OKK) im Hinblick auf die moralische Dimension einer Transaktion erwartet wird. Für das Problem der Entwicklung moralischer Werte in deutsch-russischen Unternehmensbeziehungen wurde dabei folgende Ausgangsbasis definiert.

4 Vgl. WIELAND (2001), S. 16ff.

	IS_i a =	FI_{ij} b =	IF_{ij} c =	OKK_i d =
Deutsch-russische Kooperationen	1	-1	-1	1

Abb. 2.: Koeffizientenmatrix (Werte der Funktionsargumente)

Es wurde also angenommen, daß das verpflichtende Engagement der einzelnen Unternehmer oder Manager und die Anreize ihrer jeweiligen Organisationsstrukturen einen positiven Wert aufweisen müssen; mit anderen Worten, es muß ein Interesse an der Kooperation vorhanden sein, und entsprechende interkulturelle Ressourcen zu deren Anbahnung müssen zur Verfügung gestellt werden. Dem gegenüber wird es nicht überraschen, daß der Wert für FI mit -1 angesetzt wurde, daß also davon ausgegangen wurde, daß staatliche Regeln und Verfahren in Rußland einen negativen Einfluß auf die moralische Integrität wirtschaftlicher Transaktionen haben und selbst einen Anreiz für unmoralisches Handeln abgeben. Die informalen Institutionen sind folgerichtig ebenfalls mit dem Wert -1 angesetzt, denn anderenfalls gäbe es das Problem kultureller Diversifität nicht. Anhand dieser Koeffizientenmatrix läßt sich das Ziel unseres Projektes dahingehend spezifizieren, nach mikropolitischen Regimes zu suchen, die das Starten eines Prozesses ermöglichen, in dem die Aktivitäten in IS und OKK dazu führen, daß die Werte für IF zumindest lokal auf 1 steigen. Es ging demnach nicht um den Wandel der gesamten russischen Wirtschaftskultur, sondern eher war daran gedacht, „zones of integrity" zu schaffen, also lokal begrenzte Transaktionsräume, die mit moralischer Zuverlässigkeit ausgestattet sind. Dabei war das Projekt selbst initiierender Bestandteil dieser Aufgabenstellung.

3. Aus der Sicht der Governanceethik ist ein Management of Diversity immer als Interaktionszusammenhang zwischen IS/OKK und IF definiert. IF bezeichnet die kulturellen Standards einer gegebenen lokalen oder globalen Gesellschaft, also dort herrschende religiöse oder moralische Überzeugungen. Als enkulturierte Verhaltensanweisung hat IF einen Einfluß auf die Argumente IS und OKK, weil Wissen und Praxis des Managements die Werte und Normen einer Gesellschaft selbstverständlich reflektieren. Dabei sind für das Management of Diversity auf folgende Differenzierungen innerhalb des Wertebegriffs zu achten:

a) Werte im interkulturellen Management können entweder inkompatibel, kompatibel oder komplementär sein. Ich habe an anderer Stelle das Modell des „globalen Wertekreises" entwickelt[5], mit dem sich zeigen läßt, daß nicht die Herstellung von Identität der Werte das Ziel eines interkulturellen Managements sein kann, sondern die Schaffung von Transaktionsregimes, mit dem sich ein Prozeß implementieren läßt, in dem sich inkompatible Wertvorstellungen zu kompatiblen oder komplementären Wertvorstellungen entwickeln lassen. Aus der Sicht der Governanceethik ist es dabei entscheidend, alle drei Verhältnisbestimmungen der Werte simultan und nicht nur die Inkompatibilität oder Nicht-Identität von Werten zu betrachten. So ist gerade in Untersuchungen zu den Wertvorstellungen des russischen Managements sehr häufig auf die Differenz zu westlichen Wertvorstellungen abgestellt worden.[6] Seltener jedoch ist auf die Möglichkeit von Gemeinsamkeiten hingewiesen worden.[7] Sicherlich ist der Problemvorwurf jedes Managements interkultureller Diversifität die Feststellung, daß Werte inkompatibel sind und daher zu Friktionen in Kooperationen führen können, aber über diesen Startpunkt hinaus darf nicht übersehen werden, daß es ebenso Gemeinsamkeiten geben muß, auf die man sich als eine Art Zone der Integrität gegebenenfalls auch zurückziehen kann.

b) Neben der Differenzierung des Wertebegriffs ist auch eine Differenzierung der verschiedenen Level interkultureller Differenz von Bedeutung. Es lassen sich Wirtschaftskulturen, Berufskulturen und Unternehmenskulturen als wesentliche Aggregate wertegesteuerter Differenz festhalten. Dabei können die Wertvorstellungen entweder homogen im Sinne einer Übereinstimmung sein, sie können Differenzen im Sinne einer Nicht-Übereinstimmung abbilden und sie können komplementär sein, d. h. einander ergänzen. Wenn wir diese Merkmalausprägungen miteinander kombinieren, ergibt sich die folgende Matrix:

5 Vgl. WIELAND (1997) und (1999), S. 110ff.

6 Vgl. DABARS u. VOKHMINA (1995); COOPER u. CARR (1998); KETS DE VRIES (1998); PUFFER (1993); PUFFER u. MCCARTHY (1994); PUFFER, MCCARTHY u. NAUMOV (2000); CATTANEO (1992); VLACHOUTSICOS u. LAWRENCE (1990); MICHAILOVA (1998).

7 Eine Ausnahme in gewisser Weise sind PUFFER u. MCCARTHY (1995).

	Wirtschafts-kulturen	Berufs-kulturen	Unternehmens-kulturen
Homogen	nein	Ja	nein
Differenz	ja	Nein	ja
Komplementär	ja	Ja	ja

Abb. 3: Management of Diversity und Wertekulturen

Wirtschaftskulturen, also die wertegesteuerten Wahrnehmungen und Überzeugungen von Individuen einer gegebenen Nation oder Ethnie, sind grundlegend durch Inhomogenität charakterisiert. Die Untersuchungen von Hofstede und Hampden-Turner/Trompenaars[8] haben hier die entsprechenden Daten geliefert. Man sollte allerdings beachten, daß weder Hofstede noch Hampden-Turner/Trompenaars so interpretiert werden können, als fehle es überhaupt an Gemeinsamkeiten zwischen nationalen Wirtschaftskulturen. Was die empirischen Arbeiten gezeigt haben, ist vielmehr, daß Übereinstimmung in einzelnen der Indizes und die Existenz distinkter Wirtschaftskulturen als die Summe aller Indizes durchaus zusammengehen. Es scheint mir das Wesen von Wirtschaftskulturen auszumachen, daß sie im Verhältnis zu anderen Wirtschaftskulturen gerade nicht homogen sind, sondern Differenz existiert und Komplementarität möglich ist. Praktisch gesprochen: Eine amerikanische Vertriebskultur und eine deutsche Ingenieurskultur haben im Fall des Zusammenschlusses der Unternehmen nicht viele Gemeinsamkeiten, aber die komplementäre Nutzung dieser Eigenschaften kann sich als ein Wettbewerbsvorteil dann herausstellen, wenn es gelingt, produktiv mit den Kulturdifferenzen umzugehen.

Berufskulturen beziehen sich auf das Ethos bestimmter Berufsgruppen, wie etwa Banker, IT-Ingenieure, Marketing-Angestellte oder auch Professoren der Wirtschaftswissenschaften. Hier entwickelt sich seit geraumer Zeit weltweit eine tragfähige Homogenität der Wertesets. Diese Sets beziehen sich auf die Art und Weise, wie eine bestimmte Profession ihre Leistungen zu erbringen hat. Berufskulturen und ihre Standards eignen sich daher als Kristallisationspunkte für das kulturelle Zusammenwachsen von interkulturellen Unternehmen, weil hier ein enormer Vorrat an gemeinsamer Weltsicht (also etwa: Was ist ein Problem und wie muß es gelöst werden?) existiert. Wenn wir daher kaum annehmen können, daß es jemals so etwas wie eine gemein-

8 Vgl. HOFSTEDE (1991); HAMPDEN-TURNER und TROMPENAARS (1993).

same Weltwirtschaftskultur (oder Kultur überhaupt) geben wird, so ist es doch realistisch, dies für bestimmte Branchen oder Berufsgruppen in einem zunehmenden Maße anzunehmen. Damit ist keineswegs gesagt, daß es hier zu einer vollständigen Übereinstimmung kommen kann, weil ja auch hier nach wie vor der Einfluß der Wirtschaftskulturen und auch der unterschiedlichen Unternehmenskulturen wirkt.

Eine dritte Möglichkeit, Werte in der Wirtschaft zu lokalisieren, sind Unternehmenskulturen. In diesem Bereich ist Differenz eine conditio sine qua non, weil gerade dadurch die Unternehmen ihre spezifische Identität erreichen, die die Art und Weise definiert, wie diese Organisationen ihre vielfältigen Kooperationsbeziehungen zu gestalten pflegen. Unternehmenskulturen können daher partiell mit denen bestimmter Wirtschafts- und Berufskulturen übereinstimmen, müssen dies aber nicht. Gerade in Zeiten der globalen Aufstellung ehemals nationaler Unternehmen ist der Wertewandel in diesen Organisationen von zentraler strategischer Bedeutung, da er nicht zuletzt über den Erfolg oder Mißerfolg entsprechender Zusammenschlüsse mit entscheidet.

Das Management of Diversity bezieht sich daher auf die Interpretation und Kombination der drei Werteebenen in einer Weise, die Friktionen mindert und Synergien fördert. Vor dem Hintergrund dieser Differenzierung und Aufgabenstellung läßt sich festlegen, daß das hier diskutierte Projekt sich auf die Ebenen der Wirtschaftskulturen und Unternehmenskulturen bezog. Die Frage „Was ist im umfassenden Sinne ein ‚gutes Geschäft'?" findet auch für die individuellen Akteure hier ihren Verankerungspunkt.

c) Die Wahrnehmung von Diversifität kann prinzipiell zu zwei unterschiedlichen Reaktionen führen. Die erste ist, daß danach gestrebt wird, Wertegleichheit herzustellen, die zweite ist, daß man die Wertedifferenz produktiv zu nutzen trachtet. Dies sind fundamental unterschiedliche Modi des Management of Diversity. So wird ein Unternehmen gegenüber Behinderten, Ethnien oder den Geschlechtern eine Politik der Einebnung von Diversifität einschlagen, also aus Gerechtigkeitsgründen auf Chancengleichheit achten. Das Ziel ist dabei die Inklusion dieser Gruppen in das Unternehmen durch die Wahrnehmung sozialer Verantwortung. Wenn es sich jedoch um interkulturelle Teambildung, Kooperationen oder Zusammenschlüsse handelt, dann wird ein Unternehmen gerade nicht auf die Einebnung der Wertedifferenzen abstellen, sondern sie so arrangieren wollen, daß gerade die Differenzen, also etwa unterschiedliche Arten des Wissens und des Umgangs mit Problemen, produktiv für das gesamte Projekt genutzt werden können. Auch hier wird die Inklusion in die Organisation angestrebt, allerdings durch die Erzielung von ‚economies of behaviour', d. h. also von Wettbewerbsvorteilen durch bestimmte Verhaltensdispositionen. Genau dies war demnach auch das Ziel des hier vorgestellten und diskutierten Forschungsprojektes, das im folgenden noch einmal durch ein Schaubild verdeutlicht wird.

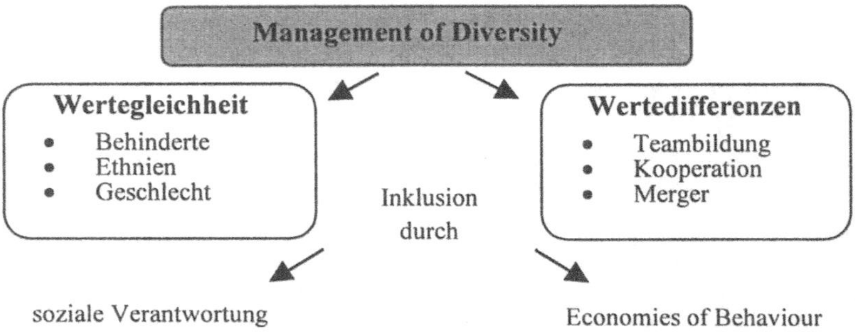

Abb. 4: Management of Diversity und Inklusion

Die Governance kultureller Diversifität stützt sich demnach analytisch auf die Instrumente i) der Koeffizientenmatrix, ii) des globalen Wertekreises, iii) der Kulturlevelmatrix und iv) der Inklusionsdifferenz. Es sind dies vier Instrumente des Managements of Diversity, die gemeinsam es erlauben, die mikroanalytische und mikropolitische Ausrichtung der Governanceethik zu realisieren.

III. Werte in deutsch-russischen Wirtschaftsbeziehungen

Die Ergebnisse des Forschungsprojekts wurden methodisch wie folgt generiert. Der erste Workshop diente dem Kennenlernen der beteiligten Forschungspartner und der Erarbeitung eines Programms für die folgenden zwei Workshops. Im zweiten Workshop wurden durch Vorträge und Diskussionen die Werte der deutschen und russischen Wirtschafts- und Unternehmenskultur vorgestellt und erörtert. Im dritten Workshop wurden russische, deutsche und deutsch-russische Arbeitsgruppen gebildet, deren Ziel es war, dialogisch Gemeinsamkeiten und Differenzen in den Wertvorstellungen und den Möglichkeiten des produktiven Umgangs mit ihnen zu erarbeiten. Die zusammengefaßten und systematisierten Resultate sehen nun folgendermaßen aus.

Russische Werte	Ranking	Deutsche Werte
Zuverlässigkeit	1	Kompetenz
Anstand	2	Pünktlichkeit
Kompromißfähigkeit	3	Patriotismus/ Nat.wirtsch. Ansatz
Kommunikationsfähigkeit	4	Anstand
Streßimmunität/ Robustheit	5	Gesetzestreue
Image	6	Reputation
Kompetenz	7	Image
Intuition	8	Profit
Langfristigkeit/ Stabilität d. Bezhg.	9	Zuverlässigkeit
Profit	10	Selbstbehauptung

Tab. 1: Werte aus russischer Sicht

Tabelle 1 zeigt aus russischer Sicht die grundlegenden zehn russischen und deutschen Werte in Wirtschaftsbeziehungen. Tabelle 2 bezieht sich auf die gleiche Aufgabenstellung, diesmal allerdings aus der Sicht der deutschen Teilnehmer.

Deutsche Werte	Ranking	Russische Werte
Vertragstreue (Qualität)	1	Vertrauen zu Personen
Bonität des Partners	2	Kurzfristiger Profit
Vertrauen in Organisation (Vertragspartner)	3	Partnerschaft
Zuverlässigkeit	4	Qualität
Vertrauen zu Personen (Partnerschaft)	5	Berechenbarkeit
Nachhaltiger Geschäftserfolg	6	Zuverlässigkeit
Leistungsbereitschaft	7	Kontinuität
Berechenbarkeit	8	Flexibilität
Wille zur Problemlösung	9	Bonität
Rechtmäßigkeit	10	Wille zur Problemlösung

Tab. 2 (oben) : Werte aus deutscher Sicht

Tab. 3 (unten): Fremd- und Selbstwahrnehmung im Vergleich

Russen über Deutsche	Deutsche über Deutsche	Ranking	Russen über Russen	Deutsche über Russen
Kompetenz	Qualität (Vertragstreue)	1	Zuverlässigkeit	Personales Vertrauen
Pünktlichkeit	Bonität	2	Anstand	Kurzfr. Profit
Patriotismus	Organisation. Vertrauen	3	Kompromißfähigkeit	Partnerschaft
Anstand	Zuverlässigkeit	4	Kommunikationsfähigkeit	Qualität
Gesetzestreue	Personales Vertrauen	5	Robustheit	Berechenbarkeit
Reputation	Nachhaltige Geschäftserfahrung	6	Image	Zuverlässigkeit
Image	Leistungsbereitschaft	7	Kompetenz	Kontinuität
Profit	Berechenbarkeit	8	Intuition	Flexibilität
Zuverlässigkeit	Wille zur Problemlösung	9	Stabilität	Bonität
Selbstbehauptung	Rechtmäßigkeit	10	Profit	Wille zur Problemlösung

Tabelle 3 schließlich liefert einen Vergleich der Fremd- (Russen über Deutsche/ Deutsche über Russen) und Selbstwahrnehmung (Russen über Russen/ Deutsche über Deutsche).

Aus diesen Tabellen lassen sich folgende Schlußfolgerungen ziehen:

1. Der Vergleich der Selbsteinschätzung von Russen und Deutschen zeigt die russische Wertschätzung für personale Werte (Zuverlässigkeit, Anstand, Kompromißfähigkeit, Kommunikationsfähigkeit, Robustheit, Image) und die deutsche Wertschätzung für sachorientierte Werte (Qualität, Bonität, organisationales Vertrauen, Zuverlässigkeit).

2. Darin drückt sich ein fundamentaler Unterschied russischer und deutscher Wahrnehmungsmuster aus. Russen interpretieren Geschäftsbeziehungen in erster Linier als Beziehungen zwischen Personen, während Deutsche sie in erster Linie als Beziehungen zwischen Organisationen interpretieren. Während Russen etwa die Erfüllung von Verträgen durch persönliche Bindungen sicherstellen wollen, erwarten Deutsche dies eher von den Organisationen, für die diese Personen agieren. Demnach ist für die russische Seite ein Vertrag auch kein Wort für Wort zu erfüllendes Dokument, sondern eher so etwas wie ein ‚letter of intent', während es für die deutsche Seite tatsächlich

ein ernsthaftes Dokument in dem Sinne ist, daß seine Erfüllung wort- und sinngemäß erwartet wird.

3. Russen ist klar, daß deutsche Geschäftspartner Gesetzestreue erwarten, schätzen diesen Wert für Deutsche allerdings höher ein als die Deutschen selbst (Platz 5 im Vergleich zu Platz 10). Für die interne russische Situation spielt dieser Wert allerdings keine Rolle (wird überhaupt nicht erwähnt); er wird funktional äquivalent ersetzt durch die bereits erwähnten personalen Werte. Dabei kann es sich sowohl um Tugenden handeln (Zuverlässigkeit, Anstand, Robustheit) als auch um Kooperationswerte (Kompromißfähigkeit, Kommunikationsfähigkeit, Intuitivität).

4. Weitere Schlußfolgerungen lassen sich ziehen, wenn wir die Daten in Leistungswerte, Kommunikationswerte, Kooperationswerte und moralische Werte differenzieren.[9] Alle Wirtschaftstransaktionen sind eingebettet in eine Atmosphäre, deren Zusammensetzung sich durch ein Wertevierecck analysieren läßt. Darüber geben die folgenden Tabellen 4 bis 7 Auskunft:

Leistungswerte	Kommunikationswerte
• Kompetenz • Pünktlichkeit • Profit	
Kooperationswerte	**Moralische Werte**
• Gesetzestreue • Reputation • Image • Zuverlässigkeit	• Patriotismus • Anstand • Selbstbehauptung

Tab. 4: Fremdwahrnehmung: Russen über Deutsche

9 Vgl. für diese Unterscheidung WIELAND (1999), S. 94.

Leistungswerte	Kommunikationswerte
• Bonität • Nachhaltiger Geschäftserfolg • Leistungsbereitschaft • Qualität	
Kooperationswerte	**Moralische Werte**
• Zuverlässigkeit • Berechenbarkeit • Wille zur Problemlösung • Rechtmäßigkeit	• Org. Vertrauen • Pers. Vertrauen

Tab. 5: Selbstwahrnehmung: Deutsche über Deutsche

Leistungswerte	Kommunikationswerte
• Kompetenz • Profit	• Kommunikations-fähigkeit
Kooperationswerte	**Moralische Werte**
• Zuverlässigkeit • Kompromißfähigkeit • Robustheit • Image • Intuition • Stabilität	• Anstand

Tab. 6: Selbstwahrnehmung: Russen über Russen

Leistungswerte	Kommunikationswerte
• Profit • Qualität • Bonität	
Kooperationswerte	**Moralische Werte**
• Partnerschaft • Berechenbarkeit • Zuverlässigkeit • Kontinuität • Flexibilität • Wille zur Problemlösung	• Pers. Vertrauen

Tab. 7: Fremdwahrnehmung: Deutsche über Russen

Während Russen nur zwei Leistungswerte als bedeutsam angeben (Kompetenz, Profit), legen Deutsche mehr Wert auf diesen Gesichtspunkt (Bonität, nachhaltiger Geschäftserfolg, Leistungsbereitschaft, Qualität). Dem gegenüber existieren Gemeinsamkeiten mit Blick auf den Kooperationswert Zuverlässigkeit, die voneinander erwartet wird. Unterschiedliche Akzentuierungen scheinen allerdings für die Ausfüllungen dieses Wertes verantwortlich zu sein (Deutsche: Berechenbarkeit, Wille zur Problemlösung, Rechtmäßigkeit; Russen: Kompromißfähigkeit, Image, Stabilität, Robustheit).

Kommunikationswerte spielen in den deutschen Nennungen keine Rolle, bei den russischen nur im Kontext des proaktiven Umgangs mit internen Unsicherheiten und fehlenden bzw. kontraproduktiven staatlichen Spielregeln. Moralische Werte spielen in beiden Gruppen nur eine marginale und eher summarische Rolle. Es wird vom jeweils anderen Vertrauenswürdigkeit und Rechtschaffenheit erwartet, ohne diese allerdings etwa in Werte wie Ehrlichkeit, Offenheit, Fairneß oder Gerechtigkeit zu spezifizieren. Auch scheint ein Zusammenhang zwischen mangelnder Kommunikationsorientierung und eher diffusen moralischen Wertvorstellungen zu existieren.

In der Tabelle 8 (siehe nächste Seite) sind die aus der Sicht der Teilnehmer typischen wechselseitigen Vorurteile und Ängste notiert, die den wirtschaftlichen Austausch behindern.

Wechselseitige Ängste und Stereotype zeigen aus russischer Sicht, daß Deutsche Pünktlichkeit und Patriotismus (also Geschäfte grundsätzlich zugunsten Deutschlands) schätzen, während aus deutscher Sicht die russischen Geschäftspartner nicht an langfristigen Beziehungen, sondern nur am kurzfristigen Profit interessiert sind.

Dieses Gesamtbild wird bestätigt und ergänzt, wenn man es vergleicht mit den Ängsten, die jeweils aus deutscher und russischer Sicht in solche Geschäftsbeziehungen hineinprojiziert werden. Es zeigt sich, daß die russischen Teilnehmer sehr genau wissen, welche Ängste deutsche Geschäftspartner mit ihren Aktivitäten verbinden, während die deutschen Teilnehmer hier etwas völlig anderes vermuten (nämlich Inferioritätsgefühle) als die Selbstwahrnehmung der Russen (mangelnde kulturelle Kompetenz) dokumentiert.

Aus russischer Sicht		Aus deutscher Sicht	
Deutsche in Rußland	**Russen in Deutschland**	**Deutsche in Rußland**	**Russen in Deutschland**
Willkürlicher Vertragsbruch Kriminalität Instabile pol. Verhältnisse Instabile Wirtschaft Fehlende Rechtssicherheit	Sprachbarriere Fehlende Landeskenntnisse Unkenntnis des wirtschaftlichen Ordnungsrahmens Kulturelle Unterschiede Keine persönliche Beziehung Fehlende Erfahrung	Rechtsunsicherheit Mafia, Betrug, Korruption Schlechte Zahlungsmoral (‚Zug um Zug' anstreben) Politische Unsicherheit, fehl. Transparenz, keine reproduzierbare Qualität Unterschiedliche Moralvorstellungen	Keine gleichberechtigten Partner Abzocken, Ausnutzen; nur nach fremden Spielregeln; unfaires Auslegen von Verträgen Schriftlicher Vertrag vor Vertraulichkeit ‚überzogene' Qualitätsanforderungen Schlechte Zahlungsmoral (Verzögerung von Zahlungen) Schlechte Qualität Andere Moralbegriffe

Tab. 8: Vorurteile und Ängste (Selbst- und Fremdwahrnehmung) im Vergleich

IV. Die Herstellung gemeinsamer Regeln

Das Projekt hat erstens gezeigt, daß die kulturelle Diversifität in deutsch-russischen Geschäftsbeziehungen ein kritischer Faktor ist, der, wenn man ihn nicht erkennt und bearbeitet, durchaus zum Scheitern solcher Beziehungen beitragen kann. Die gelegentlich geäußerte Vermutung, daß sich die deutsche und die russische Kultur sehr nahe stünden, konnte so nicht bestätigt werden. Als entscheidend haben sich dabei zweitens Informations- und Kommunikationsdefizite herauskristallisiert, aber drittens auch der Mangel, die staatlichen Regeldefizite auf russischer Seite durch private Governancestrukturen zu kompensieren, mit denen sich die Folgen der kulturellen Diversifität proaktiv bearbeiten lassen. Diese drei Facetten des Problems moralischer Werte in deutsch-russischen Unternehmensbeziehungen waren am Ende des Projekts allen Beteiligten überdeutlich.

In der Konsequenz lassen sich Regeln zur Herstellung einer gemeinsamen Wertebasis für deutsch-russische Unternehmensbeziehungen formulieren, die genau auf diese drei Gesichtspunkte abstellen. Während die Regeln für beide Seiten gelten, sind die Spezifizierungen in den Punkten a) und b) als Empfehlungen für das deutsche Management gedacht. Dies sind die Regeln:

1. Vermeide ein vorschnelles Urteil über Werthaltungen!
   a) Erkenne, daß die chaotischen Bedingungen während der Transformationszeit in Rußland die Hauptquelle für die Unsicherheit moralischer Standards ist.
   b) Erkenne, daß das Fehlen und die Mängel legaler Strukturen ein moralisches Vakuum schaffen, in dem russische Unternehmer und Manager zu ad hoc-Entscheidungen bei Unsicherheiten gezwungen sind.
2. Suche gemeinsam nach bilateralen Instrumenten und Arrangements auf der Unternehmensebene, die helfen, das moralische Vakuum zu füllen!
   a) Kommuniziere deine eigenen moralischen Standards am Beginn einer Kooperation. Erwarte dies auch von deinem Partner.
   b) Einige dich mit deinem Partner auf eine Clearingstelle oder ein Verfahren, in dem strittige Perspektiven geklärt werden können.
3. Beschäftige dich mit der Kultur deines Kooperationspartners!
   a) Sei dir bewußt, daß viele Russen eine grundsätzlich kritische Einstellung zu marktwirtschaftlichen Unternehmenspraktiken haben.
   b) Vermeide Konflikte (aber nicht die Diskussion) über moralische Grundüberzeugungen. Transformiere ideologische Konflikte in ein praktisches Gestaltungsproblem.

Diese Regeln reflektieren die Probleme der Governance kultureller Diversifität in deutsch-russischen Kooperationen. Sie reflektieren die Annahmen der eingangs entwickelten Koeffizientenmatrix, nämlich daß die negative Wirkung der formalen russischen Institutionen durch einen Prozeß eingedämmt werden sollten, der auf individuelle und private organisatorische Governancestrukturen (IS = 1, OKK = 1) setzt. Der mangelhafte ordnungspolitische Rahmen kann in seinen Wirkungen abgefedert werden durch den schrittweisen Aufbau einer lokalen werteorientierten Vertrauenskultur (IF). Ohne solche „Zonen der Integrität" wird es für die russischen Unternehmer auch in Zukunft schwer sein, internationale Kooperationen einzugehen, die sich nicht auf politische oder ökonomische Erzwingungsmechanismen stützen können. Da aber der Wandel einer Wirtschaftskultur eine sehr langfristige Perspektive hat, sind die in diesem Projekt entwickelten gemeinsamen Lernstrukturen und lokalen Regelsysteme vielleicht ein Weg, den Prozeß eines institutionellen Wandels zu stabilisieren.

Literaturverzeichnis

CARR, J., COOPER, C. u. HOLDEN, N. (1998): *Dealing with the new Russia: Management cultures in collision*, Chichester (John Wiley & Sons).

CATTANEO, E. (1992): „Managing joint-ventures in Russia: Can the problems be solved?", *Long Range Planning*, 25, 5, S. 68-72.

DABARS, Z. u. VOKHMINA, L. (1995): *The Russian way*, Lincolnwood, IL (Passport Books).

HAMPDEN-TURNER, C. u. TROMPENAARS, A. (1993): *The Seven Cultures of Capitalism*, New York (Currency Doubleday).

HOFSTEDE, G. (1991): *Cultures and organizations. Software of the Mind*, London (McGraw-Hill).

IVANOV, M. (2000): „Moral Values in Russian Business", in: J. WIELAND (Hrsg.): *Dezentralisierung und weltweite Kooperationen. Die moralische Herausforderung der Unternehmen*, Marburg (Metropolis).

KETS DE VRIES, M. (1998): *The anarchist within: Clinical reflection on Russian character, leadership style, and organizational practices*. Working paper, Fontainebleau (INSEAD).

LAWRENCE, P. u. VLACHOUTSICOS, C. (1990): „Managerial patterns: Differences and commonalities", in: LAWRENCE, P. u. VLACHOUTSICOS, C. (Hrsg.): *Behind the factory walls: Decision making in Soviet and U.S. enterprises*, Boston (Harvard Business School Press).

MICHAILOVA, S. (1998): „Interface between Western and Russian management attitudes: Implications for organizational change", in: R. LANG (Hrsg.): *Führungskräfte im osteuropäischen Tranformationsprozeß*, München (Hampp).

PUFFER, S. M. (1993): „A riddle wrapped in an enigma: Demystifying Russian managerial motivation", *European Management Journal*, 11, 4, S. 473-480.

PUFFER, S. M. (1994): „Understanding the bear: A portrait of Russian business leaders", *The Academy of Management Executive*, 8, 1, S. 41-54.

PUFFER, S. M. u. MCCARTHY, D. J. (1995): „Finding the common ground in Russian and American business ethics", *California Management Review*, 37, 2, S. 29-46.

PUFFER, S. M., MCCARTHY, D. J. u. NAUMOV, A. I. (2000): *The Russian capitalist experiment: From state-owned organizations to entrepreneurships*, Cheltenham/ Northampton, MA (Elgar).

VLACHOUTSICOS, C. u. LAWRENCE, P. (1990): „What we don't know about Soviet managment", *Harvard Business Review*, Nov./Dec., S. 50-63.

WIELAND, J. (1997): „Unternehmensethik als Erfolgsfaktor in globalen Kooperationen", in: U. KRYSTEK u. E. ZUR (Hrsg.): *Internationalisierung. Eine Herausforderung für die Unternehmensführung*, Berlin u. a. (Springer), S. 527-541.

WIELAND, J. (1999): *Die Ethik der Governance*, Marburg (Metropolis).

WIELAND, J. (2000) (Hrsg.): *Dezentralisierung und weltweite Kooperationen. Die moralische Herausforderung der Unternehmen*, Marburg (Metropolis).

WIELAND, J. (2001): „Eine Theorie der Governanceethik", *Zeitschrift für Wirtschafts- und Unternehmensethik*, 2, 1, S. 8-33.

WIELAND, J. u. GRÜNINGER, ST. (2000): „EthikManagementSysteme und ihre Auditierung: Theoretische Einordnung und praktische Erfahrungen", in: J. WIELAND (Hrsg.): *Dezentralisierung und weltweite Kooperationen. Die moralische Herausforderung der Unternehmen*, Marburg (Metropolis).

Kapitel 7

In the long run we all become Americans. Anmerkungen zum Kulturwandel der Multis

JOSEF MERAN

Nach der Faszination für den Shareholder-Ansatz haben sich Management und Wissenschaft wieder mehr dem Thema Unternehmenskultur zugewandt. Im Zuge der Globalisierung scheint dabei die Frage nach transkulturellen Wertekonflikten eine wichtige Rolle zu spielen. Vor allem bei global agierenden Unternehmen, den Multis, sieht man in der Vermittlung von amerikanischen, europäischen und asiatischen kulturellen Verhaltensweisen und Führungsstilen eine wichtige Kommunikations- und Managementaufgabe.

Die transkulturellen Wertkonflikte in Unternehmen und Wirtschaft werden dabei aber einerseits überschätzt, andererseits unterschätzt. Überschätzt werde sie, weil durch die Vormachtstellung des amerikanischen Managementstils die transkulturellen Wertdifferenzen vielfach eingeebnet werden. Darauf bezieht sich der Titel vorliegenden Beitrags. Unterschätzt werden diese Wertkonflikte jedoch, weil, anders als es das Modell des „homo oeconomicus" vorsieht, in den Unternehmen nicht zweckrational, sondern wertrational und emotional gehandelt wird. Dem zweckrationalen „homo oeconomicus" wird man allenfalls in Lehrbüchern, nicht aber im Betrieb begegnen.

I. Strukturwandel in der Industrie der 90er Jahre als Kulturrevolution?

Der dramatische Wandel, der sich in den letzten zehn Jahren in den multinationalen Unternehmen vollzogen hat, ist vielschichtig. Veränderungen im gesellschaftlichen-wirtschaftlichen Umfeld haben zu Organisations- und Verhaltensänderungen innerhalb der Unternehmen geführt. Doch der Bedingungszusammenhang verläuft nicht nur von draußen nach drinnen. Da ein erheblicher Teil der gesellschaftlich aktiven Bürger in multinationalen Unternehmen arbeitet, gehen auch Impulse zum gesellschaftlichen Wertewandel von diesen Unternehmen aus. Sowohl für die Unternehmen als auch für die Gesellschaft ist schließlich eine Frage besonders wichtig: welches sind die Wertüberzeugungen und Erwartungen der kommenden Generation und damit unserer Nachwuchskräfte? Wie werden sie unsere gegenwärtigen Anforderungen und Werte verändern?

Der Autor hatte die Gelegenheit, einen der radikalsten und aufregendsten Veränderungsprozesse in der deutschen Industrie mitzuerleben und mitzugestalten: Den Transformationsprozess von Hoechst von einem umsatzmäßigen zwar riesigen, aber renditemäßig mittelmäßigen Konglomerat zu zwei völlig neuen unabhängigen Multis im Bereich Life Science und Chemie. Der erste Weg führte über einen Merger mit dem französischen Konzern Rhone Poulenc, der zweite über eine Abspaltung und einen Börsengang, zur Celanese AG.

Im Vergleich zu einer strategische und operativen Neuorientierung verändert sich die Unternehmenskultur eher im Tempo dessen, was Historiker die „longue durée" nennen. Daher sind auch heute, zwei Jahre nach Abschluß des Transformationsprozesses „kulturelle Altlasten" zu bewältigen. Diesen Umstand wollen viele Manager nicht wahrhaben und wundern sich daher, daß Umstrukturierungen nicht zu dem erwarteten Erfolg führen.

Chart 1:

Celanese

Wandel der Unternehmenskultur: Das Beispiel Hoechst

	„BASF – Bayer – Hoechst" (- 1994)	Hoechst „Aufbruch 1994" (1994-1999)	Celanese AG – „Altlast" und Neuorientierung (2000 -)
Organisations-form	Zentral(istisch); „Stammhaus"	Dezentral; strategische Management-Holding	Dezentral, aber Vorstände mit operativer Verantwortung
Management-kultur	Deutsch; Auslandserfahrung	„global"	> amerikanisch < deutsch
Professions-schwerpunkt	Chemie, Produktion	Management, Biotechnologie	Management, Produktion/ Service

Um den Transformationsprozess im Ausmaß des Beispiels Hoechst zu verstehen, bietet sich an, drei Ebenen im kulturellen Wandlungsprozeß zu unterscheiden:

Bevor der Transformationsprozess eingeleitet wurde ähnelt sich die drei großen Chemieunternehmen BASF-Bayer-Hoechst im Hinblick auf die **Organisationsform**. Diese war zentralistisch, hierarchisch und komplex. Der Karriereweg führte über das „Stammhaus". Wertegeprägt und stolz auf ihr Unternehmen zeigten sich die Mitarbeiter. Die Nationalität trat hinter die Zugehörigkeit zu diesem Hause. Diese hat etwas Jesuitisches an sich, auch hinsichtlich des Auftretens im Ausland.

Die **Managementkultur** war deutsch, wenn auch die Auslandserfahrung ein wichtige Voraussetzung für die oberen Führungspositionen darstellte. „Deutsch" meint hier eher qualitätsorientiert, denn effizient, eher kundentreu, denn stets nach den profitabelsten Geschäftspartnern suchend, eher fürsorglich gegenüber den Mitarbeitern, denn einen permanenten Leistungs- und Auslesedruck ausübend, eher gesellschaftlich engagiert (Sozialpartnerschaft), denn rein Shareholder orientiert.

Neben den nationale oder regionale Mentalitätsunterschiede spielt der **Professionsschwerpunkt** eine gleichgewichtige Rolle bei der Charakterisierung einer Unternehmenskultur. Hier war die Unternehmenskultur der „großen Drei" durch den Beruf des Chemikers und die Bedeutung der Produktion geprägt. Der Einfluß der Wirtschafts- / Gesellschaftswissenschaftler und des Marketing nahm sich gegenüber der ersten Berufsgruppe bzw. dem Lebensbereich der Produktion nachrangig aus.

Mit dem „Aufbruch 1994" wurde zunächst auf die Eigen- und Ergebnisverantwortung der Geschäfte gesetzt. Diejenigen Geschäfte, die nicht eine zentral vorgegeben Rendite erwirtschafteten, wurden abgestoßen, d.h. verkauft oder in Allianzen eingebracht. Das Renditeziel orientierte sich nicht an internen Maßstäben, sondern an Erwartungen des Kapitalmarktes bzw. den Kennzahlen der Wettbewerber. Hoechst wurde damit zu einem dezentralen Unternehmen. Die „Zentrale" reduzierte sich auf eine Art „strategische Holding", die einerseits finanzielle Steuerungsgrößen vorgab, andererseits das Gesamtportfolio in Richtung renditeträchtiger Geschäftsfelder (Pharma) umschichtete.

Bezüglich der Managementkultur gab der neue Vorstandsvorsitzende die Parole „Entrosten und Entfrosten" aus. Diese Begriffe sprechen für sich und haben in dem Unternehmen eine Art Kulturrevolution ausgelöst und zu einer Umwertung überkommener Werte geführt. Ein scharfer Wind der Offenheit, Kritik, Kreativität und Eigeninitiative fegte durch die Gebäude und brachte manche morsche Mauer zum Einsturz. Einhergehend mit einer strikten Finanzorientierung des Managements gewannen die Controlling- und Marketingfunktionen gegenüber der Produktion, ebenso die biotechnologische Forschung gegenüber der Chemie ein höheres „unternehmenskulturelles" Ansehen. Der anfängliche Versuch aber, einen dritten Weg zwischen einer deutschen und amerikanischen Unternehmenskultur zu finden, scheiterte. Der „globale" Manager erwies sich als heimatlos und irritierte in jeder Region seine Geschäftspartner. Spätestens seit der Fokussierung von Aventis – dem Merger von Hoechst und Rhone Poulenc – auf das Arbeitsgebiet von Pharma, zeigte es sich, daß der Amerikanisierung des Unternehmens keine Alternative mehr entgegen zu setzen war.

Ebenso wie Aventis hatte das Ende 1999 abgespaltene und an die Börse gebrachte vormalige Chemiegeschäft von Hoechst seinen eigenen Weg zu gehen. Unter dem Namen Celanese AG formierte sich ein Unternehmen, das zwar einerseits vom Geist des „Aufbruch 1994" geprägt war, andererseits ein starkes amerikanisches Standbein hatte, die Celanese Americas. Letzteres Unternehmen war von einer produktionsorientierten und hierarchischen Kultur geprägt, in gewisser Weise ein kleines Alt-Hoechst. Auch hier wurde dem Unternehmen zunächst eine dezentrale Organisationsform verabreicht und diejenigen Geschäfte, die nicht zum Kern gehörten, veräußert. Das sogenannte „Corporate Center“ agiert jedoch nicht wie die Aventis als Holding, sondern nahm auch operative Funktionen wahr. Als eines der brennendsten kulturellen Problem erwies sich der modus vivendi zwischen dem amerikanischen und deutschen Management sowie die Disproportion zwischen dem geschäftlichen Schwerpunkt in den USA und der deutschen Eigentümer- und Verwaltungsstruktur. Vorliegender Beitrag thematisiert deswegen auch die Wege, die zur „Lösung“ dieses Problems bislang eingeschlagen wurden.

Kulturwandel ist nicht allein endogen zu erklären, also aus dem Strukturwandel der Branche und dem Reeingineering im Unternehmen. Veränderungen im Umfeld der Unternehmen und der Zwang, sich auf diese ein zu lassen, bereiten den Boden für die tiefergehenden Veränderungsprozesse im Unternehmen. Die Chemie- und Pharmaunternehmen hatten sich in den 90er Jahren vor allem mit der Umwelt- und Menschenrechtsbewegung sowie mit der Kritik an den Multis seitens von NGOs auseinanderzusetzen. Hoechst gehörte in Europa zu denjenigen Unternehmen, die immer wieder in diese Debatten verstrickt waren, die aber auch viel aus diesen politischen Auseinandersetzungen lernen und zu gegenseitigen Verhaltensänderungen beitragen konnten. Am Ende der 90er Jahr stellte die Kommunikation neben der Forschung den wichtigsten „Unternehmenswert“ bei Hoechst dar.

Der Kulturwandel in den multinationalen Unternehmen vollzieht sich auf dem Hintergrund von und angestoßen durch gesellschaftliche und wirtschaftliche Umfeldveränderungen, die stichwortartig festgehalten seien.

Chart 2:

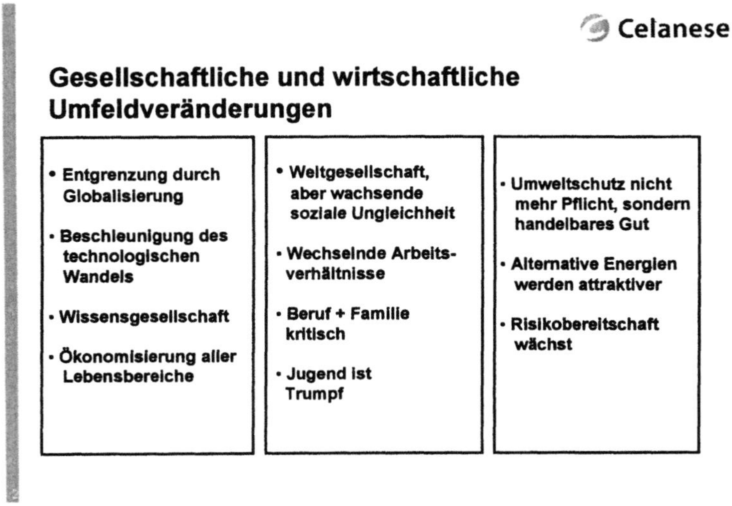

Globalisierung

Weltweiter Wettbewerb, insbesondere Konkurrenz aus USA und Asien. Institutionelle Anleger suchen branchenübergreifend nach Anlagemöglichkeiten. Kostengünstigste und marktnahe Standorte sind entscheidend. Weltweites recruiting für Führungspositionen. Mediale Aufmerksamkeit umspannt den ganzen Globus.[1] Stichwortartig sind in jüngster Zeit folgende Parameter ausschlaggebend:

Beschleunigung

Kosteneffizienz ist nicht mehr ein hinreichender Wettbewerbsvorteil, nur Innovationen sichern das Überleben in der modernen Wirtschaftsgesellschaft. Die Beratungsfirma McKinsey nennt ihr innovatives online services team „Accelerator“; man spricht vom „Turbokapitalismus“[2].

1 THOMAS L. FRIEDMAN (1999).
2 EDWARD LUTTWAK (1999).

Immaterielle Werte

Auch in der „old economy“ nimmt die Bedeutung immaterieller Werte zu - vom Produkt zur Problemlösung. Jedoch bleibt materielles Wohlergehen vorrangiges Bedürfnis der Menschen.

Ökonomisierung

Die Wirtschaft beherrscht zunehmend alle Lebensbereiche (Mehr-haben-Wollen, Kosten/Nutzen-Denken, Eigennutz, befristete Vertragsbeziehungen, anstelle von dauerhaften Bindungen).[3]

Soziale Ungleichheit

Der Abstand zwischen den reichsten (Prokopfeinkommen) und ärmsten Ländern hat in den letzten 30 Jahren um 150% zugenommen. U.S. Top Manager verdienen 44x mehr wie der durchschnittliche Arbeiter. Es zu erwarten, daß die soziale Ungleichheit zunehmend zu einem der wichtigsten issues wird.

Flexibilisierung (Mobilität) des Arbeitsmarktes

Wir stehen erst am Anfang einer sehr ambivalenten Entwicklung: einerseits (intellektuell) herausfordernde Arbeitsmöglichkeiten, andererseits Erodierung des Familienlebens (Freizeit < Arbeitszeit), Ausschluß von nicht-Wissensarbeitern (Niedriglohn) von den Ressourcen der Gesellschaft.

Umweltschutz

Gewichtsverlagerung innerhalb von Sustainable Development zugunsten von ökonomischen Imperativen.

Im Austausch der Unternehmen mit der Gesellschaft hat sich im Laufe der letzten anderthalb Jahrzehnte auch die Art der unternehmerischen Verantwortung verändert. Das unternehmerische Verantwortungsbewußtsein macht aber eine entscheidende Stellgröße der Unternehmenskultur aus.

Erweitert hat sich diese, in dem sie sich nicht mehr alleine auf die Mitarbeiter, Kunden und Aktionäre, sondern immer mehr auch auf Dritte erstreckte. Diese umfassen Kollektive aller Art, nahe, wie z.B. die Nachbarschaft, ferne, wie z.B. Volksgruppen in abgelegenen Regionen, die auf die indirekteste Weise von der Existenz des Unternehmens betroffen sind. Mit dem Aufkommen der Sustainable Development-Bewegung sind auch die Unterneh-

3 JEREMY RIFKIN (2000); RICHARD SENNETT (1998).

men in den Verantwortungskreis künftiger Generationen eingeschlossen worden.

Gesellschaft und Politik haben die unternehmerische Verantwortung nicht nur ausgeweitet, sondern auch vertieft. Unternehmen müssen nicht nur für die Folgen ihrer Handlungen gerade stehen, sondern man mutet ihnen eine generelle Fürsorge- und Erhaltungsverantwortung (Treuhänderverantwortung) zu. So sieht etwa das deutsche Umwelthaftungsgesetz eine vom Verschulden unabhängige Haftung für Gesundheits- und Sachschäden durch Umwelteinwirkungen vor: Während der Geschädigte nur die Schadensneigung einer Chemieanlage zu beweisen hat, muß der Anlageninhaber diese Vermutung entkräften. Dadurch entstehen für ihn erhebliche Dokumentations- und Versicherungskosten.

In jüngerer Zeit hat sich das mediale Interesse für die unternehmerische Verantwortung von dem Fokus auf betroffene Dritte (z.B. Umwelt) wieder mehr auf die Kernverantwortung gegenüber Aktionären und Kunden verlagert. In Verbindung mit dem Shareholder-Ansatz wird diese Verantwortungsdimension aber aggressiver thematisiert als in der Vergangenheit. Für die BILD-Zeitung war ein Chemieunfall bei der BASF angesichts der Hauptversammlung von DaimlerChrysler nicht eine Schlagzeile wert.

II. Unternehmen als Wertegemeinschaft

Die Unternehmenskultur erschließt sich dem aufmerksamen Beobachter sehr schnell. Sie drückt sich in den vielfältigsten Formen und meist in den von der Unternehmenskommunikation nicht gesteuerten Äußerungen aus – vom Besucherempfang, über die Korrespondenz, das Kantinengespräch, die Kleiderordnung bis zu Umgangsformen, Arbeitsprozessen, Führungsstil etc.

In den letzten zehn Jahren ist zu beobachten, daß die nationalen oder regionalen Wertunterschiede innerhalb globaler Unternehmen gegenüber den spezifischen Werten, durch die sich die verschiedenen Professionen, wie z.B. Naturwissenschaftler, Kaufleute, Rechtsanwälte, Kommunikationsfachleute etc. identifizieren, zunehmend in den Hintergrund treten. Gleichwohl spielen die kulturellen Wertunterschiede eine wichtige Rolle. In den multinationalen Unternehmen Hoechst/Aventis und Celanese erfährt der Autor die regionalen Wertdifferenzen etwa in der Weise:

USA
- Patriotisch; stolz auf das Unternehmen
- Leadership; hierachiebedürftig
- Shareholder value; profit- bzw. zielorientiert; größte Marketingkompetenz

Deutschland
- Global anpassungsfähig
- Job-Herausforderung wichtiger als Zugehörigkeit zu einer bestimmten Firma
- Konsensorientiert, Sozialpartnerschaft
- Eigenverantwortung + Mitwirkung

Japan/Südostasien
- Bedeutung von formellen Verhaltensweisen, zurückhaltende Kommunikation
- Konsensorientiert (formaler Abstimmungsbedarf), Bedürfnis nach Vorgaben
- Firma als Heimat, großer persönliche Einsatz

Konflikte innerhalb eines Multis zwischen diesen regionalen Werten, z.B. zwischen formalem Abstimmungsbedarf/Hierarchie und Eigenverantwortung werden überlagert oder verstärkt durch unterschiedliche berufsständische Werte/Verhaltensweisen. Erfahrungsgemäß sind Naturwissenschaftler und Ingenieure davon geprägt, Erkenntnisse als Wert an sich und die öffentliche Legitimierung von (kommerzieller) Forschung & Entwicklung nicht als wichtige Perspektive zu begreifen. Ihr Kommunikationsideal liegt in Gründlichkeit und Vollständigkeit. Accounter, Controller und Juristen sind detailorientiert und haben ein Sicherheits- und Kontrollbedürfnis. Für Marketingleute und Kommunikatoren haben die Beziehungsebene und Vertrauen Vorrang. Sie bevorzugen eine eher generelle und strategische Perspektive der Dinge. Häufige werden daher Wertekonflikte zwischen diesen Professionen auf dem Hintergrund eines sehr unterschiedlichen Kommunikationsverständnisses ausgetragen.

Wie sich nun kulturelle und professionelle Wertekonflikte verbünden können, zeigt sich bei Multis z.B. darin, daß zunehmend U.S.-Anwälte, mit ihrer aggressiven, profitorientierte Verhandlungsführung den Ton angeben, wobei ihnen durch die zunehmende Verrechtlichung aller externen Unternehmensbeziehungen schon das Feld bereitet wird. Auch im Accounting dominieren U.S.-Verhaltensregeln wie sie sich aus der US GAAP-Rechnungslegung ergeben.

Anzeichen dafür, daß „in the long run we (= Multis) all become Americans" finden sich sowohl im Umfeld als auch im Inneren der Unternehmen auf vielfache Weise. Stichwortartig:

Wettbewerb

Wettbewerb ist ein Konstitutionsprinzip der amerikanischen Gesellschaft. Durch den globalen Trend der Ökonomisierung aller Lebensbereiche gewinnt die US-Gesellschaft eine Vorreiterrolle. Ihr durchgängiger Wettbewerb pendelt zwischen sportlich und gnadenlos. In Europa und Asien besitzt der Wettbewerb nicht den gleichen hohen Stellwert in der Wertehierarchie.

Englisch

Wer die Sprache bestimmt, hat das Sagen. Englisch/Amerikanisch wird zunehmend zur Weltsprache und ist bereits *die* Businessprache. Der native speaker besitzt einen Karrierevorteil, Übersetzungen in andere Sprachen sind zeitaufwendig und kostspielig. Anglizismen in der deutschen Management- und Umgangssprache sind aber nicht selten Ausdruck von Imponiergehabe und Zynismus.

Shareholder value

Seit Mitte der 90er Jahre ist Shareholder value zu obersten Wertorientierung in den großen Unternehmen geworden. Die Rendite (für die Aktionäre) rangiert vor der Verwirklichung einer unternehmerischen Idee. Der globale Einfluß institutioneller US-Anleger ist enorm. Wenn die Unternehmen als Gelderzeugungsmaschinerie angesehen werden, wird es schwieriger, die Mitarbeiter inhaltlich zu motivieren und zu begeistern. Das Shareholder Value-Konzept dient auch über den Bereich des Unternehmens hinaus als Vehikel für eine gesellschaftliche Neuorientierung; die Tage des Wohlfahrtstaates und des „Rheinischen Kapitalismus" scheinen gezählt zu sein. Es gibt aber zu Beginn des 21. Jahrhundert Anzeichen dafür, daß der Shareholder value Ansatz nicht das universale Wertparadigma für die Unternehmen und die Wirtschaftsgesellschaft bleiben wird.

New Economy

Die U.S. Unternehmen haben frühzeitig und massiv in die Informationstechnologie investiert. Der zukunftsträchtige TMT-Markt ist daher weitgehend von den USA beherrscht.

Arbeitsweise

Das Arbeitsleben amerikanischer Manager wird zunehmend zur Richtschnur unternehmerischer Aktivitäten. Arbeit wird Selbstzweck und die schrumpfende Freizeit ebenfalls als weitere Leistungsbetätigung gestaltet. Dabei unterliegen die Arbeitsbedingungen einer im größer werdenden Flexibilisierung, d.h. wechselnde Arbeitsverhältnisse (jobs) häufen sich und das Leben fragmentiert sich zunehmend zu Episoden, alles ohne Zusammenhang (vgl. Anm. 3).

III. Wertorientierung von Nachwuchskräften

Eine Auswertung von Stellenanzeigen in deutschen Tageszeitungen zeigt, welche Berufsqualifikationen in den Unternehmen nachgefragt werden (Länge der Balken = Häufigkeit). Ob diese Eigenschaften im beschriebenen Trend der Amerikanisierung der Unternehmen liegen, soll hier nicht entschieden werden.

Chart 3:

Vielmehr sollen diese Anforderungen seitens der Unternehmen mit den Erwartungen von Nachwuchskräften konfrontiert werden, die in der „Aufbruchsphase“ der Hoechst AG Ende 1999 befragt wurden.

Chart 4:

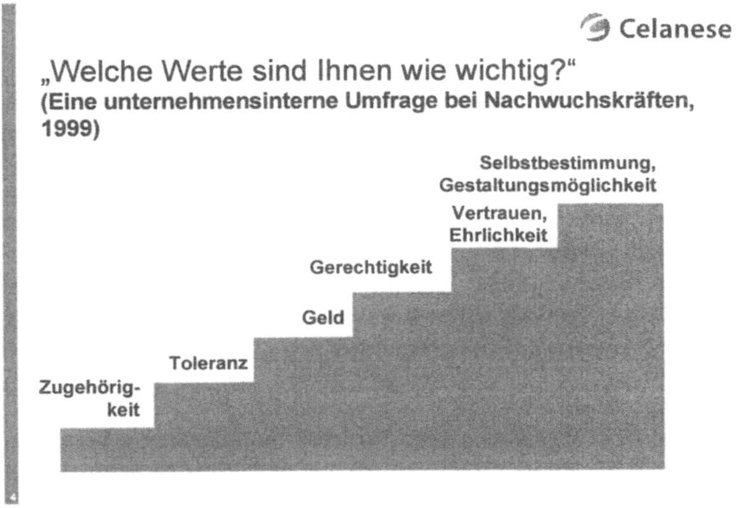

Vergleicht man die erfragte Wertehierarchie (Chart 4) mit den Anforderungen der Unternehmen (Chart 3), so zeigen sich zwar keine direkten Gegensätze, jedoch sind die ermittelten Werte nicht immer gleichrangig. Am Auffälligsten ist der hohe Stellenwert von „Vertrauen/Ehrlichkeit“ bei den Nachwuchskräften und die relativ niedrige Wertigkeit von „Integrität“ bei den Unternehmensanforderungen. Ob der Platz 1 „Gestaltungsmöglichkeit“ (Nachwuchskräfte) mit dem letzten Platz „Kreativität“ (Unternehmensanzeigen) in einem Widerspruch steht, ist wohl aus diesem Vergleich nicht hinreichend abzuleiten.

Bei ihren Kriterien für die Führungskräfteentwicklung geht die Celanese AG davon aus, daß diese, zumal sie nicht als Rangfolge, sondern im Sinne einer Checkliste zu verstehen sind, weit genug gefaßt sind, um dem Wertewandel gerecht zu werden. Diese sind:

- Unternehmerisch handeln
- Strategisches Denken

- Informationsmanagement
- Kundenorientierung
- Beziehungen und Netzwerke
- Veränderungsmanagement
- Offenheit
- Organisationsentwicklung
- Multikulturell
- Teamarbeit

Ein gutes halbes Jahr nach ihrer Neugründung begann die Celanese AG mit der internen Diskussion über die Werte, die sich das neuen Unternehmen geben sollte. Aus einer Managementumfrage ergab sich, daß über 70% der Befragten die richtige Unternehmenskultur für den Erfolg des Unternehmens für entscheidend hielten. Gut 36% sprachen sich dabei für eine unternehmensweite Kultur, gut 56% für eine Kultur, die die Eigenheit der großen Geschäftseinheiten bewahren sollte, aus. Die kulturellen Differenzen zwischen dem amerikanischen und deutschen Unternehmensteil wurden in ihrer Bedeutung erkannt: je gut ein Viertel der Befragten gingen davon aus, daß es immer zwei Kulturen im Unternehmen geben wird bzw. „in the long run we all become Americans".

Im Sommer 2000 wurde eine amerikanische Beratungsfirma beauftragt, die vorhandene Werteordnung zu kartografieren und Vorschläge zur Veränderung der Unternehmenskultur (Wertewandel) zu machen. Eingehende Interviews mit Entscheidungsträgern ließen die Stärken und Schwächen der existierenden Unternehmenskultur hervortreten. Zu den Stärken gehörten Technologie know-how, Umweltschutzverantwortung, Kundenorientierung, Internationalität, Teamgeist. Bei den Schwächen traten Kommunikationsdefizite, vor allem zwischen Amerikanern und Deutschen, Hemmungen, schwierige Probleme direkt anzusprechen und Ängste vor Veränderungen auf. Ein Managementteam unter Einschluß des Vorstandes entwarf dann auf der Grundlage dieser Untersuchung einen ersten Wertekanon für die neue Celanese AG.

Dieser Entwurf wurde unternehmensweit mit den Mitarbeiter diskutiert und Anregungen in einen zweiten Entwurf aufgenommen. Der zweite Entwurf wurde schließlich mit den Unternehmenswerten der wichtigsten Wettbewerber verglichen und kritisch hinterfragt. Ebenso versuchte man den Umstand mit zu bedenken, daß, wie der Vorstandsvorsitzende sich ausdrückte, „eBusiness die Art, wie wir Geschäfte betreiben, fundamental verändern wird". In einem abschließenden Workshop im Januar 2001 kondensierte der Vorstand die bisherige Diskussion in einem Konzept, das die wichtigsten

Werte auf den Punkt bringt und sich sowohl in der intern als auch externen Kommunikation griffig vermitteln läßt.

Als Markenzeichen der neuen Celanese AG erwies sich dabei, die Werte mit einer Vision zu verknüpfen und die emotionale Basis für eine Leistungskultur zu legen. Nun aber begann erst die eigentliche Arbeit der Umsetzung der Wert im Leben des neuen Unternehmens.

Chart 5:

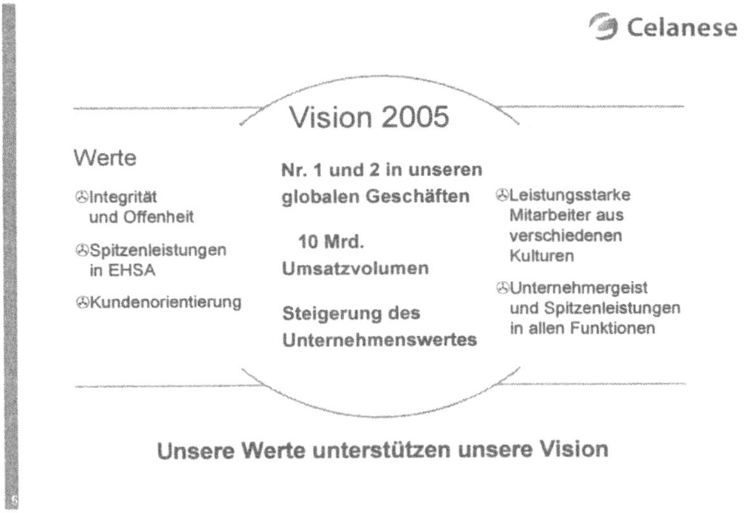

Literaturverzeichnis

FRIEDMAN, THOMAS L. (1999): *Globalisierung verstehen. Zwischen Marktplatz und Weltmarkt*, Berlin (Ullstein).

LUTTWAK, EDWARD (1999): *Turbokapitalismus. Gewinner und Verlierer der Globalisierung*, Hamburg (Europa).

RIFKIN, JEREMY (2000): Access. *Das Verschwinden des Eigentums*, Frankfurt Campus).

SENNETT, RICHARD (1998): *Der flexible Mensch. Die Kultur des neuen Kapitalismus*, Berlin (Berlin).

Kapitel 8

Zugehörigkeit, Verschuldung und Vermittlung. Zur Ordnung wirtschaftlicher Beziehungen in Südkorea[1]

REINER MANSTETTEN/MI-YONG LEE

Im Gegensatz zu einer volkswirtschaftlichen Untersuchung zielt eine ethische Betrachtung wirtschaftlicher Beziehungen auf deren Bewertung unter Gesichtspunkten, die allgemeine Anerkennung verdienen und daher universell genannt werden können. Vergleicht man indes wirtschaftliche Beziehungen in verschiedenen Kulturen, so stellt sich die Frage, auf welcher Basis ein solcher Vergleich möglich ist und ob sich überhaupt universelle, von der jeweiligen Kultur unabhängige Gesichtspunkte der Bewertung formulieren lassen. Auseinandersetzungen über diese Frage münden in der Regel in Grundsatzdiskussionen über die prinzipielle Möglichkeit oder Unmöglichkeit einer universal gültigen Ethik.

---

1 Für kritische Kommentare und hilfreiche Anregungen danken wir Malte Faber und Martin Quaas.

Vielfach erscheint es indes angebracht, derartigen Grundsatzdiskussionen über die Möglichkeit von Bewertungen eine Beschreibung wirtschaftlicher Beziehungen in den zu vergleichenden Kulturen voranzustellen. Beschreibungen, die das Selbstverständnis der Akteure innerhalb einer Kultur ernst nehmen, bieten die Möglichkeit, Bewertungsfragen aus dem Raum der Abstraktion in das Feld der Erfahrung derer, die an diesen Beziehungen teilhaben, zu überführen. In diesem Sinne will auch die folgende Beschreibung von Beziehungsmustern in der (süd-)koreanischen Gesellschaft verstanden werden.[2]

Aus unserer Zielsetzung ergibt sich, daß eine derartige Beschreibung sich nicht in der Begrifflichkeit der Wirtschaftswissenschaften durchführen läßt. Denn in dieser Begrifflichkeit werden kulturelle Einflußfaktoren auf die Wirtschaft systematisch ausgeblendet. Der homo oeconomicus der Wirtschaftswissenschaften ist der Mensch, der in Abstraktion von seiner persönlichen Geschichte, seinem sozialen Status und seiner Eingebundenheit in bestimmte Traditionen betrachtet wird. Ebensowenig wird bei dem als homo oeconomicus aufgefaßten Menschen die Weise berücksichtigt, wie er das eigene wirtschaftliche Handeln und das seiner Tauschpartner erlebt und einschätzt. Eine Beschreibung wirtschaftlicher Beziehungen im Hinblick auf eine mögliche wirtschaftsethische Bewertung innerhalb eines Kulturvergleichs muß hingegen Faktoren, von denen die ökonomische Betrachtung abstrahiert, ausdrücklich berücksichtigen. Wirtschaftliche Beziehungen erscheinen in solchen Beschreibungen als Ausdruck von Lebensformen innerhalb einer Kultur, die Begrifflichkeit gehört entsprechend eher den Sozial- und Kultur- als den Wirtschaftswissenschaften an.

Im Gegensatz zu einem rein sozial- und kulturwissenschaftlichen Vorgehen wollen wir indes bewußt an die Frage einer Bewertung wirtschaftlicher Beziehungen heranführen. Denn die Dynamik des Untersuchungsgegenstandes, der koreanischen Wirtschaft in ihrer kulturellen Einbettung, treibt selber auf Bewertungsfragen zu: Aufgrund der zunehmenden weltwirtschaftlichen Verflechtungen wird jede lokal, regional oder national geprägte Wirtschaftskultur mit Wertvorstellungen und Beziehungsmustern konfrontiert, wie sie im Westen z. T. in der Antike und der jüdisch-christlichen Tradition, z. T. im

2 Neben vielen Arbeiten aus der neueren Literatur liegen den beschreibenden Teilen unserer Überlegungen insbesondere zahlreiche Inhalte zugrunde, die im Jahre 2000 mit der qualitativen Methode des narrativen Interviews von Mi-Yong Lee im Rahmen ihres Dissertationsprojektes „Informelle Institutionen und wirtschaftliches Handeln am Beispiel Südkorea“ durchgeführt wurden.

Rationalismus des 17. und der Aufklärung des 18. Jahrhunderts entwickelt worden sind. Gerade im heutigen Korea findet eine solche Konfrontation gegenwärtig in einer von nicht wenigen Koreanern als bedrohlich erlebten Weise statt. Für diese Menschen ist die Frage, wie westliche und koreanische Wertvorstellungen[3] und Beziehungsmuster im Vergleich miteinander zu bewerten seien, eine Frage von großer praktischer Bedeutung, denn es geht in dieser Frage um die zukünftige Orientierung der koreanischen Gesellschaft.

I. Gibt es in der koreanischen Gesellschaft einen Konflikt zwischen koreanischen und westlichen Werten?

Daß westliche und koreanische Werte nicht miteinander harmonieren oder sogar in Konflikt stehen, ist eine Behauptung, die man sowohl in Westeuropa und Amerika als auch in Korea hören kann.[4] Allerdings hat diese Aussage innerhalb der koreanischen Gesellschaft eine sehr viel konkretere Bedeutung als etwa in der bundesrepublikanischen Gesellschaft. Für Koreaner geht es dabei um ihre kulturelle Identität: Hinter der Rede von einem Wertekonflikt verbergen sich heftige Spannungen und vielleicht sogar Risse innerhalb dieser Gesellschaft.[5]

Einerseits gilt als eines der Haupthemmnisse für die weitere Entwicklung der koreanischen Wirtschaft und Gesellschaft das zähe Festhalten vieler Koreaner an den traditionellen asiatischen Werten, insbesondere am Konfuzianismus. So sehen es westliche Unternehmensberater und vor allem Koreaner, die längere Zeit im Westen gelebt haben. Die sogenannte Ostasienkrise von 1997 habe, wie ein Kritiker meint, gezeigt, daß das Verfallsdatum für asiatische Werte unwiderruflich überschritten sei.[6] Bücher, die den Konfuzianismus für die Wurzel aller Blockaden und Entwicklungsstörungen in Korea halten, erleben hohe Auflagen: Die Essay Sammlung *Confucius Must Die if*

---

3 Es braucht wohl nicht eigens hervorgehoben zu werden, daß es „die westlichen“ und „die koreanischen Werte“ nicht gibt. Wir werden in den folgenden Abschnitten II und III erläutern, in welchem Sinne wir „westliche“ und „koreanische Werte“ gebrauchen.

4 Vgl. KEIL, JETZKOWITZ u. KÖNIG (1999), S. 249ff.

5 Vgl. LETT (1998), S. 39f.

6 Vgl. LEN (1999).

Korea Wants to Survive wurde in den ersten zehn Tagen nach ihrem Erscheinen 30.000 mal verkauft.[7]

Andererseits zeigen Umfrageergebnisse, daß 85 % aller Koreaner für die Aufrechterhaltung des konfuzianischen Wertesystems plädieren (zum Vergleich: in China sind es 23 %, in Japan 40 %).[8] Verteidiger dieses Wertesystems betonen, daß fast fünfzig Jahre erfolgreicher wirtschaftlicher Entwicklung gerade aufgrund eines asiatischen Kapitalismus möglich gewesen seien, der – bei aller Offenheit für westliche Technologien – seine Kraft aus einer Tradition ziehe, die der westlichen in manchen Hinsichten überlegen sei – zumindest was ihre Leistungen gerade für den Eintritt der koreanischen Gesellschaft ins 21. Jahrhundert darstelle.

Für die Untersuchung einiger Aspekte des Verhältnisses von westlichen und koreanischen Werten wählen wir ein dreistufiges Vorgehen. Im Rahmen unserer Frage nach der Ordnung des wirtschaftlichen Lebens stellen wir auf der ersten Stufe (Abschnitte II und III) westliche und koreanische Werte gegenüber, die für das Verständnis wirtschaftlichen Handelns in den jeweiligen Kulturen von Bedeutung sind. Im Westen sind dies im wesentlichen Wertvorstellungen, die in der Zeit der Aufklärung (17. und 18. Jahrhundert) formuliert wurden, in Korea dagegen Wertvorstellungen, die ihren Ursprung im Neo-Konfuzianismus haben, der die koreanische Gesellschaft, insbesondere ab dem 14. Jahrhundert bestimmte.

Auf der zweiten Stufe (Abschnitt IV und V) wenden wir uns der Praxis sozialer und wirtschaftlicher Beziehungen in Korea zu. Hier geht es darum, ob und wie bestimmte Wertvorstellungen im realen Leben wirksam werden. Auf der Basis einer umfangreichen Befragung von Teilnehmern am koreanischen Wirtschaftsleben versuchen wir, unsere Beobachtung mit Hilfe der drei Kategorien Zugehörigkeit, Verschuldung und Vermittlung zu ordnen. Mit Hilfe dieser Kategorien soll die besondere Eigenart sozialer und wirtschaftlicher Beziehungen in Korea deutlich werden.

Auf der dritten Stufe (Abschnitt VI) setzen wir uns mit der Frage nach der Möglichkeit einer ethischen Bewertung koreanischer Beziehungsmuster auseinander.

---

7 Vgl. HWANG (1999).

8 Vgl. LEN (1999).

II. Westliche Werte – Selbstbestimmung, Recht und Wirtschaft

Was immer man im einzelnen unter westlichen Werten verstehen mag, seit der Aufklärungszeit ist damit in der Regel die Vorstellung verbunden, den Menschen jeweils als einzigartiges Individuum und ein erfülltes Leben als die Verwirklichung der jeweiligen Individualität anzusehen. Faktoren wie Religion, (Berufs-)Stand, die Staatsangehörigkeit, die Rasse oder ähnliches mögen Einfluß haben auf das, was ein Mensch ist – aber sie betreffen nicht sein eigentliches Wesen: Die wesentliche Bestimmung des Menschen ist immer individuelle Selbstbestimmung.

Diese Vorstellung ist mit zwei Postulaten verbunden, die beide politische und auch ökonomische Bedeutung haben.[9]

1. Jedem Individuum soll Freiheit und Selbstbestimmung gewährt werden. Jedes Individuum soll ein Leben gemäß seiner eigenen Ziele führen können, es soll im Sinne der Amerikanischen Unabhängigkeitserklärung von 1776 nach eigenem Gutdünken sein Glück suchen dürfen. Je weniger ein Individuum durch vorgängige Festlegungen familiärer, sippenmäßiger, staatlicher oder religiöser Art bestimmt wird, desto freier ist es. Die Freiheit, seine Ziele zu verfolgen, bedeutet konkret:

a) Über Beruf, Freundschaft, Lebenspartner, Familienstand, Gruppenzugehörigkeit sollte das Individuum in freier Wahl selbst entscheiden. Wir nennen dies die Freiheit, über Zugehörigkeit selbst zu bestimmen. Die Freiheit zur Wahl der Zugehörigkeit kann indes zu Festlegungen führen, die in der Folgezeit die Freiheit des Individuums einschränken. So verpflichten Kinder die Eltern dazu, ihren Lebensunterhalt zu gewährleisten.

b) Ein Individuum soll frei entscheiden können, welche Art von Verpflichtungen es gegenüber anderen – Partnern, Personen, Unternehmen und Organisationen – aufnimmt. Diese Verpflichtungen sind bindend, wenn sie in der Form eines rechtskräftigen Vertrages festgehalten werden.

Zur Freiheit des Individuums gehören Grenzen dieser Freiheit: Freiheit führt notwendigerweise zu Festlegungen, die verbindlich sind. Der Inbegriff dieser Verbindlichkeiten ist das Recht.

2. Damit alle Individuen Entscheidungsfreiheit genießen können, ist eine Rechtsordnung erforderlich, die der Freiheit die Gleichheit hinzufügt. Vor dem Recht sind alle insofern gleich, als alle den gleichen Anspruch auf

---

9 Vgl. MANSTETTEN (2000), Kapitel 2, Abschnitt 2.

Schutz ihrer eigenen Freiheit und die gleiche Verpflichtung zur Achtung der Freiheit der anderen haben.[10]

Jenseits der Freiheit, über Zugehörigkeit selbst zu bestimmen, gehören aufgrund des zweiten Punktes alle Individuen idealerweise einer Rechtsgemeinschaft an. Die Zugehörigkeit zu einer Rechtsgemeinschaft ist also Voraussetzung für die Freiheit, Zugehörigkeit selbst zu bestimmen, und fällt selber nicht in den Bereich dieser Freiheit.

Freiheit der Transaktionspartner und das Bestehen einer Rechtsgemeinschaft sind Voraussetzungen für eine Wirtschaft nach westlichem Verständnis. Von anderen zwischenmenschlichen Beziehungen, Beziehungen familiärer, verwandtschaftlicher oder freundschaftlicher Art unterscheiden sich wirtschaftliche Beziehungen dadurch, daß es sich um sachliche Verhältnisse handelt, in denen die jeweils beteiligten Personen sich als Personen füreinander nicht interessieren müssen. Es besteht zwar ein Interesse an den Leistungen und Gütern, die ein anderer anbieten kann, aber eine im Extremfall völlige *Gleichgültigkeit* gegenüber seiner Person.

Die Sphäre der Wirtschaft ist also eine Sphäre unpersönlicher Beziehungen. Das schließt nicht aus, daß Geschäftspartner auch persönlich einander wertschätzen lernen. Nur: Ihre Geschäftsbeziehung als Geschäftsbeziehung besteht auch in diesem Fall nur, solange sie einander nutzen. Würde sie auch dann fortbestehen, wenn der Nutzen wegfiele, so dürfte man nicht mehr von einer geschäftlichen Beziehung reden. Das Persönliche in wirtschaftlichen Beziehungen nach westlichem Muster ist immer sekundär. Daher gehört es zum Bild der Wirtschaft im Westen, das man Mitarbeiter entläßt, wenn man sie nicht mehr braucht, daß man den Arbeitgeber wechselt, wenn man eine bessere Stelle findet, daß man Waren beim Konkurrenten einkauft, wenn er bei gleicher Quantität zu einem günstigeren Preis liefert oder zum gleichen Preis eine höhere Quantität anbietet. In dieser Logik liegt es, daß theoretisch jede Person im Rahmen einer Rechtsgemeinschaft mit jeder anderen wirtschaftliche Beziehungen eingehen kann.[11]

---

10 „Das Recht ist also der Inbegriff der Bedingungen, unter denen die Willkür des einen mit der Willkür des anderen nach einem allgemeinen Gesetze der Freiheit zusammen vereinigt werden kann." (KANT [1797], A 33).

11 In der Praxis führt das allerdings häufig zu Informations- und Entscheidungsproblemen. Die Lösung dieser Probleme, das heißt die Vermittlung von Wirtschaftsbeziehungen, ist ihrerseits ein Wirtschaftsfaktor. Es gibt dafür verschiedene Arten von Dienstleistungsunternehmen, wie z. B. Banken, Versicherungen, Makler, etc.

In ihrer politischen Bedeutung werden die Ideen von Freiheit und Recht nicht nur als westliche, sondern als universelle Werte weltweit geltend gemacht, wie sich etwa im Ringen um die Menschenrechte zeigt. Damit ist indes nicht ohne weiteres entschieden, daß die diesen Ideen entsprechenden Muster wirtschaftlicher Beziehungen notwendig universell als solche Muster angesehen werden müssen. Als weitere Frage wäre zu erwägen, ob und in welchem Ausmaße diese Ideen mit bestimmten sozialen Lebensformen zusammenhängen: Der Gleichgültigkeit der Wirtschaftssphäre entspricht im Westen zunehmend ein individualistisch orientiertes Lebensgefühl. Dies führt nicht selten zu fundamentalen Irritationen innerhalb des Gefüges sozialer Beziehungen: Familien-, Nachbarschafts-, Freundschafts- und Arbeitsverhältnisse werden von Jugend auf als schnell vergänglich erfahren, und immer häufiger erleben Menschen ihre Bindungen von Anfang an unter den Vorzeichen des zu erwartenden Endes.[12]

Auch wenn einzelne starke Charaktere darin die Chance zu ständigem neuen Ausbruch aus erstarrten Rollenfixierungen sehen mögen, ist an die Erkenntnis der Psychologie zu erinnern, daß Menschen, deren Leben von früher Kindheit an durch große Unsicherheit und Instabilität geprägt ist, es häufig schwer haben, Bindungsfähigkeit zu entwickeln.

---

12 „Die Normalbiografie, ehedem geprägt durch Schicht, Religion und Geschlecht, ist zur Wahlbiografie geworden. Der Mensch ist gefordert, seinen Lebenslauf selbst herzustellen. Nichts ergibt sich mehr automatisch, schon gar nicht im Berufsleben. Früher war die Bindung an einen Arbeitgeber ein Wert an sich. Loyalität zählte. [...] Heute müssen Berufsanfänger damit rechnen, bis zur Rente fünf- oder sechsmal ihren Arbeitgeber – und damit oft auch den Wohnort – zu wechseln. [...] Und was ist mit denen, die damit überfordert sind, die das ständige Entscheiden als Zumutung empfinden, als bedrohlichen Verlust von Sinn und Sicherheit?“ (MOLITOR [2000]).

III. Konfuzianische Werte in Korea – Von der Familie zum Staat

Grundsätzlich sieht die Lehre, die heute in Korea als „neokonfuzianisch“[13] gilt, einen Menschen nicht als ein von allen anderen unterschiedenes Individuum an, dem sich Freiheit, Selbstbestimmung, Rechten und Pflichten zuschreiben lassen. Ein Mensch ist ursprünglich und für sein ganzes Leben, ja sogar für die Zeit nach dem Tod, Mitglied einer Familie.[14] Nicht das Individuum, sondern die Familie ist der Referenzpunkt des Konfuzianismus. Das rechte Leben der Familie und ihre möglichst unbegrenzte Dauer sind die Anliegen dieser Lehre. Moralische Regeln sollen in erster Linie die Harmonie innerhalb der Familie und ihren Fortbestand für die Zukunft sichern. In weiteren Schritten werden diese Harmoniekonzeptionen auf den Staat bzw. auf die Gesellschaft hin ausgedehnt. Das Wohlergehen des Individuums hat für sich keine Bedeutung. Es ist Harmonie in Familie, Gesellschaft und Staat, aus der als einer notwendigen, vermutlich sogar hinreichenden Bedingung individuelles Wohl im koreanischen Verständnis hergeleitet werden kann.[15]

Entscheidend für Harmonie ist, daß in den Beziehungen der Menschen untereinander eine Rangordnung feststeht, die von allen Beteiligten streng eingehalten wird. Demgemäß weiß idealerweise jeder Mensch in jeder Beziehung buchstäblich, wo er steht – er hat einen höheren oder niedrigeren, in jedem Fall aber eindeutig definierten Stand. Aus diesem Stand gehen mit großer Selbstverständlichkeit auch bestimmte Verhaltensmuster hervor: Was ein Mensch zu tun hat, ist prinzipiell mit diesem Stand festgelegt. Somit lehrt die konfuzianische Ethik eine strenge Hierarchie der menschlichen Beziehungen, die idealerweise für alle Beteiligten als „unumstößliche Selbstverständlichkeit“ erscheint.

---

13 Es ist darauf hinzuweisen, daß wir den Ausdruck (Neo-)Konfuzianismus in einem bewußt äußerst vagen Sinn gebrauchen, der kaum etwas mit einem philosophisch und philologisch geschulten Verständnis der Schriften des Konfuzius zu tun hat. Der Term „Konfuzianismus“ wird hier so aufgenommen, wie er in der zeitgenössischen Diskussion in Korea in den Medien erscheint – als Synonym für die Werte einer vertikal durch Hierarchie, horizontal durch Beziehungsnetzwerke strukturierten Gesellschaft. Ausführliche Erörterungen hinsichtlich seiner Bedeutung in der koreanischen Sozialentwicklung finden sich bei DEUCHLER (1992) und BARY u. HABOUSH (1985).

14 Vgl. PARK (1999), S. 40ff.

15 Vgl. DEUCHLER (1992), S. 34f.

Um harmonische zwischenmenschliche Beziehungen und die soziale Ordnung nach dem familiären Muster zu gewährleisten, sollen die „Drei Grundsätze der Handlungen (*Samgang*[16])" und die „Fünf mitmenschlichen Beziehungen (*Oryun*)" eingehalten werden.[17]

Die drei Handlungsgrundsätze (*Samgang*)[18] lauten:

1. Der König ist das Vorbild für seine Untertanen.
2. Der Vater ist das Vorbild für seinen Sohn.
3. Der Ehemann ist das Vorbild für seine Ehefrau.

Die „Fünf mitmenschlichen Beziehungen" (*Oryun*) können wie folgt wiedergegeben werden:

1. In der Beziehung zwischen Vater und Sohn soll Vertraulichkeit herrschen.
2. In der Beziehung zwischen Ehemann und Ehefrau soll ein Unterschied bestehen.
3. In der Beziehung zwischen Älteren und Jüngeren soll es eine Reihenfolge geben.
4. In der Beziehung zwischen Freunden soll gegenseitiges Vertrauen herrschen.
5. In der Beziehung zwischen König und Untertanen soll Gerechtigkeit walten.

Zusammenfassend läßt sich feststellen: Westliche Wertvorstellungen betonen die grundsätzliche Gleichheit der Menschen, konfuzianische ihre ursprünglichen Unterschiedenheit im Sinne einer Hierarchie.[19] Für den Westen ist der Mensch zuerst Mensch, und dann, idealerweise aufgrund eigener Entscheidung, Familienangehöriger, Wirtschaftssubjekt, Staatsbürger, Mitglied einer Religionsgemeinschaft etc. Für die konfuzianische Ordnung ist der Mensch immer schon vorbestimmt durch seine Familie, seine Region, seinen

---

16 Alle in diesem Aufsatz verwendeten koreanischen Eigennamen und Begriffe werden durch Kursivschrift kenntlich gemacht. Bei den koreanischen Begriffen, die nicht Eigennamen sind, handelt es sich jeweils um die phonetische Umsetzung ins Deutsche. Sie entsprechen jedoch nicht immer der koreanischen Aussprache, da diese allein mit lateinischen Buchstaben nicht dargestellt werden kann.

17 Vgl. CHOI (1960), S. 33.

18 Die „Fünf menschlichen Beziehungen" und die „Drei Grundsätze der Handlungen" gehen auf den chinesischen Philosophen Mencius (ca. 371 - ca. 289 v. Chr.) zurück, der die Tradition des Konfuzianismus entscheidend geprägt hat (vgl. LEE [1988], S. 20 und FUNG [1966], S. 68ff.).

19 Vgl. MORITZ (1998), S. 16.

Stand in der Hierarchie, sein Land – alle eigenständigen Entscheidungen finden nur unter der Bedingung statt, daß diese vorgängigen Bestimmungen mit den aus ihnen hervorgehenden Ansprüchen und Aufgaben akzeptiert werden.

Viele Koreaner verstehen indes unter Konfuzianismus allenfalls sekundär die Anwendung einer Lehre mit bestimmten Grundsätzen, wie sie hier in groben Zügen skizziert wurde. Konfuzianismus bedeutet für sie primär ein bestimmtes Lebensgefühl und bestimmte Weisen des Miteinander-Umgehens. Dieser Seite des koreanischen Verständnisses von Konfuzianismus wollen wir uns in den folgenden Abschnitten zuwenden.

IV. Beziehungsmuster in Korea

Die Vorstellung von Beziehungen, in denen das persönliche Moment keine Rolle spielt, findet sich in Korea nicht.[20] Wirtschaft und Recht, nach westlichem Verständnis diejenigen Sphären, in denen die sachliche Seite von Beziehungen ausschlaggebend ist, existieren in der koreanischen Tradition nicht als eigenständige Bereiche: Die entsprechenden Beziehungsmuster fehlen.

Obwohl Korea zu einer der größten östlichen Industrienationen[21] zählt, obwohl Produktionsanlagen, Dienstleistungszentren, Supermärkte, Banken,

---

20 Vgl. BRÜCH u. THOMAS (1995), S. 74.

21 „Südkorea, 46 Mill. Einwohner, ist kaum größer als Ungarn oder Portugal [...] (von einigen Stadtstaaten und Inseln abgesehen) das Land mit der weltweit zweitgrößten Bevölkerungsdichte nach Bangladesch, noch deutlich vor den Niederlanden. ... Anteil der Landwirtschaft an Südkoreas Wirtschaft: 5,7 %. 1962 lag das durchschnittliche Jahreseinkommen in Südkorea bei 87 Dollar, wie heute in Mocambique, dem ärmsten Land der Welt, 1970 bei 254 Dollar, wie heute in Mali oder Tschad (immer zu Wechselkursen von 1985). Fällt heute der Name Seoul, sollte niemand an urbane Monstren der Art von Mexico City, Kairo oder Bombay denken [...]. Denn bis 1999, binnen 37 Jahren, ist Südkoreas Durchschnittseinkommen um das Hundertzwanzigfache gewachsen, was ungefähr einer Verdoppelung alle fünf Jahre entspricht. ... Mit 10500 Dollar pro Kopf und Jahr nähert sich Südkorea dem Niveau Portugals und Griechenlands. ...Von der sogenannten Asienkrise ist in ganz Südkorea weit und breit nichts zu sehen, die Währung, die die Hälfte ihres Wertes verloren hatte, und Koreas Börse haben sich erholt, die Arbeitslosigkeit von 1998 mit Höhepunkten um 9% ist bis letzten Spät-

Bürohochhäuser etc. in Korea sich äußerlich von den westlichen kaum unterscheiden, sind wirtschaftliche Beziehungen in der Vorstellungswelt der Koreaner etwas anderes als in der Vorstellungswelt durchschnittlicher Westeuropäer oder Amerikaner. Die westliche Trennung zwischen privaten, persönlichen und wirtschaftlichen, sachlichen Beziehungen ist zumindest in der traditionellen, bis heute wirkmächtigen koreanischen Kultur nicht vorgesehen. Was das praktisch bedeuten kann, mag die folgende Anekdote aus dem „Korea Herald" illustrieren:

„Ein ausländischer Manager einer Software Company wollte geschäftliche Verbindung mit einer koreanischen Firma aufnehmen. Nach kraftraubenden Vorbereitungen für das erste Treffen nahm er schließlich einen koreanischen Angestellten von der Marketingabteilung seiner Firma mit, um die Verhandlungen mit der Einkaufsabteilung der koreanischen Firma zu erleichtern. Nach einer kurzen Unterhaltung auf Englisch in Anwesenheit des Managers nahm sein koreanischer Angestellter den koreanischen Geschäftspartner beiseite und unterhielt sich mit ihm für geraume Zeit auf Koreanisch. Anschließend teilte er dem überraschten Manager mit, das Geschäft sei mehr als zur Hälfte gelaufen. Sein Verhandlungspartner sei ein alter Klassenkamerad von der High School, und das sei eine hinreichende Basis für die Aufnahme von geschäftlichen Beziehungen mit der koreanischen Firma."[22]

Derselbe Kommentator bemerkt hierzu weiter: „In Korea läuft ein Geschäft nur über Beziehungen. Die Begegnung mit einem früheren Klassenkamerad, einer Person aus der Heimatstadt, oder einem Freund kann für den Geschäftserfolg weitaus wichtiger sein als objektive Erwägungen wie Preiskalkulationen oder Produktqualität. Diese irrationalen Geschäftspraktiken sind tief in der koreanischen Psyche verankert. Selbst nach der Finanzkrise von 1997 sind viele koreanische Geschäftspraktiken unverändert geblieben. Neben bürokratischen Hemmnissen sind es vor allem irrationale Geschäftspraktiken, die schnelle und reibungslose ausländische Investitionen verhindern. [...] Generell neigen Koreaner dazu, systematische Langzeitplanung zu vernachlässigen, negative Antworten nicht offen auszusprechen, sondern nur vage zu umschreiben, Harmonie vor Effizienz und Emotion vor Logik zu stellen – und all dies verbunden mit einer extremen Fixierung auf Hierarchie."

herbst auf 5,7 % gesunken, und die Zentralbank meldete für 1999 ein Wirtschaftswachstum von 8,8 %." (Brunold [2000], S. 37)

22 Kim (2000), eigene Übersetzung.

Das hier gewählte Beispiel wirkt in einem westlichen Horizont befremdlich: Denn gerade das, was nach westlichem Verständnis eine wirtschaftliche Beziehung ausmacht, die Orientierung am eigenen Nutzen und am sachlichen Gehalt des fremden Tauschangebotes wird gleichsam überblendet von – anscheinend nicht zur Sache gehörigen – persönlich-atmosphärischen Momenten.[23] Eher zugänglich wird unser Beispiel vor dem Hintergrund der allgemeinen Praxis von Beziehungen innerhalb der koreanischen Gesellschaft.

Wir fassen die Beziehungsmuster der koreanischen Wirtschaft und Gesellschaft unter den drei Begriffen: Zugehörigkeit, Verschuldung und Vermittlung zusammen. Die Verwendung dieser Begriffe bezieht sich zunächst auf die Darstellung bestimmter Strukturen in der koreanischen Gesellschaft. Gleichwohl ist u. E. ihre Anwendung nicht allein auf das Verstehen der südkoreanischen Kultur beschränkt. Vielmehr ist es denkbar, im Ausgang von diesen drei Begriffen eine Heuristik zu entwickeln, die es ermöglicht, Ähnlichkeiten und Verschiedenheiten von wirtschaftlichen Beziehungen in ihrem sozio-kulturellen Kontext herauszuarbeiten.

1. Zugehörigkeit

Eine Person in Korea definiert sich selber in der Regel über ihre Zugehörigkeit zu bestimmten Gruppen oder Netzwerken.[24] Zugehörigkeit ist dabei

23 Vgl. BRÜCH u. THOMAS (1995), S. 74f.

24 Die drei Hauptgruppen der Zugehörigkeit sind in den Rangfolge ihrer Verbindlichkeit: *Hyeol Yeon* (Zugehörigkeit durch Blutsverwandtschaft), *Hag Yeon* (Zugehörigkeit durch gemeinsame schulische bzw. akademische Erfahrung) und *Ji Yeon* (Zugehörigkeit durch die gemeinsame regionale Herkunft). Mit *Hyeol Yeon* ist die Blutsverwandtschaft gemeint, die offiziell bis zum achten Grad väterlicherseits und vierten Grad mütterlicherseits reicht. Sie umfaßt darüber hinaus auch die Angehörigen einer Abstammungsgruppe bzw. Sippe. Für die Pflege der sippengemeinschaftlichen Verbundenheit werden in der Regel Sippenvereinigungen organisiert. Diese kann sowohl reiche als auch arme Familien einschließen, ohne daß den reichen Familien den ärmeren gegenüber finanzielle Verpflichtungen entstehen. Die *Hyeol Yeon* Beziehung, wie weit sie auch gefaßt sein mögen, stellen jedoch die Grundlage für ein gewisses Vertrauensverhältnis und ein Gefühl der gegenseitigen Solidarität dar, das so zwischen Fremden nicht besteht. *Hag Yeon* setzt eine gemeinsame schulische oder akademische Erfahrung voraus. Dabei sind die höheren Schulen und Universitäten von größter Bedeutung. Zur Aufrechterhaltung der freundschaftlichen Beziehungen nach dem Studium werden Absolventenvereinigungen gegründet. Vor allem bei beruflichen Einstiegs-

weniger etwas, daß man durch den Willen absichtlich herstellen kann, sondern es ist, worin man sich immer schon findet bzw. wo man wie absichtslos hineinwächst.

Für das Verständnis von Zugehörigkeit in diesem Sinne ist das Konzept des *Kibun* wichtig. Dieser Begriff bezeichnet die Stimmung, die momentanen Gefühle, die Atmosphäre oder den seelischen Zustand – die Harmonie. Das koreanische Sozialleben strebt nach Harmonie. Die Existenz einer harmonischen Atmosphäre ist demnach wichtiger als ein kurzfristiger Vorteil oder als Treue zur Wahrheit. Ein Mensch, der seine Ziele auf Kosten anderer erreicht oder durch sein Verhalten Unwohlsein oder sogar Unglück verursacht, hat nach koreanischer Auffassung gar nichts erreicht.[25]

Die emotionale Stimmung zwischen Personen, gleichviel, um welche Art von Beziehungen es sich handelt, wird also in Korea besonders hoch bewertet. Wichtig ist es darum, das *Kibun* anderer Menschen beurteilen zu können und es nicht zu stören. Ein solches *Kibun* erfährt man aber nicht, wenn einem der andere Mensch fremd ist: *Kibun* wächst nur im Rahmen einer Zugehörigkeit. Daraus ergibt sich eine starke Präferenz für alles Verwandte oder durch Freundschaft Vertraute und eine gewisse Abwehr gegenüber dem Fremden, dessen *Kibun* ja gerade nicht vertraut ist und leicht irritiert werden kann, so wie dieser umgekehrt das eigene *Kibun* stören könnte.

Die Abwehr gegenüber dem Fremden betrifft nicht in erster Linie Ausländer, sondern vor allem andere Koreaner, die man nicht kennt. Da es unhöflich ist, Menschen, die man nicht kennt, ins Gesicht zu schauen, schauen Koreaner im Straßenverkehr durch die Passanten hindurch. Sie gehören nicht dazu, daher werden sie als Personen nicht wahrgenommen und erwarten ihrerseits auch nicht, wahrgenommen zu werden. Auch über zufällige Körperkontakte wird hinweggeschaut, und die natürliche Distanz zwischen Fremden ist in Korea wesentlich geringer als in Deutschland. Das zeigt nicht etwa grö-

---

und Aufstiegsprozessen spielen sie eine entscheidende Rolle. Die *Ji Yeon* basieren auf der gemeinsamen regionalen Herkunft. Die koreanischen Regionen besitzen in der Regel ausgeprägte Identitäten. Überdurchschnittlich viele Angehörige der wirtschaftlichen Elite Südkoreas stammen z. B. aus den Regionen *Youngnam* und *Seoul*. Der Gründer des Unternehmens *Samsung* stammt aus *Youngnam* und eine großer Teil der *Samsung*-Mitarbeiter, insbesondere in den höheren Positionen, ebenfalls (vgl. PARK [1999], S. 88).

25 Vgl. BRÜCH u. THOMAS (1995), S. 74.

ßere Vertrautheit zwischen den Menschen an, sondern verweist auf einen wechselseitigen Konsens in der Nichtwahrnehmung des Fremden.[26]

Zugehörigkeit bezieht sich zunächst auf die Familie, die lebenslang die entscheidende Bezugsgruppe bleibt. Das entspricht dem Konfuzianismus, der in zwei der drei Grundsätzen und mindestens in zwei der fünf Beziehungen direkt die Familie hervorhebt (s. o.) und ihr damit einen Status vor allen anderen Beziehungen zuweist. Die Familie steht für fast jeden Koreaner im Mittelpunkt seines Lebens. Jeder Koreaner versteht sich in erster Linie nicht als Individuum, sondern als Mitglied seiner Familie. Die Verpflichtung gegenüber der Familie erstreckt sich nicht nur über die nächste Familie, sondern auch, wenngleich gradweise abgeschwächt, über Verwandte. Verwandtschaftsbande gelten in Korea bis zum achten Grad als Blutsverwandtschaft. Diese werden so ernst genommen, daß etwa Heirat zwischen Verwandten bis zum achten Grad traditionell nicht möglich ist. Des weiteren gehören ganz besonders auch die Ahnen zur Familie. Die Ahnenverehrung, der Ahnenkult spielen eine zentrale Rolle in der koreanischen Gesellschaft und gehören zu den Aufgaben der Söhne, vor allem des ältesten Sohnes.

Zugehörigkeit betrifft weiterhin informelle Gruppen, die in Korea eine außergewöhnlich große Rolle spielen.

„Nach einer Studie über die Mitgliedschaft bei freiwilligen Vereinigungen in einer Stadt (*Chun-Chon* – Hauptstadt von *Gangwon*-Region, etwa 100 km östlich von *Seoul*) gehören 73,5% der Befragten mindestens zu einer Vereinigung. Es handelt sich dabei meistens um Absolventenvereinigungen, Landsmannschaften sowie Abstammungsvereinigungen, welche weitgehend primärgruppenartigen Charakter besitzen."[27]

Diese informellen Verbindungen, vielleicht das hervorstechendste Moment der koreanischen Kultur, sind insofern auf den Konfuzianismus zurückzuführen, als familiäre Muster auf sie übertragen werden – im Idealfall fühlt man sich in ihnen geborgen „wie Zuhause", sie sind selbstverständlich wie die eigene Familie. Überdies wächst man sozusagen in sie hinein – auch wenn es gewiß ein Moment der Wahl gibt, zeigt doch etwa die Bedeutung

---

26 Besonders offensichtlich wird dies im Straßenverkehr. Auf der Straße geht man sich nicht unbedingt aus dem Weg. Als Folge sind Rempeleien an der Tagesordnung und völlig normal. Niemand regt sich darüber auf. Der Verkehr in *Seoul* – sowohl der Auto- als auch der Fußgängerverkehr – ist dadurch wesentlich nervenaufreibender als in Westeuropa oder Amerika (vgl. BRÜCH u. THOMAS [1995], S. 90).

27 PARK (1999), S. 28.

von Landsmannschaften, daß es sich wie von selbst versteht, daß man dazu gehört.

2. Verschuldung

Ein auch für das Verständnis der Wirtschaft in Korea wesentliches Moment der Beziehungen vor allem in den informellen Gruppen sprechen wir mit dem Ausdruck Verschuldung an. Verschuldung nehmen wir im ursprünglichen Verständnis: in der Schuld von jemand stehen, der Ansprüche auf Verhaltensweisen, Leistungen oder Güter seitens des Verschuldeten hat.

Verschuldung hat einen vertikalen und einen horizontalen Aspekt, wobei sich beides häufig überlagert: Vertikale Verschuldung findet sich in hierarchischen Strukturen, in der Familie und in informellen Gruppen, wo die Rangordnung feststeht, die horizontale Verschuldung findet sich in Beziehungen, die nicht völlig durch selbstverständliche Unter- und Überordnung gekennzeichnet sind.[28]

Eine auch im Westen nachvollziehbare ursprüngliche Erfahrung von Verschuldung findet sich in der Familie: Die Kinder sind den Eltern lebenslang „verschuldet" aufgrund ihrer Aufzucht, ihrer Erziehung und ihrer Bildung. Speziell für die Bildung bringen koreanische Eltern häufig weitaus größere Opfer, sowohl was den finanziellen Aufwand als auch was den persönlichen Einsatz angeht. Im Gegenzug legen die konfuzianischen Hierarchievorstellungen den Kindern Unterordnung gegenüber den Eltern und rückhaltlose Ehrlichkeit nahe. Kinder wissen selbstverständlich, welches Verhalten sie den Eltern schuldig sind. Dabei können etwa die Anstrengungen, welche die Eltern für die Bildung auf sich nehmen, von ihren studierenden Kindern nur durch entsprechende Höchstleistungen in Studium aufgewogen werden.[29] Gemäß dem Senioritätsprinzip übertragen Jüngere das Wissen, was man anderen schuldig ist, von ihren leiblichen Eltern auf alle Älteren, mit denen sie in Beziehung stehen.

Generell durchzieht diese hierarchische Verschuldungsstruktur Beziehungen aller Art: Das westliche Ideal, nach dem alle Menschen gleich sind und daher auch auf die gleiche Weise behandelt werden sollten, existiert im Konfuzianismus nicht. Aufgrund dieses traditionellen Hintergrundes sind Normen und Verhaltensregeln nicht, wie im Rechtsverständnis des Westens, für alle

28 Vgl. PARK (1999), S. 89 und S. 97.

29 Vgl. LETT (1998), S. 88f.

Menschen gleich, sondern erweisen sich als notwendige Instrumente, um genau nach dem Status der beteiligten Personen zu differenzieren. Im Alltag zeichnet sich dieses durch starken öffentlich demonstrierten Respekt – z. B. durch die Verbeugung – und Gehorsam gegenüber Älteren und übergeordneten Personen ab. Ranghöhere Personen genießen grundsätzlich mehr Autorität. Vertikale Verschuldung gibt es aber nicht nur von unten nach oben. Denn umgekehrt trägt der Ranghöhere aufgrund seiner Autorität den ihm Anvertrauten gegenüber eine enorme Verantwortung. Ist er zugleich ihr Vorgesetzter, so ist er in vollem Umfang für ihre Handlungen und für ihr Wohlergehen verantwortlich.[30] Aufgrund dieser Sozialstruktur wird ein Fremder auch schnell feststellen, daß sich Koreaner in spezifizierten Rangfolgen wohler fühlen als bei gleichberechtigten Kontakten.

Die für wirtschaftliche Fragen interessantere Struktur der Verschuldung aber findet sich in den informellen Gruppen: Verabredungen werden normalerweise, abgesehen vom Familienkreis, innerhalb dieser Gruppen getroffen; Treffen außerhalb dieser informellen Gruppen sind außergewöhnlich. Treffen mit Fremden müssen vermittelt werden über persönliche Beziehungen, sie sind wohl überlegt, geplant und niemals spontan. Führt ein Gruppenmitglied jemanden, den es alleine kennt und der für die anderen als Fremder/ Fremde erscheint, zu einer Gruppe hinzu, dann wird vorher die gesamte Gruppe um das Einverständnis gebeten, das aber auch genauso gut nicht gegeben werden kann. Kennt man jedoch einen Koreaner und wird man von diesem in eine solche Gruppe eingeführt, dann lernt man auf einen Schlag eine ganze Gruppe kennen und wird von allen gleich freundlich und aufmerksam behandelt. Diese Cliquen habe in der Regel eine überschaubare Größe von 7-10 Leuten und in Freundeskreisen gehören in der Regel alle einer Generation an.

In derartigen informellen Gruppen ist die Verschuldung nicht oder nicht gänzlich durch die hierarchische Struktur vorgebildet, sondern sie geschieht, indem man Leistungen empfängt und, häufig in einigem zeitlichen Abstand, gleichwertige Gegenleistungen bietet. Dabei gibt es weder ein ausgesprochenes Rechenmaß zur Wertbestimmung, noch gibt es schriftliche Belege, und infolgedessen gibt es innerhalb des Netzes der informellen Gruppe auch nichts rechtlich Einklagbares. Dennoch werden diese Strukturen der wechselseitigen Verschuldung mit großer Selbstverständlichkeit gehandhabt. Wie in der Familie und in anderen Hierarchien gehört zur Verschuldungsstruktur auch in diesen informellen Gruppen ein starkes Moment von Verantwortlich-

30 Vgl. BRÜCH u. THOMAS (1995), S. 31.

keit: Wer einmal „dazugehört", für den sind die Gruppenmitglieder verantwortlich und umgekehrt.

Für den Beobachter offenbart sich eine Beziehungshistorie von wechselseitiger Verschuldung und Entschuldung innerhalb der informellen Gruppen. Der Faktor Zeit spielt dabei eine untergeordnete Rolle. Denn wann und wie und vor allem in welcher Höhe die bestehende – oftmals unausgesprochene Schuld – beglichen wird, ist oft von keiner Seite festgelegt. In Korea kommt es nicht selten vor, daß ein Freund einem anderen eine Geldsumme auf unbestimmte Zeit ausleiht. Es ist sogar denkbar, daß der Gläubiger sich für dieses Darlehen selber bei anderen Freunden verschuldet hat. Nun kann es sein, daß der Schuldner diese Summe niemals wird zurückzahlen können. Nach koreanischem Verständnis ist dies aber auch nicht immer notwendig. Der Gläubiger vertraut zunächst darauf, daß der Schuldner alles in seiner Macht Stehende unternehmen wird, um die Schuld eines Tages auf irgendeine adäquate Weise zu begleichen – sei es durch eine wichtige Information, die Vermittlung eines Kontaktes oder ähnliches.

Diese Form des Wechselspiels von Verschuldung und Entschuldung vermittelt aus westlicher Perspektive nicht selten ein Gefühl von Unsicherheit, Unbestimmtheit oder sogar Unbehagen. Diese Verschuldungsstruktur ist etwas, das im westlichen Bild von Beziehung keine rechte Parallele hat. Sie ist sozusagen „ökonomischer" als unsere rein privaten und persönlichen Beziehungen – diese leiden im Westen bekanntlich Schaden, wenn die Beteiligten Leistungen und Gegenleistungen allzu genau berechnen, und gerade die Selbstverständlichkeit, mit der Leistung und Gegenleistung miteinander in koreanischen Gruppen sozusagen blind aufgerechnet werden, ist für private Beziehungen im Westen eher ungewöhnlich. Andererseits ist diese Verschuldungsstruktur für ein westlich geprägtes Verständnis insofern ganz unökonomisch, als sie untrennbar von einer persönlichen Verbindung und damit auch von persönlicher Verantwortung ist. Was die ökonomische Beziehung im Westen prägt, die Beschränkung auf reine Sachleistungen und die Verantwortung einzig für sachliche Aspekte, das paßt nicht in das koreanische Bild, wo die Verschuldung immer die Person mit einschließt.

Auch die Beziehungen innerhalb koreanischer Unternehmen werden weitgehend durch diese Beziehungsstruktur bestimmt. Einzelne Abteilungen können als informelle Gruppen verstanden werden, in denen sowohl eine Rangfolge vom Abteilungsleiter zum Mitarbeiter der untersten Hierarchiestufe besteht als auch die wechselseitige Struktur von Verschuldung und Entschuldung.

Aus der Struktur von Zugehörigkeit und Verschuldung ergibt sich, daß fast alle Arten von Austausch, bis hin zum (nach westlichen Verständnis) rein ökonomischen Tausch, innerhalb einer klar bestimmten Gruppe stattfinden. Die Möglichkeit einer Erweiterung des Zugehörigkeitsrahmens zu einer Gruppe soll nun unter dem Titel „Vermittlung" thematisiert werden.

3. Vermittlung

Eine Gesellschaft, die aus Gruppen besteht, die eine strenge Trennung zwischen Zugehörigkeit und Fremdheit praktizieren, erscheint in westlichen Augen starr: Wenn alle außerhalb der Gruppe Fremde sind und Fremde bleiben, scheint die Gesellschaft in ihre einzelnen Segmente zu zerfallen. Beweglichkeit aber entsteht dadurch, daß die meisten Menschen mehreren Gruppen angehören, so daß wahrscheinlich nur die wenigsten Menschen alle Gruppen gemeinsam haben. Die Tatsache, daß Menschen, die sich in einer Gruppe begegnen, ansonsten jeweils verschiedenen Gruppen angehören, eröffnet die Möglichkeit der Vermittlung: Ist mein Gruppenkollege aus der Landsmannschaft einer bestimmten Region in einer informellen Gruppe, der ein Mensch angehört, der mir weiterhelfen kann, so kann ich diesen Menschen nicht direkt ansprechen, sondern muß meinen Landsmann bitten, diesen Kontakt zu vermitteln. Obwohl das Interesse, das ich an dieser Vermittlung habe, sich nach westlichen Vorstellungen weniger auf die Person aus der anderen Gruppe als vielmehr auf ihre erwünschten Leistungen bezieht, trifft die Unterscheidung Person/ Leistung nicht das koreanische Muster. Dort ist eines nicht ohne das andere zu haben: Die Vermittlung führt Menschen nicht in ein Verhältnis, das über den Austausch von Sachen oder Leistungen definiert ist, sondern in jene oben beschriebene eigentümliche Struktur der Zugehörigkeit und Verschuldung. Vermittlung wird als Beginn persönlicher Beziehungen erfahren.

Vermittlung spielt in der koreanischen Gesellschaft in allen Arten von Beziehungen zwischen Menschen eine bedeutende Rolle.[31] Was Vermittlung

31 Das gilt schon auf einer von uns als äußerst privat empfundenen Ebene. Gelingt es einer Koreanerin nicht, einen potentiellen Ehepartner in ihrem nicht-familiären Lebenskreis, etwa an der Universität, kennenzulernen, dann werden von Freunden, Nachbarn, Verwandten und Kollegen sogenannte „blind dates" vereinbart. Die Koreaner nennen das *suggetting*. Sie wählen einen geeignet erscheinenden Mann aus, der sich mit der zu vermittelnden Koreanerin, die ihn noch nie gesehen hat, in einem Café trifft. Das Treffen dauert in der Regel eine oder zwei Stunden. Ob sich das Paar noch einmal trifft hängt dann in erster Linie vom Mann ab, der ein zweites Treffen vorschlagen muß, weil es sonst nicht zustande

speziell für wirtschaftliche Beziehungen bedeuten kann, zeigt die Anekdote, mit der wir uns der koreanischen Wirtschaft zuwandten (s. o. Abschnitt IV, Einleitung). Die Aufnahme von Geschäftsverbindungen hing in diesem Fall davon ab, daß der koreanische Mitarbeiter der westlichen Firma in einem Mitglied der koreanischen Firma einen Schulkameraden entdeckt hatte (bzw. er wird vermutlich schon vorher gewußt haben, diesem Kameraden zu begegnen). Diese Tatsache war ausschlaggebend für den erfolgreichen Abschluß.

Vor dem Hintergrund der Strukturen von Zugehörigkeit und Verschuldung ist diese Anekdote durchaus nachvollziehbar. Die beiden koreanischen Verhandlungspartner waren einander in einer, wenn auch vermutlich eher losen, Form der Zugehörigkeit zu einer informellen Gruppe verbunden. Sie stehen jeweils an der Schnittstelle zweier Zugehörigkeiten, derjenigen zu ihren verschiedenen Unternehmen, der Zugehörigkeit also, die sie trennt, und derjenigen zu ihrer informellen Gruppe (ehemaliger Klassenkameradschaft) die sie verbindet. Die Unternehmen für sich konstituieren verschiedene Zugehörigkeiten, zwischen denen als solchen keine Verbindung möglich ist, aber die gemeinschaftliche Zugehörigkeit der Mitarbeiter bezieht gewissermaßen beide Unternehmen in diese quasi persönliche Gemeinschaftlichkeit ein und ermöglicht dadurch das Geschäft. Mit anderen Worten: Geschäftsverbindungen werden in Korea über persönliche Verbindungen vermittelt und sind nur über solche Vermittlung überhaupt möglich. Über die Mitarbeiter werden beide Unternehmen in eine bestimmte persönliche Zugehörigkeitsstruktur einbezogen und ihre vertraglichen Verpflichtungen gegeneinander werden damit, jenseits ihrer Rechtskraft, gleichsam in die Farbe der Verschuldungsstruktur innerhalb einer informellen Gruppe getaucht.

Daher achten koreanische Unternehmen sowie westliche Unternehmen mit Erfahrung vor Ort bei der Einstellung ihrer Mitarbeiter neben anderem insbesondere darauf, ob und welche Kontakte diese Mitarbeiter mitbringen, denn diese Kontakte können ein für den Unternehmenserfolg entscheidender Faktor sein. Umgekehrt kann ein Unternehmen merkliche Einbußen erleiden,

kommt. Die Frau kann dann immer noch ausschlagen, wenn sie kein Interesse an diesem Kandidaten hat. Stimmen die objektiven Kriterien wie Herkunft, Vermögen, Bildung, Beruf der Eltern etc. überein und ist sich das Paar sympathisch, dann werden weitere Treffen folgen. In der Regel folgt – das Einverständnis beider Eltern vorausgesetzt – kurz danach die Verlobung (vgl. LETT [1998], S. 182-199).

wenn es einen Mitarbeiter verliert, der gute Kontakte aus seinen informellen Netzwerken besitzt. Ein solcher Mitarbeiter ist bisweilen unersetzbar.

V. Korea im Übergang zur Weltwirtschaft: Die Verflechtung von Wirtschaft und Politik

Die Beziehungsmuster der koreanischen Gesellschaft bestehen schon seit vielen Jahrhunderten. Seit der Entwicklung der modernen koreanischen Wirtschaft und Gesellschaft, ab etwa 1960, sind sie jedoch Prozessen unterworfen, für die es in der koreanischen Tradition keine Parallelen gibt. Daraus ergeben sich auch ganz neuartige Probleme für die koreanische Gesellschaft.

In Korea hat sich der Eintritt in die Weltwirtschaft auf eine sehr besondere Weise vollzogen. In der Aufbauphase der fünfziger Jahre ging es zunächst darum, die technischen und institutionellen Hinterlassenschaften der japanischen Besatzungszeit zu transformieren in den Aufbau einer eigenständigen Industrie.[32] Die Japaner hatten in dem vorwiegend agrarisch bestimmten Korea von japanischen Managern geleitete Großunternehmen aufgebaut (sogenannte *Zaibatsu*), deren Zweck darin bestand, die Bodenschätze[33] und das Arbeitskräftepotential von Korea im Sinne der wirtschaftlichen und militärischen Expansion Japans zu nutzen. Nach der Niederlage Japans im Zweiten Weltkrieg wurden diese Anlagen von Koreanern in die institutionelle Form der sogenannten *Chaebol* überführt.

Chaebol bedeutet wörtlich soviel wie Clan-Vermögen. Ihre Gründer waren oft Angehörige der koreanischen Oberschicht (*Yangban*), die nach der Besetzung durch Japan (1910) zu ökonomischen Außenseitern wurden. Ihnen gelang es nach der Befreiung im Jahre 1945 ein Teil des japanischen Erbes zu übernehmen. Diese *Chaebol* entwickelten sich im Laufe der Zeit zu Großkonglomeraten, die viele verschiedene Produktionszweige umfassen. Bekannte *Chaebol* sind zum Beispiel *Samsung* Inc., *Hyundai* Inc. und *LG* Inc. Bis heute befinden sich viele *Chaebol* mehrheitlich in Besitz ihrer Gründerfamilie.

---

32 Vgl. MCNAMARA (1990).

33 Die Bodenschätze Koreas befanden sich vorwiegend im heutigen Nordkorea, während sich industrielle Anlagen über das ganze Land verteilten.

Intern kann man die *Chaebol* als eine Art informelle Gruppe ansehen, die sich recht genau in den oben entwickelten Kategorien der Zugehörigkeit, Verschuldung und Vermittlung beschreiben läßt. Das auffälligste Indiz dafür ist die bekannte Tatsache, daß Mitarbeiter zumindest bis zur Ostasienkrise, lebenslang eingestellt wurden. Die Entwicklung verschiedener *Chaebol* läßt sich also weitgehend im Rahmen der koreanischen Beziehungsmuster darstellen.

Für die Position der *Chaebol* in der koreanischen Gesellschaft ist es von Bedeutung, daß die Gründerfamilien von Anfang an sehr eng mit der jeweiligen Regierung zusammengearbeitet haben. Da die Banken bis in die 80er Jahre staatliche Institutionen waren, hing auch die Kreditvergabe an die *Chaebol* weniger von wirtschaftlichen Gesichtspunkten als von den persönlichen Beziehungen zwischen den Firmenchefs und den Politikern ab. Umgekehrt haben Politiker sehr stark auf die Unternehmensstrategien Einfluß genommen. So war z. B. der Einstieg in Branchen wie Elektronik oder Schiffbau Resultat einer lenkenden Wirtschaftspolitik.

Nicht nur die innere Struktur der *Chaebol*, sondern auch die vielfältigen Verflechtungen zwischen Wirtschaft und Politik drücken Strukturen der Zugehörigkeit, Verschuldung und Vermittlung aus. Dabei nehmen diese Strukturen Züge an, die auch von Koreanern als Nepotismus und Korruption wahrgenommen werden.

„Unter solchen zentralisierten institutionellen Rahmenbedingungen entstand eine symbiotische Beziehung zwischen den Staatsbeamten und den *Chaebol*. Die beiden Großgruppen haben sich durch informelle und indirekte Netzwerke zu einer übermächtigen Interessengruppierung an der Spitze der südkoreanischen Gesellschaft entwickelt. Die Chaebol konnten einerseits von den guten Beziehungen zu den Staatsbeamten profitieren und die Staatsbeamten konnten andererseits Finanzmittel für die Aufrechterhaltung der politischen Macht als Gegenleistung von den Chaebol beziehen. So entstand in Südkorea eine enge Verbindung zwischen den Chaebol und der Regierungspartei und ihren Politikern.“[34]

---

34 PARK (1999), S. 28f.

VI. Schlußfolgerung und Ausblick

Betrachtet man die gegenwärtige Debatte über die Relevanz der konfuzianischen Werte im Leben der koreanischen Gesellschaft, so wird vor dem Hintergrund unserer Ausführungen verständlich, warum die Meinungen über deren Rolle im zukünftigen Korea so weit auseinandergehen.

Als Wirtschaftsberater sehen westlich orientierte Koreaner die Erhaltung traditionaler Strukturen in der Regel als Zeichen für eine noch nicht vollständig gelungene Modernisierung an. In ihren Augen ist es nicht nur wahrscheinlich, sondern auch wünschenswert, daß das Korea der Zukunft zunehmend von Beziehungsmustern und Wertvorstellungen geprägt wird, wie sie im Westen üblich sind.

Aber unabhängig davon, ob ökonomische Zwänge langfristig die kulturellen Gegebenheiten in Korea in Richtung des westlichen Individualismus transformieren, kann man fragen, wie eine solche Entwicklung von einem ethischen Standpunkt zu bewerten ist. Die Schwierigkeit einer solchen Bewertung liegt darin, daß es, wie bereits in der Einleitung bemerkt wurde, angesichts grundsätzlich verschiedener Kulturen umstritten ist, ob sich ein eindeutiger ethischer Standpunkt außerhalb der jeweiligen kulturellen Prägung überhaupt formulieren läßt. Diese Frage können wir hier nicht klären. Jedoch wollen wir in einem Ausblick das Bewertungsproblem in Bezug auf die koreanischen Beziehungsmuster unter drei Gesichtspunkten beleuchten.

(i) Ethische Traditionen, wie sie u. a. im Gefolge Kants entwickelt wurden, gehen davon aus, daß bestimmte ethische Grundsätze und Normen unabhängig von kulturellen Gegebenheiten universelle Gültigkeit beanspruchen. Dazu gehört die Forderung, daß alle Menschen – nicht etwa nur diejenigen, die zur eigenen Gruppe gehören – als Träger gleicher elementarer Rechte zu respektieren sind.[35] Diese Forderung hat eine Parallele in den Anforderungen einer modernen Wirtschaft. Die Ethik fordert und die moderne Wirtschaft ermöglicht es, prinzipiell in jedem anderen Menschen einen möglichen Partner für wie auch immer geartete Beziehungen zu sehen.

Die zuvor charakterisierten Beziehungsmuster in Korea genügen weder den Forderungen einer universal gültigen Ethik noch den Anforderungen einer modernen Wirtschaft. Denn sie beinhalten, daß Gruppenmitglieder Nicht-

35 Zur Universalität der Menschenrechte im Hinblick auf Korea vgl. SASSE (1999).

Mitgliedern systematisch vorgezogen werden,[36] weiterhin fehlt in ihnen jegliche Vorstellung von Rechten, die ohne Ansehen der Person gelten. Dies führt dazu, daß die traditionalen, konfuzianisch geprägten Vorstellungen in Korea nicht zu einer Idee von universalen Menschenrechten gelangt sind. Auch wenn dies keineswegs heißt, daß alle Koreaner, die der Tradition gemäß leben, Rechte anderer verletzten, auch wenn es zudem wenigstens äußerlich ein Rechtssystem westlicher Art gibt, bewirkt der praktische Einfluß der traditionellen Muster auf das zwischenmenschliche Verhalten, auf Wirtschaft und Politik – insbesondere angesichts der Phänomene von Nepotismus oder gar Korruption – bei Westeuropäern, Amerikanern und manchen westlich geprägten Koreanern den Eindruck, Korea müsse seine Traditionen gänzlich über Bord werfen (s. o. Abschnitt I).

(ii) Im Gefolge der aristotelischen Ethik kann man die Beziehungsmuster der koreanische Gesellschaft unter der Fragestellung betrachten, inwiefern sie Konzepte eines guten Lebens verwirklichen. Aus aristotelischer Sicht existieren solche Konzepte nicht außerhalb einer Kultur, sondern sie müssen an den realen Verhältnissen und der Vorstellungswelt innerhalb einer Kultur abgelesen werden. Ein solches Vorgehen erfordert es, die Art und Weise, wie Koreaner ihre Beziehungen erleben, ernst zu nehmen. Außerdem wird das Augenmerk auf die Fähigkeiten (Aristoteles spricht von Tugenden) gerichtet, die den Umgang der Menschen miteinander prägen, sowie auf die Weitergabe dieser Fähigkeiten durch Erziehung und Bildung. Der Bewertungsmaßstab für Beziehungsmuster wird in diesem Fall der koreanischen Vorstellungswelt entnommen. Demgemäß ist festzustellen, daß diese Beziehungsmuster dem Leben sehr vieler Koreaner einen Grundzug von Stabilität und das Gefühl

---

36 „[...] the legacy of Confucianism and its philosophical rule over Korea [are blamed] for the rise of the group-oriented tendencies that are highly selective and exclusive, as can be witnessed in [...] modern social ills of Korea. The group-oriented mentality worked well in the highly-integrated clan community of old Korea, but problems have arisen in modern Korea following the breakup of the traditional collective community due to the rapid industrialization process and the influence of Western individualism, the author contends. Now, the unit of ‚groupism' is confined to one's direct family. [...] the Korean group mentality is now built around the family or other extended forms of the family such as regional and fraternal societies, but outsiders are naturally ostracized. ‚Korea's groupism is more close to egoistic ‚weism' for those in inner circles and stands in stark contrast to other group mentalities found in Japan or Germany where a public-conscious sentiment is more emphasized" (CHOE [2001]).

fundamentaler Geborgenheit verleihen und ihnen die Möglichkeit geben, soziales Verhalten einzuüben.

Allerdings folgt daraus nicht, daß die koreanische Gesellschaft ausschließlich aus einer Innenperspektive betrachtet werden muß. Das Vorgehen, eine Kultur am eigenen Maßstab zu messen, darf nicht verabsolutiert werden,[37] denn sonst wäre es nicht möglich, zwischen verschiedenen Kulturen über Ideen eines guten Lebens auch nur zu kommunizieren. Zugleich würde man zu wenig berücksichtigen, daß Kulturen voneinander lernen können.

(iii) Uns scheint, daß sich die Gesichtspunkte (i) und (ii) miteinander in Verbindung bringen lassen. Diese Verbindung läßt sich unter der Fragestellung entwickeln: Bedarf nicht eine universal gültige Ethik, um wirksam zu werden, korrespondierender Lebensformen im konkreten Dasein der Menschen? Unserer Überzeugung nach muß diese Frage bejaht werden: Denn solange ein Mensch die Achtung vor seinen Mitmenschen nur als Postulat kennenlernt, besteht die Gefahr, daß er dem konkreten Anderen gegenüber völlig gleichgültig bleibt. Achtung vor der Person des Anderen erfordert mehr, als in ihm nur den Träger von Rechten und den möglichen Wirtschaftspartner zu sehen. Diese Achtung muß vielmehr in konkreten sozialen Zusammenhängen eingeübt werden, in denen die Menschen füreinander ein Gesicht annehmen und ein Gesicht zu wahren haben. Die Instabilität vieler Beziehungen im Westen ist insofern problematisch, als sie es den Einzelnen leicht macht, sich unter den Vorzeichen der Flexibilität und Mobilität[38] aus jeder Verantwortung vor einer anderen Gemeinschaft als der Rechtsgemeinschaft sozusagen „davonzustehlen".

Demgegenüber enthalten die koreanischen Beziehungsmuster zumindest wichtige Teilaspekte von Lebensformen, derer eine universal gültige Ethik bedarf. Vor aller Wahl und Leistung bieten sie fraglose Erfahrungen des Miteinander-Lebens und Miteinander-Umgehens, die Menschen die tätige Achtung voreinander vermitteln. Das mit der Zugehörigkeit einhergehende Ur-Vertrauen innerhalb der Gruppe ist eine wichtige Grundlage für das Einüben sittlichen Verhaltens. Wichtige ethische Gefühle wie der Sinn für eigene und fremde Schuld sowie das Gefühl der Scham bei unschicklichen Verhaltens-

---

37 Eine solche Verabsolutierung wäre auch nicht im Sinne des Aristoteles, der davon ausgeht, daß es zwar keinen einheitlichen Begriff des Guten gibt, daß aber sehr wohl die Möglichkeit besteht, verschiedene Vorstellungen vom Guten im Sinne der Analogie zu vergleichen (vgl. ARISTOTELES [1972], Buch I, Kapitel 2).

38 Vgl. SENNETT (1998).

weisen lassen sich nur in konkreten, langfristig angelegten Gemeinschaften erlernen.

So läßt sich abschließend feststellen, daß die koreanische Gesellschaft einerseits über alle konkreten Zugehörigkeiten hinaus der Offenheit bedarf im Sinne der Entflechtung undurchsichtiger Gruppenstrukturen in Politik und Wirtschaft, im Sinne der Achtung von universalen Menschenrechten sowie im Sinne der Öffnung gegenüber den Regeln der Weltwirtschaft, insofern die koreanische Wirtschaft darin weiterhin ihre Rolle spielen möchte.[39]

Andererseits erscheint es keineswegs wünschenswert, wenn die Öffnung der koreanischen Gesellschaft für die Anforderungen der Weltwirtschaft und die Postulate einer universal gültigen Ethik das völlige Verschwinden der eigenen Beziehungsmuster zur Folge hätte. An sich ist zwar die Verbindung von universellen ethischen Werten und unpersönlichen wirtschaftlichen Beziehungsmustern mit der Lebensform des westlichen Individualismus nicht schlechthin notwendig. Bis heute aber trifft man die beiden zuerst genannten Dimensionen fast ausschließlich in Verbindung mit der letzteren an. Wenn unsere Argumentation richtig ist, hätte dies zur Folge, daß mit den fundamentalen Zugehörigkeiten in Korea zugleich irreversibel diejenigen Räume vernichtet würden, in denen sittliches Verhalten überhaupt eingeübt werden kann. Das Schrumpfen oder gar Fehlen solcher Räume im Westen erscheint als eines der Hauptprobleme bei der Frage, wie ethischen Normen reale Geltung verschafft werden kann. Wie problematisch auch immer die Beschaffenheit solcher Räume in Korea von einem universellen Standpunkt aus im einzelnen wirken mag, mit ihrem Verschwinden würde vermutlich auch der Boden verschwinden, auf dem eine universelle Ethik in Korea Halt gewinnen könnte.

Möglicherweise stellt sich das Problem, wie Menschen in Zukunft Erfahrungen der Zugehörigkeit verbinden können mit einer Offenheit gegenüber

---

39 Vieles spricht dafür, daß Bewegungen in Richtung einer derartigen Offenheit in Korea bereits im Gange sind. Auf der politischen Ebene ist die starke Demokratiebewegung der 60er und 70er Jahre ein Indiz für eine solche Öffnung: Die Epoche der Militärregimes, die seit 1961 in Korea herrschten, wurde 1987 ohne ausländische Eimischung abgeschafft. Zudem wurde durch eine Volksabstimmung eine Reform eingeleitet. Diese beinhaltete drei wichtige Punkte, die bis heute für Koreas Politik bindend sind: Der Präsident wird direkt vom Volk gewählt und seine Amtszeit ist auf fünf Jahre beschränkt. Außerdem ist die Aufhebung des Parlaments durch den Präsidenten seither nicht mehr möglich. (vgl. SUH [1999], S. 457, CUMINGS [1997], Kapitel 7 und OH [1999]). Die wirtschaftliche Öffnung vollzieht sich vor allem seit der Ostasienkrise in deutlich beschleunigtem Tempo.

ethischen Aufgaben und wirtschaftlichen Gegebenheiten, nicht nur für die koreanische, sondern auch für westliche Gesellschaften.

Literaturverzeichnis

ARISTOTELES (1972): *Die Nikomachische Ethik*, übers. und hrsg. von O. Gigon, München (Deutscher Taschenbuch Verlag).

BARY, WM. TH. u. HABOUSH, J. K. (1985): *The Rise of Neo-Confucianism in Korea*, New York (Columbia University Press).

BRÜCH, A. u. THOMAS, A. (1995): *Beruflich in Südkorea: interkulturelles Orientierungstraining für Manager, Fach- und Führungskräfte*, Heidelberg (Asanger).

BRUNOLD, G. (2000): „Korea. Fernöstliche Passagen", *du. Die Zeitschrift für Kultur*, 705, S. 36-39.

CHOE, Y. (2001): "Confucian storm: old ideas spark new debate", *Korea Herald*, Seoul, 03.01.2001.

CHOI, M. (1983): *A Modern History of Korean Philosophy*, Seoul (Seong Moon Sa).

CUMINGS, B. (1997): *Korea's place in the sun: a modern history*, New York, London (Norton).

DEUCHLER, M. (1992): *The neo-confucian transformation of Korea: A study of society and ideology*, Cambridge, London (Columbia University Press).

FUNG, Y. (1966): *A short history of Chinese Philosophy*, New York, London (Free Press).

HWANG, J. (1999): „Controversy heats up over Confucianism", *Korea Herald*, Seoul, 01.06.1999.

KANT, I. (1797): *Die Metaphysik der Sitten*, in: I. KANT: Werkausgabe, hrsg. von W. WEISCHEDEL, Bd. 8, Frankfurt a. M. (Suhrkamp).

KEIL, S., JETZKOWITZ, J. u. KÖNIG, M. (1999): *Modernisierung und Religion in Südkorea: Studien zur Multireligiösität in einer ostasiatischen Gesellschaft*. München, Köln, London (Weltforum).

KIM, P. (2000): „Korean business for foreign investors", *Korea Herald*, Seoul, 20.09.2000.

LEE, D. (1988): *An outline of Confucianism: Traditional and neoconfucianism, and criticism*, Bloomington (Eastern Press).

LEN, S. (1999): „Leadership guru advises Korean managers on win-win scenarios", *Korea Herald*, Seoul, 14.05.1999.

LETT, D. (1998): *In pursuit of status: the making of South Korea's „new" urban middle class*, Cambridge, London (Harvard University Press) 1998.

MANSTETTEN, R. (2000): *Das Menschenbild in der Ökonomie: Der homo oeconomicus und die Anthropologie von Adam Smith*, Freiburg i. Br., München (Alber).

MCNAMARA, D. (1990): *The colonial origin of Korean enterprise, 1910-1945*, Cambridge (Cambridge University Press).

MOLITOR, A. (2000): „Heute hier, morgen fort", *Die Zeit*, 33, Hamburg.

MORITZ, R. u. LEE, M. (Hrsg.) (1998): *Der Konfuzianismus: Ursprünge – Entwicklungen – Perspektiven*, Leipzig (Leipziger Universitätsverlag).

OH, J. (1999): *Korean Politics: The Quest for Democratization and Economic Development*, Ithaca, London (Cornell University Press).

PARK, J. (1995): *Netzwerkgesellschaft im Wandel. Die Rolle des sozialen Kapitals zur primären kumulativen Kapitalbildung am Beispiel Südkorea*, Opladen (Leske und Budrich).

ROETZ, H. (1995): *Konfuzius*, München (Beck).

SASSE, W. (1999): „Menschenrechte in Korea. Kultur- und ideengeschichtliche Anknüpfungspunkte", in: G. SCHUBERT (Hrsg.): *Menschenrechte in Ostasien*, Tübingen (Mohr).

SENNETT, R. (1998): *Der flexible Mensch*, Berlin (Berliner Verlag).

SUH, M. (1999): „Politische Hemmnisse für die Fortentwicklung der Rechtskultur und für die Durchsetzung der Menschenrechte in Süd-Korea", in: G. SCHUBERT (Hrsg.): *Menschenrechte in Ostasien*, Tübingen (Mohr).

Kapitel 9

Kultur, Kulturrelativität, Kulturrelativismus

MATTHIAS KETTNER

Management kann als Inbegriff von Instanzen definiert werden, die über Funktionen der Planung, und Führung (z.B. Entscheiden, Anordnen und Kontrollieren) alle Prozesse in einer arbeitsteiligen Organisation dem Zweck dienlich machen, Leistungen zu erbringen. Diese Instanzen verkörpern sich sozial in einem besonderen Personenkreis: Das Management einer Organisation ist die Gesamtheit aller Führungskräfte in der Organisation mit bestimmten Aufgaben und Weisungsbefugnissen zur Steuerung von Verhalten. Sie erscheinen des weiteren in Form von Fähigkeiten: Management als ein ausgezeichnetes Führenkönnen (Leadership), um mit Hilfe von Visionen, Ideen, Werten und Gütern spontane und sinnvolle Ordnungen in einer komplexen und dynamischen Umwelt bilden und aufrecht erhalten zu können. (Vgl. Schütz 1999, S. 32). Diese beiden begrifflichen Optiken erfassen Entscheidendes an der komplexen Aktivität Management. Ihre Aufschlußkraft gerät dort an eine Grenze, wo Management sich auf Wertmuster und normative Texturen eines Unternehmens erstrecken soll. Wer Wertemanagement begreifen will, kann von Kultur und dem Eigensinn kultureller Prozesse nicht schweigen.

Denn Wertemanagement (‚Value Management') wird meistens als eine Managementphilosophie vorgestellt, d.h. als ein wichtiger Zug im Gepräge einer Unternehmenskultur. Mit dieser Vorstellung von Unternehmen, die gleich Kulturen umfassende Selbst- und Weltwahrnehmungen, d.h. kulturelle Deutungsmuster ausbilden, verknüpft sich oft auch die Forderung, das Unternehmen solle mit seinen Werten, oder mit Werten solle vom Unternehmen, ‚ganzheitlich umgegangen' werden.[1] Urbild solcher Ganzheitlichkeitsvorstellungen sind wiederum Vorstellungen über kulturelle Totalitäten.

Innerhalb der Wirtschaftsethik interessiert der Kulturbegriff nicht allein mit Bezug auf Managementphilosophien. Vielmehr kehren auch die 'alten' Fragen der Kulturrelativität und des Kulturrelativismus wieder, freilich nicht in erkenntnistheoretischer sonder in praktischer Form: Gibt es wirtschaftskulturelle Typen, z.B. kulturell unterschiedliche Kapitalismusformen (Gray 1999, bes. S. 260)? Welche Unterschiede machen kulturelle Differenzen für andere Unterschiede zwischen Geschäftspraktiken, unternehmerischen Lebensstilen und Werten und Normen ökonomischen Handelns? Wie manifestieren sich kulturelle Differenzen in Wertekonflikten?

Fragen wie diese werfen drei theoretische Probleme auf, die ich im folgenden klären will. Wie können wir das Spezifikum kultureller Prozesse begreifen und die in solchen Prozessen gebildeten kulturellen Differenzen modellieren? Wie ist kulturelle Relativität zu verstehen? Was unterscheidet kulturelle Relativität von Kulturrelativismus und wie sähe ein Kulturrelativismus ohne Selbstwiderspruch aus?

I. Grundformen von Kulturrelativismus

Innerhalb der Ethnologie herrscht heute, was die Möglichkeiten der „objektiven" Beschreibung und Erschließung von kulturell drastisch anders situierten Praktiken, gar ganzen „Kulturen" betrifft, eine skeptische Haltung vor, sprichwörtlich eine „Krise der Repräsentation" (Berg & Fuchs 1993). Innerhalb der kultursoziologischen Avantgarde besteht ein im Vergleich mit der

1 So z.B. SCHÜTZ (1999), S. 37: „Value Management ist der gekonnte Umgang mit Werten, der neben den eigenen auch den vitalen Bedürfnissen der sozialen und natürlichen Umwelt gerecht wird."

derzeit gängigen Behandlung „kultursensibler" Fragen im Mainstream der Wirtschaftsethik sehr hohes Bewußtsein der Schwierigkeiten, aber auch der Möglichkeiten interkultureller Hermeneutik (bes. Göller 2000). Die kultursemiotischen Arbeiten u.a. von Clifford Geertz (1987) und die kritische Selbstreflexion auf ethnologische Aufzeichnungs- (Aoki 1992), Beschreibungs- (Clifford & Marcus 1986) und „interkulturelle" Übersetzungsmethoden (Asad 1993; Bachmann-Medick 1994; Bhabha 1994), ähnlich wie machtkritische Ansätze innerhalb der „interkulturellen Philosophie" (Fornet-Betancourt 1996; 1998) ergeben gute Korrektive gegen das bisweilen in der international aktiven Wirtschaftsethik vorfindliche und vielleicht vorschnelle Zutrauen, die ökonomische und - in ihrem Gefolge - kulturelle Globalisierung werde kulturelle Differenzen schon richten.

1. Welche Relativität setzen Relativisten voraus?

Daß man unterschiedliche Auskünfte erhält je nachdem, wen man etwas fragt, ist die uns vielleicht vertrauteste Erfahrung von kultureller Relativität. Je nach Standpunkt stellen sich die Dinge anders dar. Beschreibungen variieren. Diese Erfahrung stellt sich leider auch ein, wenn man präzise Auskunft verlangt, was Kulturrelativismus sei.

Sieht man sich die einschlägigen Debatten an, die unter diesem Stichwort laufen, so entsteht der Eindruck, Kulturrelativismus sei eine Art Schlachtruf auf dem Felde der Kulturwissenschaften und Ethik, der Nichtrelativisten ankündigt, daß mit ihrer Naivität aufgeräumt werden soll. Kulturrelativismus ist eine normative Doktrin, die eine kritische Geste unterschreiben soll. Anders wenn von kultureller Relativität die Rede ist: Hier versuchen wir geeignete Sachverhalte, die eine für kulturelle Prozesse allgemein charakteristische Bedingung oder Verfassung konkretisieren sollen, zu beschreiben.

Kulturrelativismus, die normative Doktrin, setzt schon voraus, daß Kulturrelativität eine theoretisch gesicherte Tatsache ist. Ohne haltbare Relativitätstheorie kein haltbarer Relativismus. Diese Abhängigkeit der Doktrin von der Wahrheit einer deskriptiven Prämisse hat einen einfachen Grund: Das Herzstück aller Relativismen ist der *Aufweis von Relativität* dort, wo man sie nicht vermutet hätte oder sogar ausschließen zu müssen meint. Der Aufweis kann nur als Nachweis der Wahrheit von entsprechenden Tatsachenbehauptungen erfolgen. Über die Struktur entsprechender Tatsachenbehauptungen wiederum läßt sich folgendes verallgemeinern: Die Tatsache der Relativität - daß x relativ zu y ist - wird in erster Näherung so verstanden, daß x von y bedingt oder sonstwie abhängig ist, z.B. mit *y* variiert, also sich mitändert, wenn sich *y* ändert.

Dieser Sinn von Relativität ist zwar elementar, aber sozusagen noch zu elementar. Denn in gewissem Sinne gibt es nichts, worauf die relationale Erklärung von Relativität nicht passen würde. Welche besondere Relevanz soll dann aber ein Aufweis von Relativität haben? Jemand, der die unstrittige Überzeugung hat, daß ihm desto wärmer wird, je mehr Kleidung er anhat, wird normalerweise nicht als ein Relativist eingestuft. Relativisten interessieren sich ja nur für bestimmte Abhängigkeiten (Schofer 1999). Doch für welche?

Gewiß nicht für dergleichen wie die Abhängigkeit von Temperaturmeßwerten von konventionellen Maßsystemen. „Reaumur und Fahrenheit"-Relativität macht noch keinen Temperaturrelativismus. Umrechnung ist banal. Auch die Prototypenabhängigkeit konventioneller Bestimmungen, z.B. die Abhängigkeit der Längengröße *Meter* von einer bestimmten Platin-Iridium-Stange oder von einem Protokoll zur Spektralanalyse der Lichtemission eines bestimmten Kryptonisotops, macht konventionelle Bestimmungen zwar relativ, aber nicht auf eine interessante Weise, hinter der Relativisten her sind. Solange konventionell festgelegte Bestimmungen übersetzbar sind, ist auch ihre Relativität relativ banal. Nicht anders steht es mit empirischen Abhängigkeiten. So etwa macht der Aufweis, daß die durchschnittliche Kinderzahl pro Familie in einer bestimmten Gesellschaft mit der durchschnittlichen Schulbildung, die den Frauen in dieser Gesellschaft offensteht, signifikant negativ korreliert, also von ihr abhängt, noch keinen „Familienplanungs-Relativismus". Zwar hat man im Hinblick auf die durchschnittliche Kinderzahl den besagten Zusammenhang vielleicht nicht vermutet, so daß diese Relativität in Gegebenheiten der kulturellen Realität (anders als die Relativität in Konventionen) überrascht. Versuche, überraschende Abhängigkeiten zwischen der Ausprägung kultureller Unterschiede und sozialstrukturellen Bestimmungen zu erkennen, haben in der Soziologie Tradition (Salzwedel 1999). Was der überraschenden empirischen *Tatsachenfestellung,* daß eine statistische - und des weiteren auch funktional interpretierbare - Abhängigkeit zwischen Frauenbildung und Kinderzahl besteht, abgeht, ist irgendein *normativer* Gehalt, der Kulturrelativisten interessieren könnte (Geertz 1985).

Hier hilft die Beobachtung weiter, daß Relativisten die diskursive Position ihrer Gegner gerne als Absolutismus stilisieren. Mit Absolutismus bezüglich *x* wird die Behauptung vertreten, daß für *x* eine Abhängigkeit von *y* unter allen Umständen ausgeschlossen ist. In diesem Kontrast von Relativismus und Absolutismus tritt der eigentliche Einsatz in diesem Spiel zutage. Im Spiel von Relativismus und Antirelativismus geht es uns zentral um unser

Interesse an praktisch Bedeutsamem, das alle möglichen Umstände übersteht. Etwas praktisch Bedeutsames, dessen Bedeutsamkeit alle möglichen Umstände übersteht, also uns nicht unter diesen Umständen weniger oder mehr oder anderes bedeutet als unter anderen Umständen, ist immer dann im Spiel, wenn wir Gültigkeit oder, in einem emphatischem, mit Idealisierungen einhergehenden Sinne, normative Geltung für etwas intendieren. Wo kein hypothetischer Vorgriff auf absolute, d.h. von keiner ersichtlichen Bedingung eingeschränkte normative Geltung im Spiel ist, oder keinerlei Überzeugung von der Unveränderlichkeit eines Werts (wie in der Rede von »Wahrheitswerten«) besteht, da hat die kulturrelativistische Geste (als Aufweis von Relativität) keine Gegnerschaft und deshalb keine Pointe.

Der kulturrelativistische Aufweis gilt solchen Abhängigkeiten, bei denen uns nicht nur überrascht, daß sie überhaupt bestehen, sondern auch welche Implikationen sie für unser normatives Denken haben. Was heißt das? Wir nehmen eine normative Einstellung ein, wenn wir bestimmte Geltungsstandards rechtfertigen oder im konkreten Fall einschlägige Geltungsstandards geltend machen wollen. Normativ denkt man immer dann, wenn man urteilt, etwas sei richtig oder falsch so, wie es ist. Nun erhellt, was im vorangegangenen Beispiel einer überraschenden Abhängigkeit zwischen zwei kulturellen Variablen fehlt: Ob sich aufweisen läßt, (Q1) wie die Familiengröße relativ zum Bildungsstand der Ehefrauen ist, ist eine Frage; aber eine ganz andere Frage ist, (Q2) ob und wie diese Relativität irgendwelche Geltungsstandards oder Geltungsansprüche berührt. Über die Verbindung von Q1 und Q2 ist zunächst nur soviel gewiß, daß man im Behaupten jener Relativität (Q1) - wie in *jedem* Behaupten von Tatsachen - nicht vermeiden kann, alle für Tatsachenbehauptungen als maßgeblich anerkannten Geltungsstandards mitanzuerkennen. Q1 setzt den ganz allgemeinen Geltungsanspruch der Wahrheit voraus, berührt ihn daher aber nicht.

Zu überlegen ist freilich, ob der ganz allgemeine Geltungsanspruch der Wahrheit der kulturrelativistischen Geste Raum bietet. Das Wahrsein einer Aussage soll von nichts anderem als davon abhängen, ob das auch wirklich der Fall ist, was sie besagt. Nach üblichem Verständnis ist genau dies der für Tatsachenbehauptungen maßgebliche Geltungsstandard - wenn man so will: Relativität zur Realität. Denn die Behauptbarkeit (Fürwahrhaltbarkeit, Rechtfertigbarkeit, „warranted assertability") der Aussage soll *letztlich* davon abhängig sein, welche Sachverhalte bestehen, d.h. von der Realität. Wer für diese Abhängigkeit ihrerseits Relativitäten *anderer* Art aufweisen zu können glaubt, sorgt in der Tat für hochgezogene Augenbrauen. Bei Wahrheitsrelativismus hört nämlich der Spaß auf, auch in der Ethnologie (Norham 1996; Norris 1997). Natürlich erlaubt die wahrheitstheoretische Unterscheidung der

Wahrheit als solcher und der berechtigten Behauptbarkeit-als-Wahr dem Kulturrelativismus doch wieder ein paar Spielzüge. Denn von den Geltungsstandards, die eine partikulare Gemeinschaft als die maßgeblichen anerkennt, wenn ihre Mitglieder über das Eingelöstsein des Geltungsanspruchs bestimmter Tatsachenbehauptungen zu urteilen haben, ist sicher nicht zu erwarten, daß allein solche Standards zählen, die nicht von kontingenten kulturellen Unterschieden abhängen. Rechtfertigung, anders als Wahrsein, ist kontextrelativ.[2] Wahrheitsrelativismus ist aber hier nicht mein Thema, daher muß ich mich auch nicht mit radikalen Konstruktivisten auseinanderzusetzen, für die nicht nur die Belege für Aussagen sondern die Sachverhalte selber noch „sozial konstruiert" sind, und kann mich mit der Bemerkung begnügen, daß Wahrheitsrelativisten mit den Relativitätsbehauptungen, die sie machen, gerade einen noch nicht relativierten Wahrheitsanspruch verbinden müssen, den sie *als* Relativisten aber nicht mehr damit verbinden dürfen. Wahrheitsrelativismus keine rational stabile Position.

Auch Benjamin Lee Whorf (1963, S. 102f.), der Gewährsmann nahezu aller auf linguistische Relativität gestützter Relativismen, meinte ja keineswegs, daß darum, weil Weltbilder von Sprachstrukturen abhängen, Hopi-Sprecher keine Wahrheitsansprüche erheben könnten. Whorf meinte bloß, daß als Hopi-Indianer kulturierte Personen bestimmte Dinge - etwa den physikalischen Zeitbegriff - nicht ausdrücken können oder jedenfalls nicht so einfach ausdrücken und denken können wie Menschen, deren Muttersprachen Englisch, Deutsch, Französisch u.ä. sind (Gethin 1999).

Der für Behauptungen von Tatsachen erhebbare Anspruch, als wahr gelten zu sollen („Wahrheitsanspruch") gibt aus den angeführten Gründen keine gute Angriffsfläche für Kultur- oder sonstigen normativen Relativismus ab. Wir können jetzt immerhin eine informativere Beschreibung von Relativismus vorschlagen:

(1) Relativismus ist immer eine reaktive Position: sie reagiert kritisch auf eine schon etablierte nichtrelativistische Position.

(2) Sie kommt nur dann vom Boden hoch, wenn sie eigene Wahrheitsansprüche erhebt, nämlich für das Bestehen gewisser Relativitäten, von denen sie ausgeht.

---

2 Die Absolutheit (Nichtrelativierbarkeit) des Wahrheitsanspruchs und - anders als HABERMAS - zugleich Epistemisierung des Wahrheitsbegriffs verteidigt überzeugend APEL (1999).

(3) Sie hat Geltungsansprüche von Urteilen zum Gegenstand, die sich nicht auf Wahrheitsansprüche (d.h. Geltungsansprüche für Urteile über Tatsachen) reduzieren lassen, und

(4) sie arbeitet an deren Einschränkung oder versieht sie mit bestimmten Auflagen.

Relativisten „relativieren". Das heißt: Gestützt auf zweckdienlich interpretierte Relativitätstheorien, fordern sie in einem bestimmten Zusammenhang Nichtrelativisten dazu auf, die Reichweite der Geltungsansprüche ihrer Urteile enger zu ziehen oder mit Qualifikationen zu versehen, um ihre Geltungsansprüche mit den von den Relativisten aufgewiesenen überraschenden Abhängigkeiten für die betreffende Art von Geltungsansprüchen in Einklang zu bringen. Die überraschenden Abhängigkeiten, mit denen speziell der Kulturrelativismus arbeitet, sind kulturelle Unterschiede, genauer solche, von denen bei näherer Betrachtung die Einlösbar*keit* von bestimmten Arten von Geltungsansprüchen und also auch die *Berechtigung* zu entsprechenden Urteilen abhängt.

2. Dezentrierender oder dividierender Relativismus?

Wozu dient das Relativieren? Ich möchte zwei Relativierungsabsichten unterscheiden. Man kann relativieren, um eine bestehende Urteilspraxis zu verbessern, z.B. um sie zu präzisieren oder gegen Mißverständnisse zu schützen. Viele Ethnologen z.B. versuchen professionshalber, möglichst nicht-ethnozentrisch zu sein, entgegen einer „normalen", nämlich bei Menschen, egal welcher Kultur sie sich zurechnen, tiefsitzenden „ethnozentrischen" Neigung. Diese Neigung besteht darin, das wesentlich Eigene für die eigene Kultur und diese für besser als andere Kulturen zu halten. Sie besteht weiter darin, Praktiken, die im Licht der Kultur, mit der man identifiziert ist oder sein will, als fremde (merkwürdige, fremdartige, befremdliche, abartige) Praktiken nach Geltungsstandards der eigenen Kultur zu beurteilen, und so auch die Menschen, die solche Praktiken pflegen, weil sie für sie normal sind.[3] Gegen solche Selbstbegünstigung und Borniertheit im Urteilen mobili-

3 „Ethnocentrism is the technical name for this view of things in which one's own group is the centre of everything, and all others are scaled and rated with reference to it. Folways correspond to it to cover bot the inner and the outer relation. Each group nourishes its own pride and vanity, boasts itself superior, exalts its own divinities, and looks with contempt on outsiders. Each group thinks its own folkways the only right ones, and if it observes that other groups have other

sieren die Ethnologen verständlicherweise ihr Wissen über Kulturrelativität und treten für die Anerkennung von Kulturrelativismus ein.

Nennen wir das den „Vorurteile entlarvenden" oder „Vorurteile differenzierenden", kurz: den *dezentrierenden* Relativismus. Dezentrierender Relativismus schließt nicht apriori aus, daß wir dort, wo wirklich die Einlösbarkeit fraglicher Geltungsansprüche von bestimmten Kulturunterschieden abhängt, die mit diesen Unterschieden gegebene Andersartigkeit nicht doch kompensieren, überbrücken oder irgendwie aufheben können.

Andere Relativisten hingegen schließen die Überbrückbarkeit relevanter (kultureller) Unterschiede apriori aus. Dadurch arbeiten sie an der Provinzialisierung, Einkapselung oder Aufspaltung von Urteilspraktiken. Es bietet sich an, Relativierungsversuche mit dieser Leitabsicht und Konsequenz als „dividierenden Relativismus" zu bezeichnen.

Der dezentrierende und der dividierende Relativismus sind nicht vollständig unvereinbar miteinander. Es ist nicht selbstwidersprüchlich, wenn einer z.B. für die Geltungsansprüche speziell von ästhetischen Urteilen eine „dividierende" relativistische Haltung einnimmt, für die Geltungsansprüche speziell von moralischen Urteilen aber „Dezentrierungsrelativist" ist.

Hier sind drei Verdeutlichungen für die eingeführte Unterscheidung:

(1) Das folgende Szenario gilt als ein Standardbeispiel für Kulturrelativität. Zumindest verdeutlicht es gut die dividierende Einstellung: Man berichtet von Eskimostämmen, deren Mitglieder weit mehr Arten von Weiß unterscheiden, als wir – Nichteskimos – das normalerweise können. Der Unterschied zwischen ihrer und unserer Diskriminationsfähigkeit für Weiß ist (so heißt es) sei sprachrelativ, nämlich abhängig vom semantischen Repertoire an Farbausdrücken. Die Unterschiedlichkeit der semantischen Repertoires an Farbausdrücken für Schnee in ihrer und unserer Sprache wiederum sei davon abhängig, daß in ihrer Kultur ganz anders mit Schnee umgegangen werde als bei uns. Das darf man sich nicht zu simpel vorstellen, als würden Eskimos „mit unbewaffnetem Auge" feinere Farbschattierungen unterscheiden als wir, was wir durch Einsatz von Spektrometern kompensieren könnten. Vielmehr

---

folkways, these excite its scorn. (...) ethnocentrism leads a people to exaggerate and intensify everything in their own folkways which is peculiar and which differentiates them from others. It therefore strengthens the folkways." Über diesen treffenden Gedankengang SUMNERS (1940, orig. 1906), S. °15, S. 28), der Ethnozentrismus in eine funktionale Beziehung zur sozialen Kohäsion einer Wir-Gruppe bringt, sind auch heutige soziologische Ethnozentrismustheorien nicht hinausgekommen.

gehen in die Bestimmungen, die wir als ihre *Farb*prädikate für Schnee übersetzen, außer Farbschattierungen noch ganz andere Bestimmungen ein, die mit geordneten Abläufen *sozial* wichtiger Tätigkeiten (Jagd etc.) zu tun haben. Wie Eskimos und wir Schneefarben unterscheiden, ist daher nicht nur sprachrelativ, was sich durch Übersetzungen kompensieren ließe, sondern in einem starken Sinne „kulturrelativ". Denn wie „ihre Kultur" diese Eskimos Schnee sehen macht, und wie „unsere Kultur" uns Schnee sehen macht, dies fällt nun auseinander. Zwischen unsrer Kultur und ihrer Kultur liegen (angeblich) Welten, – unbeschadet dessen, daß wir mit ihnen Handel treiben mögen und uns im großen und ganzen mit ihnen verständigen können: Wir und sie (so sagen die dividierenden Relativisten) können zwar mit praxisnahen Behauptungen wie „jetzt schneit es" daßelbe meinen, aber für praxisfernere und konnotationsreichere Sätze, z.B. „Ihre Haut war so weiß wie Schnee", gibt es keine richtige Übersetzung im Soziolekt der Eskimos.[4]

(2) Eine dezentrierungsrelativistische Haltung kann das Ergebnis der Aufklärung hartnäckiger Diskrepanzerfahrungen seiner. So machten weiße amerikanische Pädagogen, die in Navajo und Hopi Reservaten Schulkinder so unterrichten wollten, wie sie normalerweise weiße amerikanische Mittelklassekinder unterrichteten, die Erfahrung, daß Navajo und Hopi Kinder „aufgrund ihrer Kultur" sozusagen zu einem Spagat gezwungen waren zwischen Wertorientierungen, die in der Mehrheitspraxis der Schule verkörpert sind, und Wertorientierungen, die zuhause im Familienleben der Indianer verkörpert sind. Die „Indianerwerte" der Herkunftskultur und die kontrastierenden „Anglo-Werte" der schulischen Praxis lassen sich in Listenform einander gegenüberstellen, z.B.:

accept know information vs. accept new information
cooperation is good vs. competition is good
history and facts are vital vs. mythology is as important as history
the group is good vs. independence is good
time is circular vs. time is linear
helping is good vs. money is good
don't tell other people what to do vs. offer advice

4 Ob es umgekehrt praxisferner Sätze aus dem schneebezogenen Segment der Eskimosprache gibt, die keine richtige Übersetzung in unseren eigenen Soziolekten haben, können wir nicht sagen, andernfalls müßten wir diese Sätze ja schon richtig verstanden haben. Daß Eskimos selber auf kulturrelativistische Positionen verfallen wären, hat man noch nie gehört.

family is paramount vs. school and work is paramount
learn from people vs. learn from books
keep silent vs. talk first
avoid confrontation vs. make your point
play down your abilities vs. brag
deny planning vs. be future-oriented
decide by group consensus vs. vote to decide
etc.[5]

Für die Pädagogen, die Verhalten und Leistungen der Indianerkinder beurteilen mußten, ergab die kulturrelativistische Aufklärung, die sie bezüglich der relevanten kulturrelativen Wertmustern gewinnen konnten, einen deutlichen Gewinn an Verständnis und Differenzierungsvermögen.

(3) Schließlich sei die Vereinbarkeit der zwei relativistischen Haltungen verdeutlicht: In der altgriechischen Musikkultur wurden drei große Tongeschlechter herausgebildet, nämlich Diatonik, Chromatik und Enharmonik, während sich in der westeuropäischen Musikkultur des 16. und 17. Jahrhunderts, die sich inzwischen musikkulturell globalisiert hat, aus den vielen Kirchentonarten zwei große Tongeschlechter herausgebildet haben, nämlich Dur und Moll. Steigendes Interesse an einer sozusagen transversalen Praxis des Spielens in allen Tonarten (von Dur und Moll) ermöglichte seit dem 18. Jahrhundert die „temperierte Stimmung" mit gleichmäßig gezwölftelter Oktave, eine notwendige Voraussetzung für die sozusagen tonal-egalitäre serielle Musik des 20. Jahrhunderts. Welche (und wie überhaupt) Musik erfunden, gespielt, tradiert, notiert, gehört wird, ist ein breites Feld kultureller Unterschiede, das aber deutlich formiert wird durch - in der Musikkultur der/einer Kultur meist in enger Wechselwirkung mit dem Instrumentenbau ausgearbeiteten -Ordnungssysteme der Tonalität, d.h. der musikalisch normalerweise verwendeten Tonhöhen. Man könnte diatonische, chromatische oder enharmonische Musik im System von Dur- und Moll-Tonarten und in temperierter Stimmung zwar emulieren, aber ein altgriechisches Musikstück (z.B. ein Tanzstück) ist wohl in einem nichttrivialen Sinne auch dann nicht mehr das, was es einst gewesen ist, wenn es physikalisch tongleich in unserem „unserem heutigen" Ordnungssystem der Tonalität ausgeführt werden könnte. Aber auch neuere Musikwerke, deren Ursprung noch den musikkulturellen Index der vormaligen Dur-Moll-Dualität trägt, sind nach dem heutigen Aufstieg der Atonalität nicht mehr das, was sie einst (in der Musik-

5 Quelle: http://deseretnews.com

kultur der zwei Tongeschlechter) gewesen sind. Ob hierin ein „Verlust" liegt, ist eine ganz andere Frage und hängt davon ab, wie man über musikgeschichtlichen Fortschritt denkt. Daß hierin aber ein nichtkompensierbares Anderswerden liegt, ist offensichtlich. Und darauf kommt es an, wenn man z.B. Geltungsansprüche ästhetischer Urteile über die Musik früherer Epochen oder anderer Kulturen kulturrelativistisch einschränken will. Die dividierrelativistische Haltung bezüglich musikästhetischer Urteile gibt einem aber keinen Grund, auch Moralurteile, z.B. über das Unrecht der griechischen Sklavenhaltergesellschaft, dividierrelativistisch zu behandeln. Wieweit man diesbezüglich Dezentrierungsrelativist wird oder Absolutist bleibt, muß auf anderen Gründen beruhen. Und so auch für weitere Domänen von Urteilspraktiken.

3. Die metaphorische Abwandlung von Natur- zu Kulturrelativität

Um unseren Begriff von Kulturrelativismus zu vertiefen, will ich im folgenden einen Vorschlag machen, wie Kulturprozesse überhaupt begriffen werden sollten. Je mehr wir Kulturprozessen sui generis begreifen, desto besser verstehen wir auch die für sie charakteristischen Relativitäten. Und so verstehen wir auch besser, welche Ansatzstellen für Relativierungen diese bieten. Wodurch läßt sich das, was als die Kultur oder als das Kulturelle begriffen wird, für Dezentrierungs- oder Dividierrelativismus einspannen?

Die Frage ist jetzt: Was ist Kultur? Was sind kulturelle Unterschiede, die eine spezifische Art von Relativität, „Kulturrelativität", in Kulturelles, wie wir es kennen, hineinbringen? Um einer informativen Antwort näherzukommen, empfiehlt sich als Ausgangspunkt die kontrastbildende Frage nach nichtkulturellen Unterschieden, die eine nichtkulturelle Art von Relativität in Naturprozesse, wie wir sie kennen, hineinbringen.

Ich werfe zuerst einen Blick auf das Relativitätsprinzip der klassischen Mechanik, und betrachte dann ein Beispiel, wie dieses Prinzip in metaphorischer Übertragung kulturtheoretisch aufgenommen worden ist.

Wenn ich im Abteil eines Eisenbahnabteil bin und ein Buch fallenlasse, unterscheidet sich der Vorgang „Freier Fall meines Buchs in Richtung Erdmittelpunkt" physikalisch in nichts, ob nun mein Zug gerade am Bahnhof hält, oder ob er mit Höchstgeschwindigkeit fährt. Dieser Unterschied *an* meinem maßgeblichen Bezugssystem - dem Eisenbahnabteil - macht für mich *in* meinem Bezugssystem keinen Unterschied *an* dem Vorgang. Wohl aber für einen Beobachter, der sich von meinem in Bewegungsrichtung und Geschwindigkeit unterscheidet: Für mich fällt mein Buch immer senkrecht nach unten, aber für den Schrankenwärter, an dem ich vorbeibrause, studierter Physiker, fällt mein Buch in einer Parabel nach unten. Mein Buch beschreibt eine senkrechte Falllinie. Von ihm aus beschreibt mein Buch eine Parabel. Zwei Beschreibungen eines Vorgangs. Sie konkurrieren aber nicht um die Wahrheit, da diese Beschreibungen überhaupt nur jeweils in einem aktuellen Bezugssystem bewertet werden können, und weil wir den Unterschied in den Beschreibungen vollständig überbrücken können, wenn der Unterschied zwischen den jeweils aktuellen Bezugssystemen bekannt ist. Das jeweilige aktuelle Bezugssystem wählt man (wie z.B. bei der Nullpunktdefinition der Temperaturmessung in Grad Celsius) oder man findet sich in ihm vor (wie z.B. bei der Geschwindigkeitsmessung durch die Auszeichnung des aktuellen Orts als den Ruhepunkt). Ein Bezugssystem hat dadurch, daß es für den einen Beobachter das aktuelle ist, nichts voraus vor anderen Bezugssystemen, die für andere Beobachter deren aktuelle sind.

Man muß nur den Begriff des Bezugssystems durch den der Kultur ersetzen und „Beschreibungen" durch „Wertungen", dann wird sogleich klar, wie das Relativitätsprinzip der klassischen Mechanik die Vorlage für eine klassische Lesart von Kulturrelativität abgibt, diejenige nämlich, auf die sich *Wertrelativismen* berufen. Viele Moralrelativisten („ethical relativists") sind Kulturrelativisten im Sinne von Wertrelativisten (Rippe 1993). Für sie ist charakteristisch, daß sie das folgende Argumentationsmuster akzeptieren:

(1) Unterschiedliche Kulturen bringen in Abhängigkeit von allem möglichen, worin sie sich unterscheiden, eben auch unterschiedliche Werte zur Geltung und deshalb (2) kann keine bestimmte Kultur für ihre Werte mit Recht geltend machen, daß sie vorzugswürdiger als die der übrigen Kulturen sind.

Die erste Prämisse bezieht sich auf eine bestimmte Art von Relativität, mit der zweiten Prämisse erfolgt dann der normative Überstieg zum Relatitivis*mus*. Der dividierende Relativist wird dem Argumentationsmuster hinzufügen, daß eine Kultur für in ihr realisierte Werte *überhaupt und in gar keinem Sinne* eine Vorzugswürdigkeit gegenüber anderen Kulturen bzw. für Angehörige einer anderen Kultur geltend machen sollte, während der dezentrierende Relativist nur darauf bestehen wird, daß die Vorzugswürdigkeit von Werten einer Kultur gegenüber einer anderen bzw. für Angehörige einer anderen Kultur zumindest nicht einseitig und unreflektiert erfolgen sollte.

Es ist in diesem Zusammenhang aufschlußreich, zu sehen, wie der Kulturanthropologe Claude Lévi-Strauss mit Hilfe einer Metaphorik, die dem Relativitätsprinzip der klassischen Mechanik entlehnt ist, eine Weise des Denkens über kulturelle Relativität empfiehlt, die den normativen Überstieg in Kulturrelativismus nahelegt.

„Der Reichtum einer Kultur [...] ist eine Funktion der Situation, in der der Beobachter im Verhältnis zu ihr steht, eine Funktion der Anzahl und der Verschiedenheit der Interessen, die er darin wahrnimmt. [...] Man könnte [bildhaft] sagen, daß die Kulturen Eisenbahnzügen ähneln, die mehr oder weniger schnell verkehren, jeder auf seinem eigenen Gleis und in verschiedener Richtung. Diejenigen, die im gemeinschaftlichen Verbund mit der unseren dahinrollen, sind für uns auf die beständigste Weise präsent; wir können mit Muße den Waggontyp und die Mimik der Reisenden durch die Scheiben unserer jeweiligen Abteile in Augenschein nehmen. Sobald aber auf schräg- oder parallellaufendem Gleis ein Zug in der Gegenrichtung vorbeifährt, nehmen wir davon nur ein verworrenes und rasch entschwundenes Bild wahr, das [...] reduziert ist, das uns [...] nur irritiert [...]. Jedes Mitglied einer Kultur ist ihr ebenso eng verhaftet, wie es jener vorgestellte Reisende seinem Zug ist. Von Geburt an und [...] wahrscheinlich noch früher bauen die uns umgebenden Wesen und Dinge bei jedem von uns ein Organ komplexer Referenzen auf, das zum System wird: Verhaltensweisen, Motivationen, stillschweigend vorausgesetzte Werturteile, die die Erziehung später durch die reflexive Sicht festigt, die sie uns vom historischen Werden unserer Zivilisation unterbreitet. Wir bewegen uns mit diesem Referenzsystem buchstäblich von der Stelle, und die kulturellen Ganzheiten, die sich außerhalb seiner konstituiert haben, sind für uns nur anhand der Entstellungen wahrnehmbar, die es ihnen aufprägt. Es kann uns sogar unfähig machen, sie überhaupt in den Blick zu nehmen."[6]

Kulturelle Ganzheiten, Verhaftetheit, Entstellungen. Begriffe wie diese lassen keine Zweifel, wohin die Reise geht: wir bewegen uns mit Lévi-Strauss in die Richtung eines dividierenden Relativismus kultureller Werte. Während das Relativitätsprinzip der klassischen Mechanik gerade jeden Anschein von Relativismus für Urteile über die Bestimmtheit von Ort, Zeit und Geschwindigkeit, wenn von Standort zu Standort geurteilt wird, aufhebt, suggeriert Lévi-Strauss, daß es für Urteile über kulturelle Bestimmtheit, wenn von Kultur zu Kultur geurteilt wird, kein Äquivalent der Galilei-Transformation, also auch keine Aufhebung ihrer Abhängigkeit vom kulturellen Standort der jeweils Urteilenden geben kann. Lévi-Strauss meint offenbar an der zitierten Stelle, daß die Einlösbarkeit der – aller? – Geltungsansprüche solcher – aller solcher? – Urteile sich an kulturellen Ganzheiten bricht.

---

6 LÉVI-STRAUSS (1971), S. 21-52, hier S. 32.

Doch wie ist die Eigenart kultureller Prozesse zu begreifen? Erst nach dem Versuch der Einführung eines *bona fide* nichtpräjudizierenden Kulturbegriffs sollten wir uns über mutmaßliche Relativitäten von Urteilspraktiken auf intra- und interkulturelle Unterschiede belehren lassen. Und erst dann können wir auch besser verstehen, welchen Beschränkungen interkulturelle Urteilspraktiken („von Kultur zu Kultur") dadurch unterliegen, daß es womöglich kulturspezifische Formen geltungsanspruchrelevanter Relativität gibt, innerhalb von und zwischen Kulturen.

II. Kulturelle Prozesse

Alfred Kroeber und Clyde Kluckhon (1952) haben in einer monumentalen Arbeit 164 im Zeitraum von 1870 bis 1950 verwendete Kulturbegriffe sorgfältig analysiert. Neuere Konspekte humanwissenschaftlicher Kulturbegriffe ergeben m.E. keinen wesentlichen Zuwachs an begrifflichen Differenzierungen (Jung 1999). Im Folgenden rekonstruiere ich auf der Basis dieser Arbeiten einen *bona fide* nichtpräjudizierenden allgemeinen Prozeßbegriff kultureller Phänomene. Dieser Begriff läßt sich durch fünf Begriffsmerkmale einführen.

1. Normalisierungsarbeit

Alles Kulturelle verbraucht, im Unterschied zur von selbst laufenden Natur, habituell Arbeit und Aufmerksamkeit. Für die allgemeine Bedeutung dieses Befunds spricht, daß selbst so elementare Kulturleistungen wie Erwerb bzw. Weitergabe der Muttersprache nicht ohne Arbeitsaufwand verlaufen. Alle kulturell bestimmten Phänomene haben etwas von einer Errungenschaft, haben etwas Leistungs- oder wenigstens Gestaltungsmäßiges: etwas wird in Ordnung gebracht oder gehalten. Ich möchte diesen Aspekt von Kulturellem als Normalisierungsarbeit fassen.

In diesem Zusammenhang ist auch die Abgrenzung von kultureller Normalität zur Verrücktheit interessant, mit der Michel Foucault versucht hat, die kulturelle Kontrasterfahrung des Wahnsinns vorwissenschaftlich zu charakterisieren: der Wahnsinn ist die Abwesenheit jeglicher Arbeit.[7] Das „Material" der für Kultur charakteristischen Normalisierungsarbeit ist nichts anderes als das Gesamt unserer Praktiken. Dingfest (wenn man so will) wird Kulturelles ja nur in irgendwie etablierten Handlungsweisen, in Praktiken.[8]

Um nicht mißverstanden zu werden: Die Normalität von Kulturellem läßt sich gerade nicht so beschreiben wie ein Replikationseffekt durch eine starre Vorlage, von der nicht abgewichen werden kann. Sie beinhaltet vielmehr einen wirklichen Spielraum, eine Bandbreite der Bildung von unbefremdlichen Varianten. Normalitätsspielräume sind verschiebbar, können enger oder breiter ausfallen je nachdem, worum es geht und wie viel davon abhängt für den Fortgang wichtiggenommener Praktiken. Das Neue entsteht im Kulturellen durch solche Verschiebungen, und ohne Paradoxie kann man sagen, daß das Neue nicht trotz sondern gerade *kraft* der Normalisierungsarbeit entsteht. Die Kreativität im Kulturellen wird durch die Normalisierungsarbeit ermöglicht, nicht verhindert.

Dieser Normalisierungsarbeit entspringt alle Selbstverständlichkeit, die Kulturelles hat und auch behält, solange die unauffällige Gewißheit, es mit dem Eigenen zu tun zu haben, nicht erschüttert wird durch die Erfahrung, daß für andere Menschen im Vergleich etwas ganz anderes ebenso selbstverständlich ist.

Kurz gesagt: Um eine *kulturelle* Unterscheidung zu machen, muß man einen Unterschied *in Normalitätsspielräumen für* Verhaltensweisen machen, nicht einfach nur zwischen bestimmten Verhaltensweisen. Daß z.B. im Unterschied zu Engländern die wenigsten Franzosen Toast mit gesalzener Butter mögen, ergibt einen *kulturellen* Unterschied erst dadurch, daß die wenigsten Franzosen es für normal unter Franzosen halten, dies zu mögen, die wenigsten Engländer aber für normal unter Engländern, dies nicht zu mögen.

Gewiß, von gerade dieser Unterscheidung hängt für niemanden viel ab. Mein Beispiel ist banal und soll nur etwas an der Struktur kultureller Unterschiede verdeutlichen. Aber ein Blick etwa auf die Dramatik der Wahrnehmung von Unterschieden in Normalitätsspielräumen für sexuelle oder religiö-

7 „Was also ist der Wahnsinn in seiner allgemeinsten, aber konkretesten Form für denjenigen, der von Anfang an jede In-Griffnahme des Wahnsinns durch dei Wissenschaft ablehnt? Wahrscheinlich nichts anderes als das *Fehlen einer Arbeit*" (FOUCAULT [1969], S. 11).

8 Dieser Punkt hat Anwendung bis in die sogenannte Kulturpolitik, vgl. FUCHS (1999).

se Verhaltensweisen genügt, um die allgemeine Bedeutsamkeit dieser Struktur abzusehen.[9]

2. Gemeinschaftsbezug

Kultur wird dingfest in normalisierten Verhaltensweisen, etablierten Praktiken. Auf die Fragen, für wen Verhaltensweisen normalisiert und wo sie etabliert werden, antwortet der zweite strukturelle Aspekt von Kultur, ihr „Gemeinschaftsbezug". Kultur wird seit der frühbürgerlich-modernen Sozialphilosophie, seit Hobbes und Pufendorf, begrifflich von einem *status naturalis* abgehoben. Der moderne Kulturbegriff bezieht Kultur primär auf Zustände eines *sozialen* Lebens, Zustände im Zusammenleben von *Gruppen*. Kulturelles ist gemeinschaftlich Geteiltes, steht gleichsam grammatisch im Plural der ersten Person, ist auf das Selbstverständnis einer Gruppe bezogen. Sobald sich in einer Gruppe eine kulturell regulierte Praxis festsetzt, besteht in dieser Gruppe, zumindest mit Bezug auf die fragliche Praxis, ein mehr oder weniger explizites Wir-Bewußtsein über die richtigen oder aber falschen Züge der gemeinsamen Praxis. Der unmittelbare normative Gehalt solchen Wir-Bewußtseins läßt sich wohl mit dem folgenden Satz explizit machen: „Wir hier machen das *so*!"

Kulturtheoretisch wird dieser Punkt meist so ausgedrückt, daß gesagt wird, alles Kulturelle werde erlernt, nichts genetisch vererbt oder durch Reifung erweckt. Bleibt hinzuzufügen: Kulturelles wird *sozial* gelernt. Vom einzelnen aus gesehen, hebt dieses Erlernen mit dem Sozialisationsprozeß an, normalerweise zwischen einem erwachsenen Kulturrepräsentanten und einem Nachkömmling in kultureller Null-Lage. Kulturelles vermittelt sich durch Lernen von anderen und, in seiner wirksamsten Ausprägung (die möglicherweise auf unsere Spezies beschränkt ist), Lernen *durch* andere.

Der Gemeinschaftsbezug des Kulturellen wird in allen Kulturtheorien gesehen, aber nach verschiedenen Seiten hin entwickelt. So wird gegenwärtig z.B. in der kulturwissenschaftlichen Diskussion in Deutschland besonders das „kulturelle Gedächtnis" hervorgehoben.[10] Zu den Vorbereitern dieser Rich-

9 Derzeit geben die öffentlichen Kontroversen über die Normalisierung der Homosexuellenehe in Deutschland eine Anschauung von den Kräften, die der Verschiebung etablierter kultureller Unterschiede Widerstand bieten.

10 Ein Begriff, mit dem sich die Arbeiten von Jan Assmann verbinden (s. bes. ASSMANN [1992]). Zu einigen Zusammenhängen zwischen kulturellem Leben, individuellem Seelenleben und Erinnerungstheorie siehe KETTNER (1998).

tung gehört die Tartu-Moskauer Schule der Semiotik (besonders Juri Lotman und Boris Uspenskij), die Kultur wesentlich als das genetisch nicht vererbtes Gedächtnis einer sich durch gemeinsamen Zeichengebrauch definierenden Gemeinschaft begreifen wollte. Zeichengebrauch bzw. Kommunikation meint hierbei nicht nur die Wortsprachen, sondern überhaupt symbolischen Sinn in allen möglichen Medien der Sinnbildung. Tendenziell verabsolutiert wird der Gemeinschaftsbezug qua Kommunikationsgemeinschaft in der amerikanischen Kultursemiotik (Danesi und Perron 1999, bes. S. 55-65). In ihrer Optik erscheint Kultur als Gesamt dessen, was wir zum Träger einer mitteilbaren Bedeutung gemacht haben oder machen könnten (z.B. Ernährungsgewohnheiten, Kleidermoden, Tätowierungen, Konsumartikel, Unterhaltungsprogramme, Textgenres).

3. Geschichtlichkeit

Alles Kulturelle ist geschichtlich. Das liegt zum einen daran, daß jedes hervorhebbare Kulturelement, z.B. Tischsitten, einen – im Prinzip jedenfalls kulturgeschichtlich verfolgbaren – Werdegang aus anderem dergleichen hat, das vorher schon bestand oder woanders schon bestand und übernommen, aufgedrungen, entlehnt, zusammengebastelt, modifiziert oder noch einmal erfunden wird.

Daß alles Kulturelle Geschichte *hat*, liegt zum andern daran, daß seine Vermittlung über soziales Lernen von Generation zu Generation durch Wesen erfolgt, deren Bewußtsein geschichtlich *ist*. So hat Kulturelles nicht nur einen Werdegang, der ja auch an einem Endpunkt einfrieren könnte, sondern ist fortgesetzter historischer Wandel (Antweiler 1988). Diese Wandel kann sich auch gewissermaßen ein Bild von sich selbst in Vergangenheit und Zukunft machen und dadurch auf seinen eigenen Werdegang einwirken. Solcher Wandel ist offen, aber nicht völlig beliebig, denn an jedem Punkt ist er durch den Werdegang bis hin zu diesem Punkt eingeschränkt.

Durch Abstammung eingeschränkter Wandel, das kennzeichnet freilich auch die Darwinsche Evolution. Aber wir sollten m.E. die kulturelle Geschichtlichkeit nicht mit der natürlichen Evolution gleichsetzen. Denn während die lokale Anpassungen durch Selektion unter Varianten indirekt vorangeht, nämlich warten muß, bis zufällig lokale Unterschiede auftreten, ermöglicht der kulturelle Lernmechanismus, daß Varianten überall aufgesucht, ausprobiert, in bevorzugten Richtungen gesteigert, als Wissen direkt an die nächste Generation weitergegeben und dadurch angesammelt werden können. Anders als die natürliche Evolution, *kann* kultureller Wandel Fortschritt aufweisen, im Sinne einer gerichtet wachsenden Komplexität (Gould 1999, S. 272). Daß solche Richtungen allerdings weit auseinanderlaufen können, ist die von Franz Boas über Claude Lévi-Strauss bis heute in der Kulturanthropologie immer stärker vertretene Auffassung (Schoeck und Wiggins 1961). Eine Kulturphilosophie, die auf der Höhe der einschlägigen empirischen Diskussion ist, sollte sich daher von monoteleologischen Denkmustern, dem fatalen Erbe der klassischen Geschichtsphilosophie, verabschiedet haben.

4. Integrationstendenz

Durch Normalisierungsarbeit, Gemeinschaftsbezug und Geschichtlichkeit in Praktiken angesammelte kulturelle Komplexität tritt gewöhnlich in zusammenhängend organisierten Mustern in Erscheinung. Das bezeichnet den vierten Aspekt des Kulturbegriffs. Man darf ihn wohl kurzerhand die „Integrationstendenz" kultureller Praktiken nennen. Stets sind viele und vielfältige Praktiken im Spiel, und stets kombinieren und komponieren sich Praktiken, die mehr oder weniger zusammenpassen, zu Mustern. Praktiken passen sich zum einen an die situativen Gegebenheiten an, in denen sie für die Menschen, die in und mit diesen Praktiken ihre vielfältigen und oft auch konfligierende Zwecke verfolgen, ihren guten Sinn machen. Zum andern modifizieren sich Praktiken im konkreten Vollzug auch wechselseitig.

Sie stimmen sich aufeinander ab, schließen in Verbänden aneinander an, verdichten sich womöglich sogar zu Sozialsystemen mit einer erkennbar funktionalen Spezialisierung. Man denke etwa an die unzähligen Praktiken, die zusammengenommen ein abgrenzbares großes kulturelles Teilgebilde wie das deutsche Universitätswesen ausmachen. Bekanntlich hat man in den besten Zeiten kulturrelativistischer Ethnologie sogar versucht, »ganze Kulturen« als Totalitäten, die durch je eigene Muster kultureller Integration bestimmt sind, darzustellen - seit Johann Gottfried Herders geschichtsphilosophischem Vorspiel eine scheinbar attraktive Denkmöglichkeit,[11] die aber noch stets daran gescheitert ist, daß die aus kulturellen Prozesse hervorgehenden Produkte (symbolische Formen) an sich keine nonarbiträren Grenzen ihrer Verbreitbarkeit und Vermischbarkeit aufweisen (Hannerz 1992). Man kann Kulturen nur künstlich wie Inseln behandeln. Die Integrationstendenz in

---

11 HERDER (1967), bes. S. 45; BENEDICT (1959), bes. Kap. 3 „The Integration of Culture", S. 45-56.

kulturellen Produkten, auch wo sie stark hervortritt, tilgt nie völlig deren Hybridiät: sie bleiben vermischungsfreudig (Ackermann 1999).

In der an Dewey, von fern auch an Hegel anschließenden Linie des philosphischen Pragmatismus ist die Phänomenologie der kulturellen Integrationstendenz, die menschliche Praxis auf allen Ebenen durchzieht, sehr realistisch und großer begrifflicher Schärfe analysiert worden (bes. Will 1997).

5. Schwache Normativität

Abschließend möchte ich in den Kulturbegriff einen Aspekt eintragen, der sinnfällig als »schwache Normativität« bezeichnet werden kann. Schwache Normativität zeigt sich in dem uns im Alltag völlig vertrauten, aber theoretisch nicht trivialen Phänomen, daß Menschen normalerweise voneinander erwarten, irgendwelche Gründe für ihre Erleben und Verhalten angeben zu können. Wohlgemerkt: irgendwelche. Der kulturtheoretisch springende Punkt ist nicht die Tiefe, Rationalität oder Stimmigkeit der spontan verfügbaren Gründe, sondern daß kulturelle Praktiken uns überhaupt, indem wir uns in ihnen zu bewegen lernen, immer auch mit Handlungsgründen, mit Erklärungs- und Rechtfertigungsgründen versorgen. Unsere spontan verfügbaren Handlungsgründe können wir dann auch sprachlich artikulieren und dadurch die jeweilige subjektive Handlungsorientierung zu etwas Öffentlichem machen, das von uns selbst so wie von anderen sinngemäß nachvollzogen, Vergleichen unterzogen, in Praktiken der Urteilsbildung eingefangen und in bewußtem Denken reflektiert werden kann.

Kulturelle Normalisierungsarbeit (s.o.) schafft „Normalitätsspielräume für Verhaltensweisen“, schafft in sozialen Gruppen gängige Praktiken. Hinzuzufügen ist jetzt: Die gängigen Praktiken sind immer auch schon durch Gründe ausgelegt, die für die Mitglieder erhellen und wenn nötig auch rechtfertigen können, warum man sich *besser nicht anders* verhält; warum das, was (unter „uns“) normal und in Ordnung ist, so und nicht anders *sein soll.*

Auf eine knappe Formel gebracht: In der kulturellen Ordnung ist die Normalität selber etwas Normatives. Gemeint ist hiermit keine „Normativität des Faktischen“, ein Unding. Gedacht ist vielmehr an die grundlegende „Normativität des Normalen“ bzw. dessen, was unter *cultural peers* als Normalität gilt. In seinem bedeutenden, leider wenig gelesenen Klassiker der soziologisch-ethnologischen Theorie kultureller Relativität zeigt William Sumner an vielfältigem Material, daß die Gepflogenheiten („*folkways*“), aus denen sich kulturelle Normalität durch Gewohnheitsbildung in weniger reflektierten („Gebräuche“ *usages*) oder mehr reflektierten („Sitten“, *mores*) Formen aufbaut, folgende Verallgemeinerungen zulassen. Sie sind in einfacher Unmittelbarkeit all das, was als wichtig, richtig und wahr erscheint:

„The folkways are the »right« ways to satisfy all interests, because they are traditional, and exist in fact. [...] The »right« way is the way which the ancestors used and which has been handed down. The tradition is its own warrant. It is not held subject to verification by experience. The notion of right is in the folkways. It is not outside of them, of independent origin, and brought to them to test them. In the folkways, whatever is, is right." „When the elements of truth and right are developed into doctrines of welfare, the folkways are raised to another plane. They then become capable of producing inferences, developing into new forms, and extending their constructive influence over men and society. Then we call them the mores." (Sumner 1940 § 31f., S. 41f.). Als Sitten geraten die Gepflogenheiten mehr und mehr unter rationale, existenziale und pragmatische Nötigungen: Anforderungen der *Konsistenz* der sie rationalisierenden Gründe, Anforderungen der *Anpassung* an verschiedenartigste Erfahrungssituationen, Anpassungen der *Kohärenz* vieler und verschiedenartiger Gepflogenheiten bzw. Sitten unter- und miteinander. Dabei tritt in den so dynamisierten Sitten eine Richtungstendenz, eine Grundrationalität der Üblichkeiten zutage: „Everything in the mores of a time and place must be regarded as justified with regard to that time and place. »Good« mores are those which are well adapted to the situation. »Bad« mores are those which are not so adapted. The mores are not so stereotyped and changeless as might appear, because they are forever moving towards more complete adaptation to conditions and interests, and also towards more complete adjustment to each other. People in mass have never made or kept up a custom in order to hurt their own interests. They have made innumerable errors as to what their interests were and how to satisfy them, but they have always aimed to serve their interests as well as they could." (ebd., § 65, S. 65f.).

III. Geltungsansprüche und kulturelle Relativität

Der eingeführte Begriff eines kulturellen, mit und an kulturellen Unterschieden arbeitenden Prozesses läßt uns besser verstehen, welchen Beschränkungen Urteilspraktiken von Kultur zu Kultur durch kulturspezifische Formen geltungsanspruchrelevanter Relativität unterliegen können.

1. Kulturbedingte Beschränkungen von Geltungsansprüchen

(1) Normalisierungsarbeit und Gemeinschaftsbezug können bestimmte Selbstidentifizierungen herstellen, die die Aufnahme diskursiver Gemeinschaft nur mit *cultural peers* wahrscheinlich und die mit Fremden unwahrscheinlich macht. Die Ethnologie kennt hierfür viele Belege aus vormodernen Gesellschaften, meist erklären sie sich durch ein moralisch aufgeladenes ethnozentrisches Wir-Bewußtsein. Kulturwissenschaftliche Diagnosen über die durch Globalisierung heute bereits deutlich geprägten Teile der Weltgesellschaft schwanken: Zum einen nähren sie die Vermutung, daß die ausgrenzende Kraft eigenkulturelle Identitäten im Schwinden begriffen ist; zum andern erscheint genau das Gegenteil plausibel (wie z.B. die dankbare Aufnahme von Samuel Huntingtons m.E. wüsten Spekulationen über einen „Kampf der Kulturen" zeigt).

(2) Zudem werden womöglich Selbstidentifizierungen kultiviert, die die vorhandenen diskursiven Praktiken thematisch fesseln. Anschauungsmaterial liefern alle Buchreligionen: Die Überlieferung der jeweiligen religiösen Dogmatik darf nicht ohne weiteres in die laufenden diskursiven Praktiken hineingezogen werden.

(3) Die Geschichtlichkeit kultureller Prozesse läßt zu, daß sich kulturelle Normalvarianten im Lauf der Zeit sehr drastisch auseinanderentwickeln. Kulturentwicklung in der Weltgesellschaft ist nicht nur keine Einbahnstraße, sie ist überhaupt keine Straße, keine „Bahn".[12]

(4) Die Integrationstendenz im Kulturellen, wenn auch oft organizistisch überschätzt, kann Handlungs- und Bewertungsgründe (Geltungsstandards) komplex machen. „Die guten Gründe" für praktische Urteile in einem bestimmten kulturellen (d.h. durch angebbare Kulturunterschiede abgrenzbaren) praktischen Kontext sind dann nur scheinbar (d.h. nur bei oberflächlicher Betrachtung) dieselben guten Gründe in einem anderen kulturellen praktischen Kontext.

Angenommen zum Beispiel, im Zuge westlicher Entwicklungshilfe wird ein afrikanischer Dorfbrunnen modernisiert, weil er nachweislich das Risiko für die Verbreitung häufiger Infektionskrankheiten vergrößert. Gute Gründe der Hygiene und Seuchenprophylaxe sprechen klarerweise für die Einrichtung von Wasserleitungen. Die neue Technologie würde aber nicht ange-

12 Auch LÉVI-STRAUSS (s.o. 1.3) benutzt das Bild der Bahn, der Gesamtbewegung in bestimmter Richtung, lediglich für je eine kompakte Kultur, die eine unter vielen bleibt.

nommen. Tiefere Betrachtung der Handlungsgründe, die im Spiel sind, ergeben ein komplexes Bild. Gesundheitsbezogene Gründe (Hygiene, Seuchenprophylaxe) gehören zwar auch zum lokalen Set relevanter Gründe. Sie haben dort aber einen anderen Stellenwert als „bei uns“, denn der lokale problemrelevante Set enthält darüber hinaus viele weitere Gründe, die er „bei uns“ nicht (oder nicht mehr) enthält, z.B. Gründe aus wichtigen kommunikativen Interessen, die mit den in der Nutzung der Brunnentechnologie verwobenen Praktiken mitbefriedigt werden.

2. Die Kulturrelativität guter Gründe

Wie - und wieweit - lassen sich solche Einsätze geltungsanspruchsrelevanter kultureller Relativität aufheben, überbrücken, kompensieren? Antworten auf diese Fragen werden mit den jeweils leitenden Zwecken variieren. Wenn im wesentlichen nur die Vertiefung des Verstehens bezweckt wird, also hermeneutisch immer bessere „good reason essays“ (Apel 1994), dann sicher sehr weit. Kulturell lokalisierte Bewerter können quasi unbegrenzt (d.h. nur begrenzt durch den verfügbaren hermeneutischen Aufwand) nachvollziehen, wie andere kulturell lokalisierte rationale Bewerter Gründe an anderen mehr oder weniger guten Gründen bewerten, d.h. argumentieren (Kettner 1999). Solchem Nachvollzug ist keine *prinzipielle* Grenze gesetzt außer der, daß es vor Ort eben irgendwelche Argumentationspraktiken geben muß. Alle anderen Einschränkungen -vor allem: ob ein Interesse an der betreffenden Art von Überzeugungen lokal vorhanden ist - sind aus Unterschieden in Lern- und natürlich auch Verlernprozessen zu erklären, die womöglich de facto nur schwer, aber nicht prinzipiell nicht zu überbrücken oder zu verändern sind.

Aber - und dieses »aber« wiegt schwer - die Nachvollziehbarkeit der rationalen Bewertung eines Grundes macht diesen nicht immer auch schon anerkennungswürdig. Ob ich einen Grund auch wirklich anerkenne (d.h. selber übernehme und die Übernahme auch bei allen anderen ceteris paribus erwarte), den ich im verstehenden Nachvollzug als einen guten Grund beurteile bei jemandem, der das Problem P hat, das kommt darauf an, ob ich *wirklich daßelbe* Problem P habe oder haben würde in einer seiner Lage entsprechenden Lage. Deshalb ist die Ausarbeitung eines befriedigenden Begriffs des Teilens eines Problems ein dringliches Desiderat der Diskursphilosophie.

Versuchen wir nun die Fäden zusammenziehen. Vorausgesetzt, daß Argumentieren zugelassen wird, so sind rationale Bewertungen von Gründen, gerade weil sie relativ zu einer diskursiven Welt sind, transkulturell weit *nachvollziehbar*. Denn diskursives Argumentieren ist zwar kulturrelativ, nämlich von der Existenz von bestimmten Praktiken des Gründegebens, des Sichrechtfertigens und Kritisierens abhängig; diskursives Argumentieren ist aber nicht kulturrelativistisch, sondern ein leistungsfähiges Medium transkulturellter Horizontverschmelzung. Die *Übernahme* guter Gründe - die eigene Anerkennung von Gründen, deren Bewertung als gut durch jemanden man durchaus nachvollziehen kann - ist aber nicht nur relativ zu einer diskursiven Welt sondern zudem auch noch relativ zum Teilen derselben Problematisierung - der Weise, wie etwas zu einem bestimmten Problem wird. Und wem sich welche Probleme wirklich wie stellen, dies variiert mehr oder weniger deutlich mit kulturellen Kontexten.

Wer einen guten Grund übernimmt, übernimmt auch, ihm im eigenen Handeln zu folgen bzw. sich daran messen zu lassen, ob das so ist. Die Übernahme eines Grundes *konkretisiert* die im erfolgten Nachvollzug erst noch abstrakte Bewertung des Grundes. In der Übernahem stellt sich erst heraus, ob und gegebenenfalls was vor Ort, praktisch im Handeln, womöglich doch *gegen* die nachvollzogene Bewertung spricht, aber im abstrakten Nachvollzug der Bewertung weggedacht war oder noch nicht richtig gesehen oder eingeschätzt werden konnte. Anders als beim bloßen Nachvollzug guter Gründe, ist bezüglich der Übernahme nachvollziehbar guter Gründe weit stärker mit solchen kulturellen Differenzen zu rechnen, die allein via Verständigung (interkulturell hermeneutisch) *nicht* kompensierbar sind. Das belegen vielfältige Erfahrungen in Fällen, wo über merkliche kulturelle Unterschiede hinweg zwar ein abstraktes Einverständnis (Konsens) erzielt werden kann, z.B. über „Prinzipien" (d.h. Bewertungs- oder Rechtfertigungsgründe sehr allgemeiner Art), das aber vor Ort, im praktischen Handeln, sich in Unsicherheit auflöst oder in Dissense zerbricht, die dann anders gemanagt werden müssen (Hubig 1995).

Was ist mit einer „diskursiven Welt" gemeint, von der die Möglichkeit des Nachvollzugs von Bewertungen von Gründen durch Argumentation unmittelbar abhängt? Eine »diskursive Welt« ist einfach eine Welt, in der es Personen sowie solche Problematisierungs- und Rechtfertigungspraktiken gibt, von denen wir sagen würden, daß sie so sind wie diejenigen Problematisierungs- und Rechtfertigungspraktiken, die in der aktuellen Welt für uns hier und jetzt die Struktur von Argumentation ausmachen (Kettner 1993). Daß es unter sozialisierten Menschen normalerweise (d.h. vorbehaltlich spezieller und ausnahmsweiser Bedingungen) Argumentationspraktiken gibt, egal in welchem kulturellen Umfeld diese Menschen sozialisiert worden sind und leben, darf man getrost annehmen. Die Existenz diskursiver Praktiken überhaupt ist, wie kulturvergleichende Empirie zeigt, nicht weniger weit verbreitet als die Existenz natürlicher Sprachen.

IV. Schlußbemerkung

Wir sollten jeder kulturrelativistisch gemeinten Behauptung mit dem - vorläufigen - Verdacht begegnen, daß in der fraglichen Behauptung die Unterschiedlichkeit *zwischen* Kulturen in dem Maße überbelichtet wird, wie die Unterschiedlichkeit *innerhalb* der Kulturen unterbelichtet bleibt. Soweit wäre Kulturrelativismus das künstliche Ergebnis einer Unterschätzung von kultureller Relativität, nämlich intrakultureller.[13]

Diesen metakritischen Vorbehalt gegen Kulturrelativismus kann man allerdings auch noch eine Runde weiterdrehen, so daß er doch wieder den Kulturrelativismus zu unterstützen scheint: Wenn wir intrakulturellen Unterschieden mehr Gewicht beimessen müssen, sollten wir uns dann nicht mit dem Gedanken anfreunden, daß die Haltung des interkulturellen Relativisten sogar innerhalb »einer« Kultur rational angemessener ist als eine nichtrelativistische Einstellung? Umgekehrt kann man argumentieren, daß wir, wenn wir (1) innerhalb »einer« bzw. »unserer« Kultur keine dramatischen Relativismusprobleme erfahren (außer in Diskussion in Philosophieseminaren) und (2) intrakulturelle Relativität im allgemeinen nicht mehr oder weniger massiv als interkulturelle Relativität ist, dann auch zwischen Kulturen nicht mit dramatischen Relativismusproblemen zu rechnen brauchen. In dieser Richtung würde ich argumentieren, kann diese interessante Debatte an dieser Stelle aber nicht mehr entwickeln.

Kultur*relativität* ist ein faszinierendes Forschungsfeld (Jessor et al. 1996). Philosophen können in diesem Feld aber außer begrifflichen Klärungen - wie im vorliegenden Versuch – lediglich Untersuchungen in eigener Sache anstellen, also kulturkomparative oder „interkulturelle" Philosophie betreiben (Fornet-Betancourt 1996; 1998). Kultur*relativismus* hingegen ist aus diskursphilosophischen Gründen abzulehnen, soweit er als eine apriorisch dividierende Position auftritt, ob nun diese Position nur innerphilosophisch eingenommen wird, d.h. mit Bezug auf das philosophische Denken selber, oder mit Bezug auf ein anderes praktisches Feld, dessen eigentümliche kulturelle Relativität Gegenstand der Analyse ist, z.B. von Rechtskulturen (Sack 1991), Wissenschaftskulturen (Knorr-Cetina 1991; Feyerabend 1999) oder Kulturen der moralischem Urteilsbildung (Westermarck 1907; Harman und Thompson 1996).

---

13 Viele Belege für die Unterschätzung intrakultureller Variation in kulturellen Unterschieden gibt HOLENSTEIN (1985), vgl. bes. S.149f.

Kulturrelativismus ist nur soweit eine diskursphilosophisch einwandfreie normative Position, wie er als ein Vorurteil in Versuchen interkultureller Argumentation auftritt, das im Zuge solcher Versuche prinzipiell revidierbar bleibt. Solcher Kulturrelativismus hat dann den guten Sinn, Dezentrierung und Division in unseren Urteilspraktiken in rational kontrollierter Weise auszutarieren, ohne sich in Selbstwidersprüche zu verwickeln. Dann wird er womöglich zu jener heilsamen antidogmatischen und selbstkritischen Kraft, die niemand lakonischer beschworen hat als Ruth Benedict, die im Kulturrelativismus vor allem eines sah: „a doctrine of hope“.[14]

14 „Social thinking at the present time [=1934] has no more important task before it than that of taking adequate account of cultural relativity. (...) We shall arrive then at a more realistic social faith, accepting as grounds of hope and as new bases for tolerance the *coexisting* and *equally valid* patterns of life which mankind has created for itself from the raw materials of existence.“ (BENEDICT (1934), S. 278, meine Hervorhebung, M.K.). Die Anerkennung der Koexistenz unterschiedlichster Kulturmuster ist in der Tat realistisch. Die Zuerkennung gleichen Werts als axiologische Prämisse, ist allerdings nurmehr ein Glaubensartikel, mit dem Benedict den dividierenden Relativismus, der eigentlich in der Konsequenz ihres Ansatzes liegt, mit einer großen Umarmungsgeste überspielt. Man könnte das - in Anlehnung an Herbert Marcuse - die *repressive Toleranz* des dividierenden Relativismus nennen. Neuerdings hat Charles Taylor die Bedeutsamkeit der kulturrelativen Bewertung kulturrelativer Bewertungen klar erkannt, doch aporetisch gelassen: „There must be something midway between the inauthentic and homogenizing demand for recognition of equal worth, on the one hand, and the self-immurement within ethnocentric standards, on the other. There are other cultures, and we have to live together more and more, both on a world scale and commingled in each individual society.“ (TAYLOR (1992), S. 72).

Literaturverzeichnis

ACKERMANN, A. (1999): „Globalität, Hybridität, Multikulturalität -Homogenisierung der Kultur oder Globalisierung der Differenz?", in: J. RÜSEN (Hrsg.): *Jahrbuch 1998/99 des Kulturwissenschaftlichen Instituts*, Essen: KWI, S. 50-81.

ANTWEILER, C. (1988): *Kulturevolution als transgenerationaler Kulturwandel. Probleme des neueren Evolutionismus und Lösungsansätze dargestellt unter besonderer Berücksichtigung der angloamerikanischen Diskussion um sogenannte kulturelle Selektion*, Berlin (Dietrich Reimer Verlag).

AOKI, Tamotsu (1992): „Zur Übersetzbarkeit von Kultur", in: JOACHIM MATTHES (Hrsg.): *Zwischen den Kulturen? Die Sozialwissenschaften vor dem Problem des Kulturvergleichs. Soziale Welt* (Sonderband), Bd.8, S. 49-67.

APEL, K.-O. (1994): „Die hermeneutische Dimension von Sozialwissenschaft und ihre normative Grundlage", in: M. KETTNER & K.-O. APEL (Hrsg.): *Mythos Wertfreiheit? Neue Beiträge zur Objektivität in den Human- und Kulturwissenschaften*, Frankfurt (Campus Verlag), S. 17-48.

APEL, K.-O. (1998): „Fallibilismus, Konsenstheorie der Wahrheit und Letztbegründung", in: K.-O. APEL: *Auseinandersetzungen*, Frankfurt (Suhrkamp), S. 81-194.

ASAD, T. (1993): „Übersetzen zwischen den Kulturen. Ein Konzept der britischen Sozialanthropologie", in: BERG & FUCHS: *Kultur, soziale Praxis, Text. Die Krise der ethnograpischen Repräsentation*, Frankfurt (Suhrkamp), S. 300-334.

ASSMANN, J. (1992): *Das kulturelle Gedächtnis*, München (C.H. Beck).

BACHMANN-MEDICK, D. (1997) (Hrsg.): *Übersetzung als Repräsentation fremder Kulturen*, Berlin.

BERG, E. & FUCHS, M. (1993) (Hrsg.): *Kultur, soziale Praxis, Text. Die Krise der ethnograpischen Repräsentation*, Frankfurt (Suhrkamp).

BHABHA, H.K. (1994): *The Location of Culture*, London (Verso).

BRACKERT, H. & WEFELMEYER, F. (Hrsg.) (1990): *Kultur. Bestimmungen im 20. Jahrhundert*, Frankfurt (Suhrkamp).

CLIFFORD, J. & MARCUS, G.E. (1984) (Hrsg.): *Writing Culture. The Poetics and Politics of Ethnography*, Berkeley (UP).

DANESI, Marcel & PERRON, Paul (1999): *Analyzing Cultures. An Introduction and Handbook*, Bloomington (Indiana University Press).

DEDRICK, D. (1999): *Naming the Rainbow: Colour Language, Colour Science, and Culture*, Dordrecht (Kluwer Academic Press).

FEYERABEND, P.K. (1999): *Knowledge, Science and Relativism*, Cambridge (University Press).

FORNET-BETANCOURT, R. (1996) (Hrsg.): *Kulturen der Philosophie*, Aachen (Augustinus-Buchhandlung).

FORNET-BETANCOURT, R. (1998) (Hrsg.): *Unterwegs zur interkulturellen Philosophie*, Frankfurt (IKO).

FOUCAULT, Michel: *Wahnsinn und Gesellschaft*, Frankfurt (Suhrkamp).

FUCHS, M. (1999): *Mensch und Kultur: zu den anthropologischen Grundlagen von Kulturarbeit und Kulturpolitik*, Opladen (Westdeutscher Verlag).

GEERTZ, C. (1986): „The uses of diversity", *Michigan Quarterly Review* 24, S. 105-123.

GEERTZ, C. (1987): *Dichte Beschreibungen. Beiträge zum Verstehen kultureller Systeme*, Frankfurt (Suhrkamp).

GETHIN, A. (1999): *Language and Thought: A Rational Enquiry into their Nature and Relationship*, Exeter (Intellect).

GÖLLER, T. (2000): *Kulturverstehen*, Würzburg (K + N).

GOULD, Stephen Jay (1999): *Illusion Fortschritt. Die vielfältigen Wege der Evolution*, Frankfurt (Fischer).

GRAY, J. (1999): *Die falsche Verheissung. Der globale Kapitalismus und seine Folgen*, Berlin (Alexander Fest Verlag).

HANNERZ, U. (1992): *Cultural Complexity: Studies in the Social Organization of Meaning*, New York (Columbia University Press).

HERDER, J.G. (1967): *Auch eine Philosophie der Geschichte zur Bildung der Menschheit*, Frankfurt (Suhrkamp) [zuerst veröffentlicht 1774].

HOLENSTEIN, E. (1985): „Zehn tentative Thesen", in: E. HOLENSTEIN: *Menschliches Selbstverständnis. Ichbewußtsein, intersubjektive Verantwortung, interkulturelle Verständigung*, Frankfurt (Suhrkamp), S. 124-179.

HUBIG, C. (1995): „Konsens- oder Dissensethik? Von der Diskursethik zum Dissensmanagement", in: A. LUCKNER (Hrsg.): *Dissens oder Freiheit - Kolloquium politische Philosophie*, Leipzig, S. 179-198.

JESSOR, R. & COLBY, A. & SWEDER, R.A. (1996) (Hrsg.): *Ethnography and Human Development. Context and Meaning in Social Inquiry*, Chicago (University Press).

JUNG, T. (1999): *Geschichte der modernen Kulturtheorie*, Darmstadt (Wissenschaftliche Buchgesellschaft).

KETTNER, M. (1993): „Ansatz zu einer Taxonomie performativer Selbstwidersprüche", in: A. DORSCHEL, M. KETTNER, W. KUHLMANN, M. NIQUET, (Hrsg.): *Transzendentalpragmatik. Ein Symposion für Karl-Otto Apel*, Frankfurt (Suhrkamp), S. 187-211.

KETTNER, M. (1998): „Nachträglichkeit. Freuds brisante Erinnerungstheorie", in: J. STRAUB & J. RÜSEN (Hrsg.): *Historische Sinnbildung. Untersuchungen zur Struktur, Logik und Funktion von Geschichtswissenschaft*, Bd. 2: *Die dunkle Spur der Vergangenheit, Psychoanalytische Zugänge zum Geschichtsbewusstsein*, Frankfurt (Suhrkamp), S. 33-69.

KETTNER, M. (1999): "Argumentative Discourse, Good Reasons, and »Communicative Rationality«", in: J.-N. RÜMELIN (Hrsg.): *Rationality, Realism, Revision. Proceedings of the 3rd International Conference of the German Society for Analytic Philosophy September 15-18, 1997 in Munich*, Berlin (de Gruyter), S. 331-338.

KNORR-CETINA, K. (1991): *Die Fabrikation von Erkenntnis: Zur Anthropologie der Naturwissenschaft*, Frankfurt (Suhrkamp).

KROEBER, Alfred Luis & KLUCKHOHN, Clyde (1967): *Culture. A Critical Review of Concepts and Definitions*, New York (Vintage Books) [zuerst veröffentlicht 1952 als Bd. XLVII (1) der *Papers of the Peabody Museum of American Archeology and Ethnology*, Harvard University].

LÉVI-STRAUSS, Claude (1971): „Rasse und Kultur", in: RALF KONERSMANN (Hrsg.): *Kulturphilosophie*, Leipzig (Reclam), S. 21-52.

LOTTER, M.-S. (1999): „Erkenntnisperspektiven, Gesetze, Normen und Vorstellungen in der Ethnologie", in: J. MITTELSTRAß (Hrsg.): *Die Zukunft des Wissens. XVIII. Deutscher Kongreß für Philosophie, Konstanz 1999*, Konstanz (UVK), S. 1223-1230.

NORRIS, C. (1996): *Reclaiming Truth: A Contribution to a Critique of Cultural Relativism*, Durham (Duke University Press).

NORRIS, C. (1997): *Against Relativism: Philosophy of Science, Deconstruction and Critical Theory*, Oxford (Basil Blackwell).

RIPPE, K.-P. (1993) (Hrsg.): *Ethischer Relativismus: Seine Grenzen - seine Geltung*, Paderborn (Schöning).

SACK, P. (1991) (Hrsg.): *Monismus oder Pluralismus der Rechtskulturen*, Berlin (Duncker & Humblot).

SALZWEDEL, H. (1999) (Hrsg.): *Kultur und Sozialstruktur*, Frankfurt (Lang).

SCHOECK, H. & WIGGINS, J.W. (1961) (Hrsg.): *Relativism and the Study of Man*, Princeton (Princeton University Press).

SCHOFER, B. (1999): *Das Relativismusproblem in der neueren Wissenssoziologie: wissenschaftsphilosophische Ausgangspunkte und wissenssoziologische Lösungsansätze*, Berlin (Duncker & Humblot).

SCHÜTZ, Mathias (1999): *Werte, Risiko, Verantwortung. Dimensionen des Value-Managements*, München (Gerling Akademie Verlag).

SUMNER, G.W. (1940): *Folkways*, New York (Ginn and Company) [Erstveröffentlichung 1906].

TAYLOR, C. (1992): *Multiculturalism and »The Politics of Recognition«*, Princeton (University Press).

THOMPSON, J.J. & HARMAN, G. (1996): *Moral Relativism and Moral Objectivity*, London (Basil Blackwell).

WESTERMARCK, E.A.K. (1907): *Ursprung und Entwicklung der Moralbegriffe*, Leipzig.

WHORF, B.L. (1963): *Sprache, Denken, Wirklichkeit. Beiträge zur Metalinguistik und Sprachphilosophie*, Reinbek bei Hamburg (Rowohlt).

WILL, F.L.(1997): *Pragmatism and Realism*, Lanham (Rowman & Littlefield).

Verzeichnis der Autoren

PD Dr. HUBERTUS BUSCHE
ist Dozent für Philosophie an der Universität Bonn.

Prof. Dr. CHRISTOPH HUBIG
ist Professor für Philosophie an der Universität Stuttgart.

PD Dr. MATTHIAS KETTNER
ist Mitglied des Kollegiums am Kulturwissenschaftlichen Institut des Wissenschaftszentrums Nordrhein-Westfalen, Essen.

Prof. Dr. Dr. PETER KOSLOWSKI
ist Direktor des Forschungsinstituts für Philosophie Hannover und Direktor von dessen Zentrum für ethische Ökonomie und Wirtschaftskultur.

Dipl.-Vw. MI-YONG LEE
ist Diplom-Volkswirtin und zur Zeit Mitarbeiterin am Lehrstuhl Wirtschaftsphilosophie II (Prof. Dr. Malte Fischer) am Alfred-Weber-Institut der Wirtschaftswissenschaftlichen Fakultät der Universität Heidelberg.

PD Dr. REINER MANSTETTEN
ist Privatdozent am Alfred-Weber-Institut der Wirtschaftswissenschaftlichen Fakultät an der Universität Heidelberg.

Dr. JOSEF MERAN
Public Affairs & Employee Communications, Fa. Celanese, Frankfurt am Main.

Prof. Dr. BIRGER PRIDDAT
ist Professor für Volkswirtschaftslehre und Philosophie an der Wirtschaftswissenschaftlichen Fakultät der Universität Witten/Herdecke.

Prof. Dr. KURT RÖTTGERS
ist Professor für Philosophie an der FernUniversität in Hagen und Direktor des Christian-Jackob-Kraus-Instituts für Wirtschafts- und Sozialphilosophie.

Prof. Dr. JOSEF WIELAND
ist Professor am Konstanz Institut für EthikManagement, Fachhochschule Konstanz.

GPSR Compliance

The European Union's (EU) General Product Safety Regulation (GPSR) is a set of rules that requires consumer products to be safe and our obligations to ensure this.

If you have any concerns about our products, you can contact us on ProductSafety@springernature.com

In case Publisher is established outside the EU, the EU authorized representative is:

Springer Nature Customer Service Center GmbH
Europaplatz 3
69115 Heidelberg, Germany

Batch number: 10815974

Printed by Printforce, the Netherlands